イノベーション マネジメント

成功を持続させる組織の構築

トニー・ダビラ
Tony Davila
マーク・J・エプスタイン
Marc J. Epstein
ロバート・シェルトン 著
Robert Shelton
スカイライト コンサルティング 訳

Wharton
UNIVERSITY of PENNSYLVANIA
ウォートン経営戦略シリーズ

EIJI PRESS

MAKING INNOVATION WORK
How to Manage It,
Measure It, and
Profit from It
by

Tony Davila
Marc J. Epstein
Robert Shelton

Publishing as Wharton School Publishing
Upper Saddle River, New Jersey 07458
Japanese translation rights arranged with
PEARSON EDUCATION, INC.,
publishing as Wharton School Publishing
through Japan UNI Agency, Inc., Tokyo.

日本語版　訳者まえがき

本書は、イノベーションの実践について、特に経営者の視点から網羅的に解説している。いうまでもなく、イノベーションを起こすのは人である。たとえば、「ポスト・イット」は、３Ｍでたまたま開発された「弱い接着剤」を、一人の社員が楽譜の栞《しおり》に応用できると思いついたことから生み出された。しかし、「ポスト・イット」の製品化までの道のりは平坦ではなかった。特殊な生産機械を開発するのに五年を要し、テストマーケティングでは良い結果が得られず、発売が頓挫しかけた。それでも３Ｍは諦めることなく、大々的なキャンペーンに打って出た。「ポスト・イット」が３Ｍに莫大な利益をもたらすようになったのは、最初の発想から実に十年近くもたってからのことである。

彼らのイノベーションは、たしかに優秀な社員の斬新な発想からスタートしたかもしれない。しかし、このプロジェクトを支持し、予算を与え、人材を投入した経営者がいなければ、彼らのイノベーションは実現しなかった。イノベーションを起こすのは人にほかならない。そして、その人の働きを生かしも殺しもするのが経営者だ。イノベーションの運命は、経営者が握っているのである。

本書には、3M、英国航空（BA）、P&G、アップルなどのイノベーション・リーダーたちが登場する。こうした企業の名前から、読者は彼らの素晴らしい製品やサービスを思い浮かべるだろう。そして「どうすれば彼らのようなイノベーションを起こせるか」を知りたいと思うはずだ。

イノベーションがどのようなものであるか、またどのような形で起こるかについては、既に多くの優れた研究がなされている。先見性、創造的な思考能力、失敗を恐れない起業家精神、技術と知識の管理、そして組織と企業文化。イノベーションに関する類書には、さまざまな成功要因が紹介されている。本書はこれらの成功要因について、必ずしも何か新しいコンセプトを提示しているわけではない。

本書は、「どうすればイノベーションを起こせるか」ではなく、「どのようにイノベーションに取り組むべきか」について書いている。本書には、しばしば価値創造[★1]と、価値獲得[★2]という言葉が登場する。「イノベーションを起こす」といった場合、私たちの多くは価値創造をイメージする。だが、イノベーションは手段であって目的ではない。私たちは、「どうすればイノベーションの成果を得られるか」、すなわち価値獲得に焦点を合わせる必要がある。著者の言葉を借りれば、「イノベーションの成果は、取り組み方に左右される」[★3]のである。

多くの読者は、「イノベーションは管理できる」という著者の主張を、意外に受け止めるかもしれない。しかし経営者にとって、経営資源を適切に配分し、企業価値を高めるという意味において、イノベーションと他の企業活動との違いはない。イノベーションだけ

★1 Value Creation

★2 Value Capture

★3 How you innovate determines what you innovate.

を未知のものとして例外扱いし、運を天に任せるように運営するのが賢明だとは思えない。これを裏付けるかのように、P・F・ドラッカーは、一九八五年に刊行された『イノベーションと起業家精神』★4のまえがきで次のように述べている。

「イノベーションは、目的意識にもとづいて行うべき一つの体系的な仕事である」

もちろん、「業務」としてのイノベーションは、他の企業活動とは大きく異なっている。本書は、イノベーションをいくつかのタイプに分けた上で、それぞれの特性を解説している。戦略、組織体制、プロセス、実績評価、報奨、学習、企業文化など、「業務」としてイノベーションに取り組む際に必要となる経営管理ツールをひとつずつ掘り下げていく。本書を通読すれば、全ての経営管理ツールを連動させることにより、イノベーションを自然に生み出し、具体的な成果をあげる組織を作れることが確信できるだろう。

このところ、イノベーションに対する日本社会の関心は、ますます高まっている。人口減少社会が現実のものとなり、国内の市場が縮小していくなかで日本経済が持続的な成長を遂げるには、生産性を高め、グローバル市場の競争に打ち勝っていかなくてはならない。そのためには、イノベーションが不可欠だ。政府もまた、「イノベーション25戦略会議」において、国家の長期的な取り組みを検討しはじめた。

本書の内容は主に経営者を対象としたものだが、政府関係者やマスコミ関係者の方々にも、ぜひお読みいただきたい。本書のフレームワークを理解することによって、イノベー

★4『新訳　イノベーションと起業家精神（上）』上田惇生訳、1997年、ダイヤモンド社

ションの成果を得るために必要なことが明確になれば、日本の社会や企業が必要としているイノベーション環境についての議論が深まるはずだ。

本書が、イノベーションに関わる経営者と、現場のイノベーターの方々の一助となれば幸いである。そして、本書の内容を実践することによって、一社でも多くの日本企業が、グローバル市場で尊敬されるイノベーション・リーダーになることを願ってやまない。

最後に、本書を訳する機会を作っていただいた英治出版の原田英治社長、出版プロデューサーの高野達成氏、編集に尽力いただいたガイア・オペレーションズの和田文夫氏、装丁の重原隆氏、翻訳協力の近藤尚子氏、そしてスカイライト コンサルティングの経営陣と藤竹賢一郎にこの場をお借りして感謝の意を表したい。

二〇〇七年一月　スカイライト コンサルティング株式会社　取締役　矢野 陽一朗

イノベーション・マネジメント——目次

3 勝つイノベーション戦略

4 イノベーションを実現する組織

5 イノベーション・プロセスを設計する

6 イノベーションを測定する

7 イノベーションを促進する

8 イノベーションを学習する

9 勝つ企業文化をつくる

10 イノベーション・ルールの実践に向けて

本文の脚注は、［ ］は原注を、
★印は訳注を表しています。

イノベーション・マネジメント

はじめに

イノベーションを成功に導くといわれている経営手法の多くは、間違っている。もともとは正しかったイノベーションの法則が、いつのまにか間違ったものに置き換えられたり、歪められたり、誤解されたりしているようだ。だからといって、世の企業がイノベーティブでないというつもりはない。イノベーティブな企業は多い。しかしその企業がなぜ、どのようにイノベーティブなのかについては、考え違いをしているマネジャーが多い。

本書は、イノベーションについて広く誤解されている部分を正すとともに、イノベーションを活用・実行する組織に必要なツールとプロセスを紹介する。その多くは、一般の常識を覆すものだ。

- **イノベーションに社内の大改革は必要ない**。必要なのは、熟慮のもとで、堅固な経営管理プロセスと、それを完遂できる組織を作ることである。
- **イノベーションは神秘的な変化を伴う錬金術ではない**。むしろ、主要な業務機能における基本動作に近い。

●**イノベーションの核心は、創造性や創造的な文化を持つことではない。**多くの企業にとって、優れたアイデアを思いつくのは、さほど難しいことではない。難しいのは、適切なアイデアを選び出し、それを実現することである。

●**プロセスやステージゲート法だけの問題でもない。**これらも重要だが、ツールやプロセスだけでは効果は得られない。組織、評価指標、報奨も結果を大きく左右する。

●**イノベーションの対象は、最先端技術だけではない。**新しいビジネスモデルや新しい戦略を構築することも同じくらい重要だ。場合によっては、技術以上に重要なこともある。

●**イノベーションは、必ずしも大がかりである必要はない。**イノベーションはビジネスチャンスと組織の能力に見合うものでなければならない。タイミングさえ良ければ、小規模で十分な場合もある。

また本書では、経営者のために重要かつ新しい視点を三つ紹介する。

❶**他の業務と同じように、イノベーションも専用のツールやルール、規律が必要な、一つの業務プロセスである。決して魔法ではない。**いったん進め方がわかってしまえば、実行は簡単だ。よく、「うちの会社ではイノベーションが起こらない」と嘆く経営者がいるが、本書では、どんなマネジャーもこれを使えば売上も利益も上げられるという、イノベーションの統合的なフレームワークやプロセス、ツールを紹介する。また、イノベーション投資のリターンを劇的に増やすために、戦略、組織の設計と構造、経営管理手法、業績評価、人材、

報奨などの標準的なマネジメントツールをいかに活用するかも説明する。

❷イノベーションで多くの成果を継続的に得るためには、評価とインセンティブが必要である。「測定できないものは管理できない」という有名な言葉がある。これはイノベーションにも当てはまる真理だが、マネジャーの多くは口先で唱えているだけだ。実際、多くの企業は測定対象を間違えたり、逆にイノベーションを阻害する行動に報奨を与えたりしている。そこで本書では、評価指標やインセンティブを使って、イノベーションのあらゆる段階を管理する方法を示す。すなわち、アイデアの創造やプロトタイプの選択・作成など、製品化に至るまでの全プロセスである。ここで紹介する評価指標やインセンティブは、企業の規模や構造、また業界の種類を問わず汎用的に使えるものだ。

❸ビジネスモデルのイノベーションとテクノロジーのイノベーションを組み合わせれば、業界の方向性を変えることができる。iTunes（ビジネスモデルの変革）とiPod（テクノロジーの変革）を相次いで市場へ投入したアップルコンピュータのように、ビジネスモデルの変革とテクノロジーの変革を組み合わせると、業界の競争環境を変えることができる。本書では、どうすればそれができるかを説明する。どちらか一方に長けている企業は多いが、両方を統合的に扱うことのできる企業はあまりない。本書で紹介する独自のフレームワークを使えば、両方のイノベーションの力を存分に活用できるだけでなく、この二つを組み合わせて競争優位を生み出し、成長し、業界の方向性を大きく変えることも可能だ。

実際のところ、イノベーションそのものについてまったく新しい事実というのは、それほどない。根幹の部分はもう長い間、変わっていない。だが、イノベーションの管理に関する知識はどんどん増えてきている。本書では、本当に使えるものとそうでないものを分析し、イノベーションの進め方について新しい観点を示した。そしてどの企業でも使えるよう、全体を細かく分割し、それぞれ個別に扱えるようにした。

本書のベースになる考え方は二つある。

- 成功を持続させるためにはイノベーションが必要である——市場が縮小しても、会社の有形、無形の資産を守ることができる。
- イノベーションは事業に不可欠であり、そのことを踏まえた上で管理しなければならない——「あったらいい」程度のものではないし、自然に発生するものでもない。

売上や収益を向上させるにはイノベーションが必要だ。会社の存続には変化が不可欠であり、それをもたらすのがイノベーションだからだ。イノベーションは秘法ではない。優れたマネジメントの結果である。本書では、その優れたイノベーション・マネジメントのポイントを、七つの「イノベーション・ルール」としてまとめた。

❶イノベーションの戦略とポートフォリオの策定にあたって強力なリーダーシップを発揮し、本当に意味のある価値創造をめざす。

❷イノベーションは、会社の基本精神の一部になっていなければならない。
❸イノベーションは、経営戦略に合ったものにする。同じくイノベーション戦略も経営戦略に沿って選択する。
❹市場化に結びつく新アイデアが生まれ、**なおかつ**投資リターンが最大化するよう、創造性と価値獲得のバランスをとる。
❺社内の抵抗勢力は、優れた新アイデアがあっても、これまでのやりかたに反すると言って潰そうとする。こうした勢力は抑え込まなければならない。
❻組織内外にイノベーションのネットワークを築く。イノベーションの土台になるのは、個人ではなくネットワークである。
❼適切な評価指標と報奨制度を設けて、イノベーションをコントロールできるように、また社員の適切な行動を引き出せるようにする。

我々は、これまでイノベーションに焦点を絞って研究を行ってきた。本書は長年の研究の集大成である。特に、企業がよりイノベーティブになり、イノベーションの実績を上げるには何をすべきかを明らかにした。同時に、なぜイノベーションに失敗するかも突き止めた。また、アンケートやインタビューにより、各業界のリーディングカンパニーが実践していることを詳しく調べた。さらに、さまざまな企業の経営陣に助言した経験をもとに、彼らの経営活動を掘り下げて分析した。

我々が話を聞いた経営者たちは、自社のイノベーションに対する不満を繰り返し口にした。

このような企業には、いくつかパターンがある。まず、インクリメンタル（漸進的）なイノベーションの常態化により、大型のイノベーションが起きないケース。この場合、イノベーション・ポートフォリオは、長期的成功を犠牲にして短期的成果に報いるというアンバランスな内容になっている。また、官僚主義がはびこっているケースや、明らかに企業文化に問題があるケースもある。しかしこうした企業の経営者も、社内に何かイノベーションの足を引っ張る要素があることはわかっている。なかには、すでに自分の組織には見切りをつけている経営者もいる。イノベーションは社外から「買って」、それを自社の市場力によって価値創出に結びつければいいという考えだ。だがこのような策は、命取りになることが多い。

イノベーションに特効薬はない。どの企業にも通用するような万能の手段や組織体制はない。しかし、我々の研究から、企業がより良いイノベーションの成果を生み、価値を創出し、成長できる方法があることがわかってきた。

イノベーションは、それを「どのように」進めるかが、結果を大きく左右する。そのため本書は、現場でより優れたイノベーションを生むことができるよう、実際的な状況、フレームワーク、ツール、運用指針を示した。これは従来の関連書では見られない特徴だろう。また、各企業がそれぞれ持っている事情、経営戦略、企業文化、技術力、リスクに対する考え方にイノベーションを合わせていく方法も示した。

本書の助言は、単なる思いつきではない。実務的で、効果が確認されたものばかりだ。企業価値は、インクリメンタル、セミラディカル、ラディカルの各種のイノベーションを組み合わせ、バランスのとれたポートフォリオを作ることによって最大化できる。本書の助言に従えば、戦略レベルだけでなく、日々の業務レベルでイノベーションに投資し、価値を生み出すことができる。また、本書が提供する一連のツールは、個別の状況やニーズに応じて問題を分析し、改善すべき点を特定するのに役立つ。これによって、イノベーションの価値を最大化できるはずだ。

本書のねらい

現状の把握

- イノベーションの現状を評価する。
- 改善のための選択肢を吟味する。

イノベーション戦略の策定

- 自社に適したイノベーション戦略を採用する。
- バランスのとれたイノベーション・ポートフォリオを作る。

イノベーションの管理

- 官僚主義から自前主義症候群[★1]まで、さまざまな社内の抵抗勢力と闘う。
- テクノロジーを活用してイノベーション・プロセスを設計する。

イノベーションの評価と報奨

- イノベーションを促進する評価指標を設定する。
- イノベーションを成功させるインセンティブと報奨を設ける。

★1 Not Invented Here (NIH) Syndrome

本書の読み方

七つのイノベーション・ルールは、企業、事業部門、NPO、行政組織など、どんな組織のイノベーションにも適用できる。そしてこのルールのなかで設定された目標は、戦略、組織体制、リーダーシップ、経営管理手法、人材など、標準的なマネジメントツールで達成できる。

もっとも、組織は複雑であり、どんな目標にせよ一つのツールだけでは達成できない。イノベーション・ルールの実践にも複数のツールが必要になる。**図1**では、各章でのツールの取り上げ方を色の濃淡で分類した。黒色部分はかなり深く掘り下げているが、グレー部分は大まかに、白色部分は触れる程度にとどめている。

たとえば、最初の目標「強力なリーダーシップを発揮する」を実現するには、まず経営陣がイノベーション・モデルを明確にし、戦略を決定し、それにふさわしい企業文化を作らなければならない。

イノベーション・モデルの明確化にあたっては、ビジネスモデルとテクノロジーそれぞれのイノベーションの定義と、その効果的な組み合わせを考える必要がある。イノベーション・モデルが明確になっていなかったり、この二つのイノベーションの重要性が理解されていない企業は、業界を変えるようなイノベーションは生み出せない。あるいは、他社のイノベーションにうまく対抗できず、負けてしまう。たとえば、テクノロジーのイノベーションに頼りすぎたヒューレット・パッカードは、デルのインターネット販売というビジネスモデルの変革についていけなかった。

★1　Play-To-Win Strategy＝PTW戦略

★2　Play-Not-To-Lose Strategy＝PNTL戦略

さらに、イノベーション戦略の策定に際しては、「勝つための戦略」★1と「負けないための戦略」★2のどちらが適しているかを見極めなければならない。この二つは併用しても効果は得られないため、必ずどちらかを選択することになる。また、その戦略におけるビジネスモデルとテクノロジーそれぞれのイノベーションの役目も明確にしておかなければならない。そうでないと実行時に混乱が生じるし、資源も適切に配分されない。たとえば、研究開発チームが新製品用の画期的技術の開発を目指している（＝勝つための戦略）ときに、事業部門のマネジャーは既存製品の強力なサポートが必要だと判断していて、さらに製品部門のマネジャーは現在の競争力を維持すること（＝負けないための戦略）を考えている――このようなズレがあると、コスト面で非効率になるし、内部のいざこざも増える。戦略を精選し、組織の足並みをそろえるのが経営陣の務めである。

　中期的、短期的成功を目指す場合は、イノベーション・モデルのマネジメントと戦略の選択が鍵になるが、

図1　イノベーション・ルールとマネジメントツール

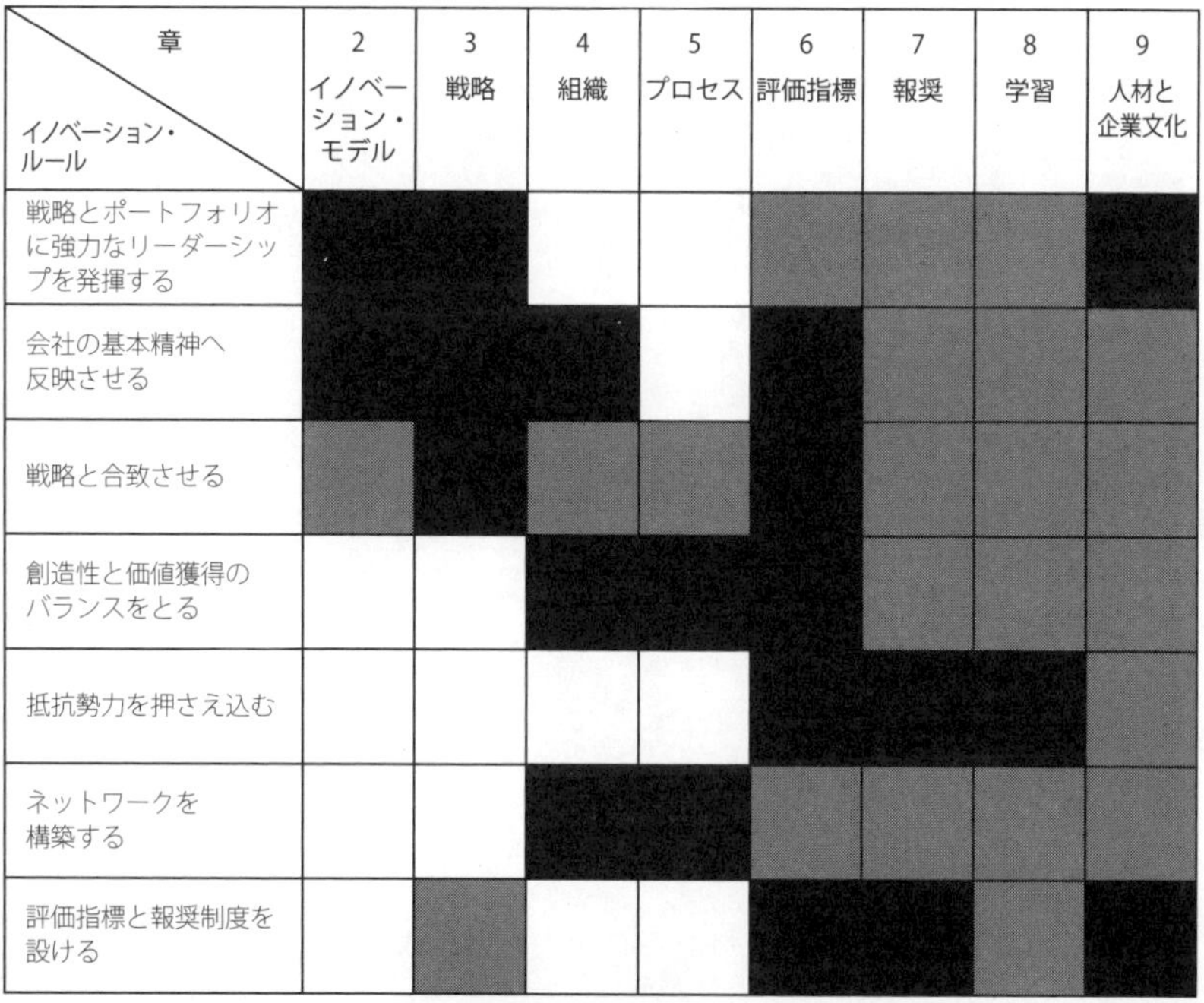

長期的成功のためには、イノベーションと企業文化の関係にも目を向けなければならない。企業文化の有益な部分を保持しながら、害になる部分を改善することが必要だ。イノベーション文化のチェックや改善を怠っている企業は、いつかは競争優位を失うことになる。よい例が、古い文化を捨てられなかったポラロイドである。一方、適切な企業文化を維持することも、成功した企業にとっては難題である。成功は往々にして、変化を好まない文化を作り出してしまうからだ。だが経営陣は、短期的成長だけでなく、長期的で持続可能なイノベーション能力の確立をめざさなければならない。

イノベーション・モデルの明確化と戦略の選択、企業文化の方向づけの責任を負うのは、第一に経営陣である。これが効果的にできるのは、経営陣しかいない。

また、経営陣はもう一つ、評価指標と報奨、それに組織的学習にも注意を向けなければならない。戦略や企業文化の支えになるよう、評価指標や報奨制度の策定・改善を監督するのも経営陣の仕事である。評価はマネジメントの前段階として必要であり、報奨は望ましい行動を促進するために必要だ。「測定できることは達成できる」のである。さらに、絶えず変化する状況と新しい課題に対応するための組織的学習と変革も、経営陣が責任をもって監督しなければならない。

なお、「強力なリーダーシップを発揮」するためには、組織やプロセスに関して、経営陣の関与が控えめであるほうが望ましい。あまりでしゃばると、組織やプロセスばかりが目立ってしまい、イノベーションの核が見えなくなる危険性がある。これらの設計や運用は基本的に、経営陣以外の社員が、経営陣の選択した戦略やポートフォリオを指針にして進めていく仕事である。

以上は一つの見本である。本書ではこれから、七つのイノベーション・ルールを、標準的なマネジメントツールを使って実行していく方法を一つひとつ見ていく。

イノベーションの実践は、製造管理や財務管理などと同様、原理原則に則したマネジメント活動として学ぶことができる。だが現実には、間違った事実や考え方が多く流布しているため、実際よりも複雑に思われがちだ。本書では、そうした間違った理解を指摘し、どんな組織でもイノベーションを管理し、実行できる方法を明確に示していく。

1 イノベーションの起こし方

業界変革の原動力

イノベーションが企業にもたらすものは、成長し、生き残るチャンスだけではない。業界の方向性を左右できるチャンスも与えてくれる。アップルコンピュータのｉＰｏｄ（アイポッド）とｉＴｕｎｅｓ（アイチューンズ）を見てＰＣ業界が息を呑んだのは、それまで誰も思いつかなかった画期的イノベーションだったからではない。テクノロジーとビジネスモデル両方の変革を結びつけて一気にイノベーションを進めた、その戦略に驚いたのである。しかも、これは新しいコンセプトの始まりに過ぎなかった。たとえば、ロックバンドＵ２とタイアップした「ｉＰｏｄ　Ｕ2スペシャル・エディション」の発売により、コンテンツ・プロバイダーとの提携の可能性が開かれた。アップルは業界の方向性に甚大な影響を与えたのである。

アップルやトヨタ、デル、ニューコア・スチール、ソニーなど、イノベーションの成功者を見ればわかるとおり、主流のビジネスモデルや基本のテクノロジーの核心に重大な変革を起こせば、業界全体の競争のベクトルを変えることができる。イノベーションはビジネスの発展に影響を与える一つのきっかけになるのだ。こうして業界の競争ルールを決めた企業は、リーダー的地位を獲得し、自分に一番有利になるようにゲームを展開できる。

イノベーションは、市場競争力を高める武器となるだけではない。社会改革やソーシャル・アントレプレナーシップ（社会的起業）という形で、慈善事業や政府のあり方を変える起点にもなる。有名な例では、グラミン銀行が始めたマイクロクレジット（小規模融資）がある。このシステムのおかげで、これまで高金利融資の返済に追われて貧困から抜け出せなかった大勢の人々の生活水準は大きく引き上げられた。マイクロクレジットは三〇～四〇ドルというごく小額の融資だが、借り手はこれで事業を始めたり拡大したりするチャンスを得られる。銀行側は、融資先を慎重に選択し、借り手にグループを組ませて社会的コントロールが効くようにし、また融資先を分散することでリスクを抑える。その結果、金利は下がり、ひいては低収入の人々の生活水準を向上させた。

リーダー的地位を獲得するのは容易ではないが、それを維持するのはさらに難しい。イノベーションによって業界の方向を左右できても、それがその後の成功を保証するとはかぎらない。この点を誤解している企業は多い[1]。たとえば、ボーイングは777型機で大きな成功を収め、二十一世紀の民間航空機のあり方を確立した。しかし、業界での優位を維持できず、二〇〇四年には売上高でエアバスに抜かれてしまった。他にも多くの企業が、イノベーションによって築いた市場での優勢を次第に失い、結局は競合に追い抜かれてしまっている。画期的なイノベーションを達成したからといって、成功するとはかぎらない。チャンスが得られるだけだ。

[1] 最初にイノベーションを起こした企業が自ら創造した市場を支配できないというのは、よくあることだ。この現象についての分析は、次の著作が秀逸である。Markides, C. C., and P. A. Geroski. 2005. *Fast second: How smart companies bypass radical innovation to enter and dominate new markets*. Indianapolis: John Wiley & Sons.

本当の成功のためには、さらにインクリメンタル（漸進的）なものからラディカル（急進的）なものまで、さまざまなイノベーションを続けなければならない。この原則を認識して、絶えずイノベーションを生み出し成長しつづけているのが、リーディングカンパニーである。

長期的に安定を確保するには、より優れたイノベーションを継続できる力を持つしかない。たとえばノキアの経営者は、同社が本当に売り物にしているのは携帯電話ではなくイノベーションだと述べている。ノキアにとってイノベーションは組織の中核に備わった能力であり、常にイノベーションを仕掛けていくその社風は「革新《リニューアル》」と呼ばれている[2]。このイノベーションの力により、一九九四年には売上高六十億ドル程度だったノキアは、二〇〇三年には三六〇億ドルの企業に成長した。しかしそのノキアでさえも安住はしていられない。二〇〇四年初めから財務状況が悪化し、以来、イノベーション・リーダーとしての座は危うくなりかけている。

イノベーションが優れていれば、競合より早く、効果的で健全な成長を遂げることができ、最終的には、業界の方向性に影響を与える機会を手にできる。最高経営責任者（CEO）としても、会社の望みどおりの成長が実現できる。これから紹介するコカ・コーラのイノベーションの例は、イノベーション活用の重要性と難しさをうかがわせるものである[3][4]。

[2] Wylie, Ian. How Nokia has tackled the ultimate creative act: Building innovation into the company's culture. *Fast Company*, Vol 70, May 2003; page 46.

[3] Stevenson, Seth. 2002. I would like to buy the world a shelf-stable children's lactic drink. *The New York Times Magazine*. March 10.

[4] Tomkins, Richard. 2002. Added spice. *The Financial Times*. April 5.

CASE STUDY
1

コカ・コーラ――長期的イノベーション

一九九〇年代、コカ・コーラは一時、年間一五％から二〇％の成長を遂げたが、九八年からは三年連続で減益となり、近年では最悪の落ち込みを記録した。

不振の背景には、一部の市場での需要の落ち込みや海外市場でのドル高の影響など、数多くの要因があるが、一番の問題は、世界規模でコーラそのものの需要が落ちてきたことだった。初期の兆候は、すでに八〇年代に現れていた。スナップルがアメリカ市場を席捲し、コーラのアメリカ国内での売上は二％減少した。また、海外でも成長は鈍っていた。現地ブランドが現れ、現地の人々の嗜好に合う商品を提供しはじめたことにより、市場の情勢が変化してきたのである。

一方、飲料業界全体も変わりつつあった。商品の新規性に重きが置かれるようになったのだ。かつては飲み物といえば水分の補給さえできればよかったが、次第に新しいニーズが出てきた。子どもには成長を助ける飲み物、若者には元気の出る飲み物、大人には目新しい飲み物というように。

生き残り、成長していくためには、組織的にイノベーションを起こし、新商品を生み出す力が必要である。コカ・コーラの場合、それは単一の主力商品から離れ、総合的な飲料メーカーになることを意味していた。新しい嗜好トレンドに合う、新商品が求められていたのだ。

これは同社の経営戦略を根本から変える大転換だった。それまで強みといえば、大成功を収めた主力商品の存在だった。だが、競合が新しい飲料を投入してきたことで、この強みは少しずつ弱まってきていた。なかでもペプシの追い上げは激しかった。八〇年代のダイエット・コーラから二〇〇一年のレモン風味コーラにいたるまで、あらゆる対抗商品を打ち出し、コーラのシェアを奪ってきたのである（例外的ながら、コカ・コーラもチェリー・コークとバニラ・コークを出して成功している）。

これに対しコカ・コーラは、アトランタの本社を中心とした伝統的経営からの脱却を図った。一九九九～二〇〇四年までCEOを務めたダグ・ダフトは、遅れを一気に取り戻そうと、インクリメンタルなイノベーションとラディカルなイノベーションを組み合わせた戦略に出た。我々が「勝つための戦略」と名づけた戦略である。そしてテクノロジーとビジネスモデルの両面で、イノベーションの展開が始まった。また、社内全体にイノベーティブな文化を作り出すという難題にも取り組んだほか、イノベーションをスムーズに進めるため、新しい組織「イノベーション・センター」を設置し、新しいイノベーション・プロセスも考案した。これは、これまで何か一つに焦点を絞り、標準化することで成長してきた企業にとって、決して容易なことではなかった。

やがて、以前では考えられなかったような経営の分散化が実現した。新しいスローガンは「シンク・ローカル、アクト・ローカル」になった。日本コカ・コーラは猛烈な速さで商品開発とキャンペーンを進め、アトランタ本社には最終承認と資金提供だけを求めた。また同じく、メキシコ・コカ・コーラも新しい乳飲料を開発、発売したが、これはすべて独力によるものだった。

コカ・コーラは、人が一日に飲み物を飲む機会は三十二回あることを割り出した。そして、スポーツ飲料からミネラルウォーター、紅茶、健康飲料、母子向け飲料まで、新しい分野にも手を広げていった。アメリカではミネラルウォーター「ダサニ」、アジアでは果汁入り飲料「クー」、ブラジルではガラナ風味飲料というように、さまざまな商品が展開された。こうした新商品の登場は、業界の競争基盤の変化を直接反映したものといえる。

コカ・コーラは引き続き市場での巻き返しを図っているが、ダフトCEOは戦略開始からわずか五年で退陣した。現在の業績は、良いときもあれば悪いときもある。コカ・コーラはこれからどうなるのだろう？　自ら生み出したイノベーションの新しいアプローチで苦境を脱し、トップに躍り出ることはできるのだろうか？　これは引き続き注目していきたい。同社の成功は、イノベーションをいかにうまく管理し、維持できるかにかかっている。

長期的な成長を実現する

ピーター・ドラッカーによれば、イノベーションとは「事業体の経済的、社会的能力に関して、目的意識を持って集中的に変化をもたらすための努力」である[5]。イノベーションは変革を引き起こす要因であり、すべての経営者にとって重要なツールであるという位置づけは正しい。だがこの言葉には、イノベーションが競争のなかで生き残るために不可欠な要素であることは表されていない。

一方、ジレットの元会長兼ＣＥＯジェイムズ・キルツは、イノベーションについてこうまとめている。

「我々は二年前、簡潔なビジョンを作った。イノベーションによって、消費者価値の提供と顧客主導体制を競合よりも迅速かつより完璧に確立して、全体的なブランド価値を高めていくというものだ。また、リスクテイクを奨励する必要がある。たとえば我が社では、成功の反対は失敗ではなく惰性であることを常に忘れるな、を社訓にしている」[6]。

競争の激しい環境で成長するにはイノベーションが欠かせない。イノベーションを進めていないと、企業は失速し、競合に支配権を奪われ、やがて破滅に向かうことになる。

一九七九年、コンピュサーブは早くもオンラインサービスを開始し、電子メール、オンライン・バンキング、オンライン・ショッピングなど多種多様なサービスを展開した。九〇年までには、オンラインサービス市場は約一〇〇万人のユーザーを抱えるまでに成長していた。

[5] Drucker, Peter F. 1998. The discipline of innovation. *Harvard Business Review*. November – December.（「企業家精神の根幹」上田惇生訳、『ダイヤモンド・ハーバード・ビジネス・レビュー』誌、1985年8-9月号）

[6] CEO2CEO Conference Report, 2002.

コンピュサーブは誰もが認める業界のリーダーとなっていた。ところが九〇年代の終わりにはＡＯＬに市場シェアを奪われ、九八年には買収されてしまった。コンピュサーブはイノベーションでいったんは先頭に立ったが、それに安住しているうちにつまずき、結局、よりイノベーティブな企業にその王座を奪われたのである。これと似たような話は、航空業界をはじめ投資銀行、コンピュータ、携帯情報端末（ＰＤＡ）など、あらゆる業界で見られる。

　コスト削減やリエンジニアリングだけでは、企業は成長できない。また商品を多様化しても売上増にはなかなか結びつかない[7]。こうした従来型のアプローチでうまく売上が伸びない場合は、イノベーションを取り入れるほかない。**図1**は、売上増加の難しさを示している。市場の拡大、吸収合併や買収の見込みに、現在開発中の新商品で見込まれる売上増のすべてを合わせても、目標の達成に必要な売上増には届かない。

　この図は、ある大手エレクトロニクス関連企業の実例である。この企業は売上を伸ばそうと、既存製品の販売拡大や合併買収を試みたが、十分な成果は得られなかった。目標と実際の差を埋めるには、イノベーションが必要なのである。

　イノベーションで得られる具体的な成果は、企業のニーズや能力によって異なるが、可能性としては、売上の増加、より確実な利益確保、

図1　イノベーションの価値は売上成長に表れる［8］

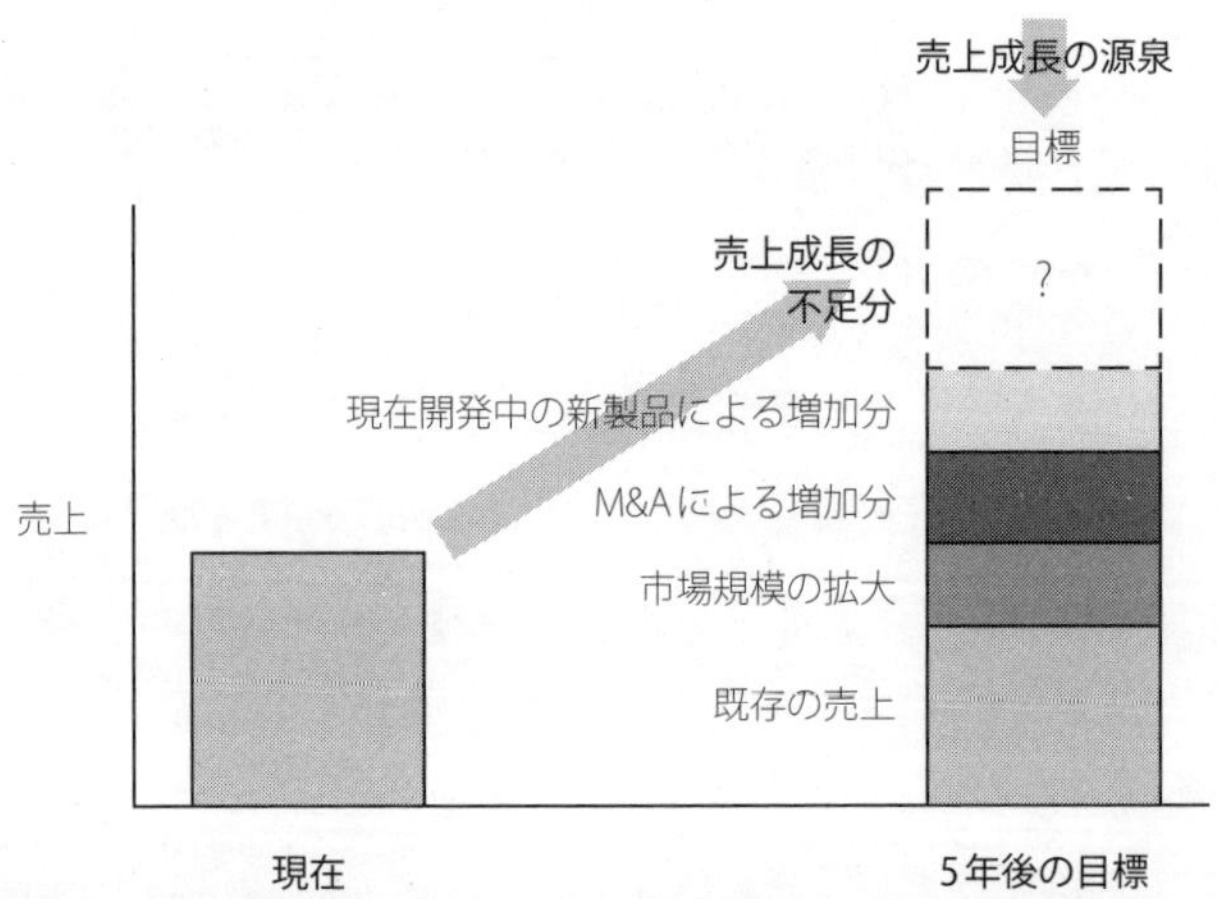

顧客との関係改善、社員のモチベーションの向上、提携による業績の向上、競争優位の拡大などが考えられる。

成果は取り組み方で決まる

あなたの会社が今そのイノベーションを生み出しているのは、そうなるべくしてなった結果である。これは戯言ではない。イノベーション戦略や組織、プロセス、企業文化、評価指標、報奨は、どこの企業も独自のものを持っているため、イノベーションの成果も各社で異なってくる。たとえば、アップルが開発するものはデルやＩＢＭでは生まれないだろうし、同様にゼネラルモーターズ（ＧＭ）やフォードは、トヨタの車を真似ることはできても、自動車業界を圧倒した独自のリーン生産方式やハイブリッド車の最新技術など、トヨタが生んだ根幹部分のイノベーションを考え出すことはできなかった。

イノベーションの基本的な部分はすべて同じだが、企業文化や特殊な知識、独自の報奨制度など、企業はそれぞれの特色を反映した独自のイノベーションを生み出していく。イノベーティブでない企業は、意識的にせよただの惰性にせよ、自らの選択でそうなっているのだ。イノベーションの成果を変えるには、経営陣の積極的な取り組みが必要である。

[7] 商品の多様化の効果があまりない点については、以下を参照。
Healy, P. M., K. G. Palepu, and R. S. Ruback, Does corporate performance improve after mergers? *Journal of Financial Economics* (31): 135-175.
古典的な研究としては以下を参照。
Rumelt, R. P., 1974. *Strategy, structure, and economic performance*. Boston, MA: Harvard Business School.（『多角化戦略と経済成果』鳥羽欽一郎ほか訳、1977年、東洋経済新報社）

[8] 出典：Navigant Consulting, Inc.

1 過去の成功への依存から脱却し、イノベーションしつづける企業へ

これは、過去の成功体験に頼っていた企業が、常にイノベーションを生み出す企業へと変容した事例である。一万五〇〇〇人以上の社員（うち研究開発部門は一〇〇〇人）を抱えるこの企業は、パッケージ技術の画期的イノベーションが大成功を収めたことによって成長したが、やがてそれを軸とした成長は鈍りはじめた。そこでこの企業は真剣に考えた。さらなる成長のためにはイノベーションをどう利用すればよいのか。問題は、多くの試験的コンセプトに手当たり次第に資金をつぎ込む従来のアプローチにあった。そのやり方では、もはや成長の助けになるイノベーションは生まれてこなかったのである。

そこで、この企業はアプローチを修正することにした。起業家精神あふれる、ブレークスルー志向の企業文化はそのまま残しつつ、イノベーションが生まれやすくなる組織構造とプロセスを作り出した。具体的には、「イノベーション推進の責任者として最高技術責任者（CTO）を置く」「明確な評価指標を導入する」「イノベーション・ポートフォリオのマネジメントツールを用意して、各イノベーション事業のバランスをとる」「投資をコントロールするため、ステージゲート・プロセスを導入する」「営業部門と開発部門の共通基盤となるプラットフォームを確立する」などである。こうして、柔軟でありながら管理も徹底している経営のアプローチが確立された。

ともすると見失われがちだが、基本原則は「イノベーションの**結果**は、**やり方**次第」だ。イノベーションの結果は宝くじとは違う。運の問題ではない。また、たとえばコンセントのように、プラグを差し込むだけで望む結果が出てくるという単純なものでもない。

イノベーションには、リーダーシップ、戦略、プロセス、資源、評価指標、測定、インセンティブと報奨など、さまざまな要素がある。最終的なイノベーションの質と量には、こうした要素そのものと、これらをどう組織構造や企業文化に組み入れるかが大きく影響する。したがって、企業のイノベーションの**取り組み方**を見ずに、イノベーションの強化、改善を探っても、あまり意味がない。

では、イノベーションを成功に導く一番の要因は何だろう？　繁栄する企業と、利益は下がり新商品は鳴かず飛ばず、市場シェアも失って衰退していく企業との差は何だろうか？

イノベーションの七つのルール

イノベーションを成功させる鍵、すなわち経営者が注意しなければならないのは、イノベーションの診断を定期的に行って何が重要なのかを正確に把握しておくことだ。イノベーションは、広く浅く取り組んでいては、なかなか成功に結びつかない。時間も資源も限られたなかで結果を出すには、重要な部分に的を絞った取り組みが必要になる。

自社の状態を診断するしっかりした方法がなければ、どこからイノベーションに手をつければいいのかもわからない。イノベーション・プロセスは相互に絡み合っているため、詳しい診断法を使わないと症状と原因の区別は難しい。また定期的に行うことも重要である。状態を常にチェックしておかないと、組織は現状に甘んじてしまうからだ。

表1は、イノベーションに関する基本的な質問に対して二つの企業が寄せた回答だ。両社のまったく異なる回答には、イノベーションについてのさまざまな考え方が表れている。B社は、定期的なチェックを行っていないため、自社の欠点が見えていない。それどころか、イノベーションの評価は不可能とまで考えている。それでも、自社の行動は正しいと信じて、イノベーション計画に前向きに取り組みつづけている。

イノベーションに関するアドバイスは世にあふれている。だが、すべてが役に立つとはかぎらない。イノベーションの最重要ポイントはごく少数であり、経営陣が目を向けるべきなのは、まさにそこである。イノベーションがすばらしい成果を生み出している企業では、経営陣が次に挙げるルールを確実に実行して、成功に結びつけている。我々は、これを「七つのイノベーション・ルール」と名づけた。

❶**イノベーションの戦略とポートフォリオを決定する際に、強力なリーダーシップを発揮する。**組織のトップが明確な指示を与えれば、それは組織全体に行き渡る。そしてイノベーション活動そのものだけでなく、それを促進する行動に対しても、モチベーション、支援、報奨を与えることになる。

❷**イノベーションを会社の基本精神に組み込む。**イノベーションは、特別なときだけ引っ張り出してくるものではない。日々の業務の一部にすべきである。

表1　イノベーションの成功法についての考え方の違い

	A社	B社
経営陣がイノベーションをサポートするためにすべきことは何か？	イノベーション事業全般を賞賛し、慎重に見守る。	イノベーションについて話し合い、失敗があれば罰する。
社員全員が日々、ビジネスモデルの向上を念頭に置いて行動しているか？	イノベーションは社内のどこででも生まれる可能性がある。	四半期ごとの財務目標が一番の関心事だ。
会社がイノベーションをどう進めようとしているか、社員全員がはっきり理解しているか？	社内には、たとえば「ヒューマンマシン・インターフェイスの向上」といった、明確な目標がある。	社内全体で目指しているのは、イノベーションによる成長だ。
官僚的システムが創造性やイノベーションの妨げになっていないか？	社員には、自分のアイデアを探求する自由とサポートを与えている。	各プロセスには運営上の手続きがあり、その手続きの変更はできない。
イノベーションで期待どおりの効果が得られない理由は、あるとすれば何なのか？	生み出されたアイデアをすべて活用しきれていない。	社員の才能と努力が足りない。
社内の人材の活用と社外の人材へのアプローチはどう行っているか？	具体的な目的のもとに企業提携を行ったり利害グループとの交流を図ったりしている。	イノベーション事業は研究開発部門とその共同作業に集中している。
評価指標と報奨はイノベーションにどう影響しているか？	評価はプロジェクトの管理をサポートする目的で行っている。	イノベーションの評価は不可能だと考えている。

❸**イノベーションの規模とタイプを経営戦略に合わせる。**イノベーションが常に成功の鍵になるとは**かぎらない。**戦略の成功のために、どのようなイノベーションがどの程度必要なのか見極めなければならない。イノベーションは大きければいいというものではない。

❹**創造性と価値獲得のバランスをうまくコントロールする。**企業にはこの両方の力が必要だ。たとえば、商品化と販売を経て利益に転換できない創造性は、面白さはあるが後が続かない。一方、創造性をともなわない利益は短命に終わってしまう。

❺**組織内の抵抗勢力を抑える。**イノベーションには変化がともなう。だが変化が起きると、組織内の抵抗勢力が慣例や企業文化の規範を持ち出して、変化を阻害しようとする。

❻**社内外にイノベーションのネットワークを構築する。**イノベーションの土台になるのは、会社内外に張り巡らされた、人や知識の**ネットワーク**である。成功企業は、社内の資源と、資本主義経済全体の広大な資源の一部とを、非常にうまく融合させている。

❼**イノベーションに適切な評価指標と報奨制度を設ける。**人はポジティブな刺激にもネガティブな刺激にも反応する。これは企業のイノベーションについても例外ではない。適切な報奨を与えなければ、求めているイノベーションは達成できない。

これらのイノベーション・ルールは相互に関係しあっている。このなかの一つや二つ達成したところで、正しい方向への第一歩にはなっても、組織を成功に導くことにはならない。

ではここから、この七つのルールをさらに細かく見ていこう。

❶イノベーションの戦略とポートフォリオを決定する際に、強力なリーダーシップを発揮する

イノベーションの成功には、トップの強力なリーダーシップが不可欠だ。アップルのスティーブ・ジョブズやマイクロソフトのビル・ゲイツ、プロクター&ギャンブル（P&G）のA・G・ラフリー、ノキアのヨルマ・オリラといったCEOは、幹部と会社全体を動かして一流のイノベーションを実現するトップの模範例である。

『フィナンシャル・タイムズ』紙の最近の調査では、新しい投資先を選ぶ際、最も重要視されるファクターは、経営陣の力と強力なビジネスモデルだった。テクノロジーは惜しいところで第三位だった[9]。この調査では次のようなデータが出ている。

- 回答者の九五％は、新しい投資先を決める際、最も重視するファクターは経営陣の力だと答えた。
- 回答者の七二％は、有望企業はその業界の市場で支配的地位を獲得するはずだと考えている（たとえば、強力なビジネスモデルがあるため）。
- 回答者の六八％は、新しい投資先にはテクノロジーをリードする企業を考えている。

経営陣は、イノベーション戦略、リスク水準、投資額、イノベーション・ポートフォリオのバランスを決定しなければならない。そして組織全体にこの決定を伝達して、イノベーション関係の各部門が実行できるようにしてやらねばならない。

「リーダーシップ」をイノベーション・ルールの第一番目に挙げたのは偶然ではない。ビジネス

[9] テクノロジー業界専門の有力誌『レッド・ヘリング』も、新興企業の上位100社を選ぶ基準には、「経営陣の質」「既存市場を破壊もしくは新市場を創出できる企業の潜在能力」「実行戦略の質」の3つを用いている。

で一番重要なのは人であり、ビジネスで中心になるのは人のマネジメントである。新興企業の社員であれ大企業の社員であれ、誰に尋ねても答えは同じだろう——イノベーションの進め方を決めるのは経営者だと言うはずだ。新興企業のある経営者は我々にこう話した。「最も重要なことだが、成功するかしないかはすべて人にかかっている。要は、ハイレベルな戦略とそれを実行する必要性を理解でき、さらに、会社とともに成長できる人材を見つけることだ」

イノベーション・マネジメントは、経営陣のリーダーシップにかかっている。経営陣は心底イノベーションを望み、社員が実現してくれると信じなければならない。イノベーションは、経営陣が口先で唱える「建前の理論」であってはならない。「行動の理論」でなければならない。経営陣自身が行動のともなうコミットメントを示さなければならないのである[10]。そうすれば、社内のマネジャーたちもそれに続こうという気になるだろう。

なお、ここで言うリーダーシップとは、大仰なカリスマ的リーダーシップではない。えらそうな発言などではなく、コミットメントや模範、しっかりした意思決定といった日々の行動で示されるリーダーシップのことである[11]。

[10]「建前だけの理論」と「行動の理論」、およびこれらの理論と組織的学習・組織内の障害物との関連性についての詳細は、以下を参照。Argyris, C. 1993. *Overcoming organizational defenses: Facilitating organizational learning*. San Francisco, CA: Jossey-Bass.

[11] この主張の論拠としては、以下を参照。Collins, J. 2001. *Good to great: Why some companies make the leap...and others don't*. New York: HarperCollins Publishers.（『ビジョナリー・カンパニー2：飛躍の法則』山岡洋一訳、2001年、日経BP出版センター）

調査研究

2 経営者によるサポートの重要性

我々はイノベーション・プロセスをより詳しく見るため、一九九七年と二〇〇二年の二回にわたって、アメリカ、アジア、ヨーロッパの上級技術責任者たちに、イノベーションに関するさまざまな能力の重要度を評価してもらった。結果、二回とも、イノベーション推進に最も重要なのは経営者によるサポートとされ、その重要度は二回目のほうが高かった。

■テクノロジーとビジネスモデルのイノベーション・ポートフォリオを作成する

イノベーションというとテクノロジーのイノベーションを思い浮かべる人が多い。しかし、事業を成功へ導き業界に変革を起こすには、ビジネスモデルのイノベーションも効果的かつ重要である。ビジネスモデルは顧客に対して価値を創造し、販売し、提供する過程を説明するもので、具体的には、サプライチェーン、ターゲット顧客セグメント、提供価値に対する顧客の受け止め方などで表される。

ビジネスモデルを変革した典型例といえば、パソコン販売のビジネスモデルを根底から変えたデルコンピュータである。デルは、消費者への直接販売によって、カスタマイズされた商品などの新しい価値を提供し、サプライチェーンとコスト構造を大きく変えた。この大規模なイノベーションは、その後もＰＣ業界の方向性に影響を与えつづけている。

ビジネスモデルとテクノロジーの変革を個別に行う方法も、並行で進める方法もわかっていれば、イノベーションの成功者といえる。**図２のイノベーション・マトリクス**は、テクノロジーとビジネスモデル双方のイノベーションの相互作用を表している。これについては第２章で詳しく説明するが、この図を見ればわかるとおり、イノベーションには、インクリメンタル、セミラディカル、ラディカルの三タイプがある。持続的なイノベーションと成長のためには、これら三つのイノベーションを組み合わせてポートフォリオを作らなければならない。投資のポートフォリオと同じで、イノベーションのポートフォリオも、バランスが崩れると投資利益率は減り、脆弱性が増す。経営陣はこの三種類のイノベーションでバランスの取れたポートフォリオを作成するとともに、ビジネスモデルとテクノロジーの適切な選択肢を用意しなければならない。

❷イノベーションを会社の基本精神に組み込む

イノベーションは会社の基本精神の一部になっていなければならない。これは「あったらいい」ではなく、組織の存続と発展のために不可欠なものである。３Ｍでは、イノベーションは企業存続とイコールであると考えられていて、イノベーションが企業文化の一部になっている。キルツ元ジレットＣＥＯの言葉を思い出してほしい。「イノベーションによって……全体的なブランド価値を高めていく」。キルツ

図2　イノベーション・マトリクス

テクノロジー ＼ ビジネスモデル	既存に近い	新規
新規	セミラディカル	ラディカル
既存に近い	インクリメンタル	セミラディカル

はイノベーションを、ジレットのビジネスの考え方と競争精神の中核に位置づけていた。

イノベーションにはテクノロジー的な側面と戦略的側面がある。前者は従来の考え方と同じ、研究開発あるいは新商品開発のことで、後者は新しいビジネスモデルの構築を意味する。これから詳しく述べていくが、この片方だけに注力していては、成功につながる持続的なイノベーションは生まれない。成功は、このビジネスモデルとテクノロジーの変革を、シームレスなプロセスに統合できるかどうかにかかっている。

ただしシームレスなプロセスだからといって、一つの組織単位だけで進める必要はない。むしろ逆で、イノベーションはその性質上、外部の組織や、同じ組織内でも複数の部門の資源や能力、経験が必要になる。また、アイデアを抽象的なコンセプトの段階から製品の形にしていくためには、こうした関係部門間の協調と一体化も必要だ。組織内外に緊密な協力態勢を確立しておくことはイノベーションの必須条件なのである。たとえばマイクロソフトの「ドット・ネット（.NET）構想」を製品化に結びつけていくには、この問題が鍵になるだろう。

このように企業の成功には外部との連携が欠かせないが、イノベーションをまるごとアウトソーシングすることはできない。アイデア開発や製品化のプロセスだけでなく、製品開発の基礎的なプロセスも部分的にアウトソーシングすることは可能である。だが、イノベーション業務をまるごとアウトソーシングしてしまうと、その企業独自のテクノロジー（商品、サービス、プロセス、イネーブリング）も、競争のためのビジネスモデル（サプライチェーンなど）も、自社でコントロールできなくなる。これらの要素のなかには企業の存続を左右するものもある。したがって、自社で管理しなければならないものと、提携企業の支援を得ていいものとを見極めることが、イノベーションを組み立てていく上では重要なポイントとなる。

❸イノベーションの規模とタイプを経営戦略に合わせる

企業の経営戦略の目的は第一に「勝つこと」だ。そしてイノベーションが長期的な成功に欠かせないことは明白である。しかし四半期や一年の単位では、イノベーションが必ず競争優位に結びつくとはかぎらない。イノベーションの効果は、前回のイノベーションの時期、競争の性質、全体的な経営戦略などさまざまな要因が絡み、時期によって変わるからだ。

イノベーションの規模とタイプは、企業の経営戦略と一致させなければならない。他社との競争や市場の状況、社内の状態を見て、それに最も適したイノベーション戦略を決定するのは幹部の責任だが、最終的には経営者の判断にかかっている。経営者がイノベーション戦略の判断を誤るとどうなるかは、後述するP&Gのダーク・ヤーガー元CEOの事例を見るとよくわかる。彼は、戦略の判断はトップマネジメントが責任を負うべき経営上の重要な意思決定であるということを、身をもって学んでいる[12]。

イノベーションの戦略は経営の現状に合ったものにし、組織全体に明示しておく（すなわち実績は正確に評価し、その実績に即した報奨を与える）必要がある。この基本が見過ごされ、期待したほど成果が出ないケースは実に多い。たとえば、BPエクスプロレーション・アンド・プロダクションは一九九〇年代後半、イノベーションの成功率を検討した結果、間違った領域に注力していたことに気づいた。時間も費用も、投資リターンがあまり得られない領域に費やしていたのである。そこで経営陣は、経営戦略に沿ったイノベーション・プラットフォームの採用を

[12] 詳細は、第3章の「戦略を明確にする」を参照（P.118）。

考えるようになった。

忘れてはならないのは、イノベーションは規模が大きいほど良いとはかぎらないことだ。どんなビジネスでも大々的で継続的なイノベーション、特にラディカルで画期的なイノベーションが必要だと主張する者がいる。だが、これはまったく違う。長く生き残るつもりの企業なら、イノベーションを次々と起こしていく必要があり、またそのための投資もしなければならない。だがこれは、常に大々的、画期的なイノベーションが必要だということではない。企業が、画期的でラディカルなイノベーション――この類のイノベーションはどれもビジネスとテクノロジーに大変革を起こす――を絶えず起こし、しかもそれを全部効果的に活用していけるとは考えにくい。こうした大規模な変化は、競合も混乱させるだろうが、イノベーションを起こした企業にとっても負担になる。イノベーションを連続で生み出すには莫大なコストがかかるし、常にラディカルな変化が起きれば組織内に多大な緊張状態と混乱が生じるからだ。

そのため――良い物事すべてに共通して言えることだが――イノベーションも適切な度合いのときに最高の力を発揮する。当然ながら、その度合いは企業によって違う。したがって、どんな企業にも通用する万能で包括的なイノベーションはない。企業それぞれが、現時点で取り組める規模、将来に必要となる規模、また現段階から目標にいたる道筋を、独自に決めなければならない[13]。

❹創造性と価値獲得のバランスをうまくコントロールする

イノベーションの管理が他の多くの経営管理と決定的に異なるのは、創造性のマネジメント

[13] 2種類のイノベーション戦略(「勝つための戦略」と「負けないための戦略」)については、第3章で詳しく述べる。

が非常に大きな意味を持つことである。具体的に言えば、多岐にわたる創造性を制御することで新しいコンセプトを開発し、さらにそのコンセプトを実用化するためのプロセス、組織体制、資源が必要になる。

アップルが、創造性と価値獲得を制御する方法を見出したのは、二〇〇〇年前後と見られる。続々と発表される「Mac OS X《テン》」やiPod、iTunes、新型iMacといった新製品、新サービスは、同社が考案した斬新なアイデアを利益に結びつけられるようになったことの証だった。しかしそんなアップルも、一九八〇年代は順調とは言いがたかった。カリフォルニア州クパチーノの本社では、イノベーションと新製品開発に何百万ドル（あるいは何十億ドルかもしれない）もの資金がつぎ込まれ、新しいアイデアが数多く生み出された。だが、そのほとんどが商業的成功に結びつかなかった。当時のイノベーションで最も印象深いのが携帯情報端末（PDA）「Newton《ニュートン》」――当初はPDAの「MessagePad《メッセージパッド》」に搭載されたオペレーティング・システム（OS）の名称だった――だが、これは創造性の熱意が市場化の成功を阻んでしまった典型的な例である。ニュートンが失敗に終わったのは、その市場化プロセスが小規模で性急すぎたからであって、PDAのコンセプトが間違っていたわけではない。その証拠に、後発の各種PDAは消費者により高い価値を提供し、大成功を収めている。

創造性とイノベーションのマネジメントについては誤解されていることが多い。ここで、その誤解を解く例を紹介しよう。

■経営者は芸術家か映画監督か？

イノベーション・プロセスのうち、創造性をどう管理してよいかわからないという人は多い。そういう人たちは、組織体制や手続きは元来、創造性とは相容れないものだと勘違いしている。どんな組織体制でも、創造的な人をそこにはめ込むと創造性が失われてしまうと考えているのだ。しかし実際には、構築の仕方や使い方を間違わなければ、組織体制によって創造性は高められるものである。

創造性のマネジメントは不可能だと考える人は往々にして、有名画家のような芸術的才能を必要とする創造性をイメージしている。そして企業経営者についてはおそらく次のようなイメージを持っているのだろう――画家が傑作を生み出そうとしているのに、ごく一般的なプロジェクトマネジメント手法が身についている経営者が、画家に直接アドバイスや指示をし、描き方まで押し付けている、と。

「まず、はじめから細かい部分に集中するな、大まかに基本的な部分を描け。そしてこちらが了承したら、細かい部分を描き足してもよい。そこにあるような青色は使いすぎるな。営業担当が、絵を掛ける予定の場所の背景とこの色は衝突すると言うからだ。それから、何があっても、最初の制作段階は今月半ばまでに終えてほしい。君の次の予算額は、その期限内に完成できるかどうかと、こちらの希望どおりのものに仕上がっているかどうかで決まる」

実際、押し付けがましいアプローチでは、まともな作品ができないことは明らかだ。あるいは、それに怒った画家が仕事を断るかもしれない。イノベーションの創造的な部分をこのように管理していては、まず成功に結びつかない。

成功につながる創造的プロセスの管理手法は、各方面をバランスよく管理していく映画監督の仕事にたとえるとわかりやすい。映画監督は、俳優や撮影スタッフ、スタイリストなどの現場スタッフから、スポンサーやスタジオの経営者まで、実にさまざまな人間の気質とニーズを管理しなければならない。また、ターゲット市場の期待を予想して、ポイントを押さえた制作プロセスにし、差別化した作品を作らなければならない。さらに、脚本に忠実になり完璧を求めるべき場合と、脚本は放り出して即興的になるべき場合とを見極める必要もある。そして予算とスケジュールの目標は厳守しなければならない。制作費はこの目標の達成具合に応じて配分されるからだ。一方、計画を中止するか延期するか、あるいは予算やスケジュールの枠をはみ出しても延長して修正すべきなのかを判断するのも監督の仕事で、時間や予算の超過分はどこかで埋め合わせなければならない。そのほか、論理的な問題も技術的な問題も山ほどある。すべてのバランスをとりつつ、あらゆることに深く関わり、なおかつ超大作を作り出さなければならない。こうした映画監督の役目は、イノベーション管理の仕事を適切に表しているといえよう。

自由と規律を併せ持った組織では、イノベーティブなアイデアの創出とその市場化（価値獲得）の両方が、高いレベルで継続できる。そのような組織をどう作るのかを示すのが、本書の目的である。創造性と市場化の両プロセスをバランスよく同時に進めていくためには、両者間の拮抗関係のマネジメントが必要だ。これは極めて難しい。一方がうまくいっても、その成功がもう一方をだめにしてしまうケースが多い。そうならないためには、経営陣の積極的な介入――明確なイノベーション戦略やしっかりしたプロセスを決める、強力なリーダーシップを発揮するなど——が必要である。この二つは、両立は容易ではないが、いずれもイノベーションに欠かせないものだ。

「イノベーションは魔法のように思われがちで、計画はもちろん、導き方や促進の仕方が影響するとは考えられていない。しかし歴史を振り返ってみると、そんなはずがないことがわかる。イノベーションの成功には、それにふさわしい時と場所と状況があるのだ」

——IBMのサミュエル・パルミサーノ社長兼CEO[14]

イノベーションのプロセスに創造性が含まれてくると、多くのマネジャーは戸惑ってしまう。創造性はどう管理するのか？　経営管理プロセスを使うと、創造性を潰すことにはならないか？——創造性の管理は魔法を使うのではない。多くのリーディングカンパニーを見ればわかるとおり、創造性は管理し、測定し、監督することができる。本当に難しいのは、創造性と価値創造を衝突させることなく、並行して管理していくことである。

創造的であることと、そこから金銭的価値を生み出すこととは、本質的に拮抗する関係にある。価値提供ばかり重視していると、創造的プロセスがおろそかになるし、その逆もありうる。一方、創造的プロセスが体系化されていないと効果的な管理ができず、すばらしいアイデアなのに商業的成功には結びつかないことになる。イノベーションに打ち込むからといって経営上最低限必要なことまで無視してはいけない。だが、創造性を殺してしまう社内のプロセスには注意を向けなければならない[15]。これを両立させるためにマネジャーは、創造性を「刺激する

[14] Palmisano, Samuel J. 2003. How the U.S. can keep its innovation edge. *Business Week*, November 17, page 34.

[15] Amabile, Teresa. 1998. How to kill creativity. *Harvard Business Review*. September – October.（「あなたは組織の創造性を殺していないか」『ダイヤモンド・ハーバード・ビジネス・レビュー』誌、1999年5月号）

管理」と「抑制する管理」とを区別しておく必要がある。また市場化のプロセスも管理して、質の高い結果を迅速に生み出す必要がある——つまり、創造的な優れたコンセプトを市場性の高い製品やサービスに変えていくのである。

CASE STUDY

2

ゼロックスのパロアルト研究所——創造性が成功を妨げたケース

エネルギーと資源が創造性に集中しすぎることもある。その最たる例がゼロックスのパロアルト研究所（PARC）である。一九七〇〜八〇年代にかけてのゼロックスはまさに創造性の栽培場のようで、活気あふれるPARC内では、優秀な人材がさまざまなイノベーションに取り組んでいた。コンピュータから情報サービスにいたるまで広範な領域にわたって、何千ものアイデアが生み出され、何百というプロトタイプが作られた。だが、どこかバランスが悪かった。創造的活動は活発だったが、それを活用できなかった。たくさんのアイデアが市場化プロセスに乗らないまま消えていった。なかには開発が進められたものもあったが、市場化がうまくいかなかった。結局、創造的な部分は成功していたが、それに相応する商業的成功にはいたらなかったのである。

ゼロックスは創造性の管理に集中しすぎ、市場化の力、つまりイノベーションによる価値を獲得する力が落ちていたようだ。創造性に没頭するあまり、ゴールを見失い、多額の投資にもかかわらず、潜在的な価値を市場化に結びつけられなかった。その一方で、ＰＡＲＣを訪問したアップルのスティーブ・ジョブズは、そこで見つけた技術のごく一部のライセンス供与を受け、そこからパソコン世界の軸となる製品を生み出した。その後、ゼロックスは懸命になって、創造性と価値獲得の間のバランスを回復してイノベーションを復活させようとした。

創造的なプロセスと精神、もしくは市場化のどちらか一方が主になってしまうと、優れたイノベーションは生まれない。これまでも多くの企業が、創造性と市場化の同時進行に失敗している。本書では、その方法を豊富な例を挙げながら紹介していく。

❺組織内の抵抗勢力を抑える

イノベーションを成功させるには、必ず現れる組織内の「抵抗勢力」を抑えなければならない。一般に、イノベーションがラディカルであったり現状との落差が大きかったりすると、抵抗は激しくなる。また過去の成功が大きいほど、抵抗も拡大する。人は長いあいだ成功体験に浸っていると、変化に抵抗する傾向がある。イノベーションを進めるためには、変革できる力と勇気を備え、同時にイノベーションの推進に必要な安定性も持った企業文化が必要であり、これは経営陣が主導して作っていかなければならない。

過去に成功をもたらした要因が将来にも通用するとはかぎらない。イノベーションが生まれやすい企業文化では、これがきちんと認識されている。企業の強みは状況に応じて変化させないと将来的には大きな負債に転じてしまう。当たり前とされている物事を疑ったり、現行アプローチの変更を検討したりすることが抵抗なくできる風土を作らねばならない。またイノベーションは、リスクテイクを心がけ（失敗コストを抑えるためリスクは小さいほうがいい）、結果を詳細に検討、学習し、さらに再度トライしてみて初めて実現することも、理解されていないといけない。ヒューレット・パッカード（HP）はかつてさまざまな方法を使ってリスクテイクを促進した。その一つが、失敗したプロジェクトの反省会だ。経営陣はこの反省会で失敗を嘆きつつ努力は賞賛し、その事業で学んだことを確認してから、その後注力していくプロジェクトについて話し合った。そして最後にまるで本当の通夜のように、こんなメッセージを読み上げた。「これが人生であり、物事の理というものだ。前進しつづけなければならない」

また、社内のみならず社外とうまく連携できる企業文化も、イノベーションの促進につながる。顧客の視点が貴重であることはすでに知られている[16]が、サプライヤーや大学、競合他社、他業界の視点も有益である。自社内で生まれたものしか認めず外部のアイデアは受け入れない「自前主義症候群★1」は尊大な企業文化の表れであり、そうした傲慢さを持った企業では抵抗勢力の勢いが強い。

加えて、リスクテイクと学習ができる企業文化を育てるには、評価指標や報奨のことも考えなければならない。

★1　Not Invented Here (NIH) Syndrome

[16] von Hippel, Eric. 1988. *The sources of innovation*. New York: Oxford University Press.（『イノベーションの源泉：真のイノベーターはだれか』榊原清則訳、1991年、ダイヤモンド社）

❻社内外にイノベーションのネットワークを構築する

イノベーションの土台となるのは個々の人ではなく、社内（研究開発、営業、製造の各部門）および社外（顧客、サプライヤー、提携企業など）に拡がるネットワークである。イノベーション実現のためには、このネットワークをオープンで協調性ある戦力に育て、維持することが必要となる。もちろん、つながりの複雑さやモチベーション、目的もそれぞればらばらであることを考えると、これは容易なことではない。だが、社内のみならず、顧客やサプライヤー、コンサルタントなどイノベーションを支援してくれる人々との連携をうまく管理すれば、これがイノベーションのコア・コンピタンスになる。

こうしたネットワークをうまく活用している企業は少なくない。たとえば、さまざまな技術系企業との堅牢なネットワークを築いている3Mは、日ごろからそのネットワークに接触するようにして、新しいアイデアを得たり、新しいチームを組んだりする際に役立てている。

ネットワークは重要だが、どんなネットワークが必要なのかがわかっていないと、結局は手間ばかりかかる価値の低いネットワークができてしまう。その点、後述する「イノベーション・プラットフォーム」のコンセプトを使うと、ネットワーク構築に必要なフレームワークが得られる。これはすでにさまざまな企業で使われ成功を収めているツールで、イノベーションを事業展開に組み込んだり、社内外にネットワークを築いたりするときには欠かせない。

なかには、社内の抵抗を避けようと、イノベーション事業を本社機能と切り離して、独立した専用部門やインキュベーター企業に任せるケースもある。こうしたアプローチでも、社内の資源と提携企業との密接なネットワークが築けて、なおかつそれを維持できた場合は、成功の可能性がある。しかし、こうした独立型のイノベーション推進策は失敗することが多い。イノベーターを抵抗勢力と切り離すことは、社内の重要な資源やアイデアとのつながりも断ってしまうことになるからだ。

❼イノベーションに適切な評価指標と報奨制度を設ける

企業は、パフォーマンスの向上をねらって報奨制度を用意する。そしてその制度の大半は、予算の厳守とリスクの低減に主眼が置かれている。この手の報奨体系を使っているマネジャーは、大損失を被ることもないが、逆に莫大な利益を得られる可能性もほとんどない、安全確実な製品に資源を投じる。もっとも、よりリスクの高い道を模索したいというモチベーションがあったとしても、この報奨体系では潰されてしまうだろう。またこうした企業は、本当はラディカルで斬新なアイデアを望んでいたとしても、低リスクで速く市場化できることを評価する。結果、リスクテイクの意欲はなくなり、既存製品の改善など、インクリメンタルなアイデアばかりが増えていく。ただ、インクリメンタルなアイデアがあふれる現状に苛立つ経営陣も、今自分たちがどういう行動に報奨を与えているのかには目が向かない。しかし、ほかのイノベーション・ルールがいくら適切でも、評価方法や報奨体系が誤っていると、すべてがだめになってしまうのだ。

問題は二つに絞られる——評価・測定すべきは何なのか？　そして、イノベーションの成果を得るために社員のモチベーションを上げるには、どのような報奨が適切なのか？　この答えは後回しにして（詳しくは第6～7章で述べる）、ここでは、実際に大部分の企業は何を評価しているのか、その結果はどうなっているのか、という二点に目を向けてみる。

なかには測定方法を重要視している企業もあるが、一般的には、イノベーション戦略とはほとんど関係のない測定方法を使っている企業が多い。それどころか、我々が調査した企業の多くは、イノベーションに対して逆効果をもたらす測定法を使っていた。最近のある研究によると、アメリカ企業では一株あたりの利益（ＥＰＳ）が重要な指標になっているという。さらに、マネジャーたちは、正味現在価値のプラスが見込まれる投資でも、それによって四半期のＥＰＳ目標が達成できないようならその投資は控える、と考えていることが明らかになった。経済価値を犠牲にしてまで、収益目標を達成したいというわけだ。こうした企業の場合は、イノベーションとは関係のない評価指標が社員の動機づけになる。

我々が調査したある企業では、「発売製品個数」を、イノベーションの評価と報奨の指標にしていた。この指標だと、社員はどんなことにやる気を持つだろう？　製品開発マネジャーの話では、この目標のために、製品の小さな改善を数多くこなすことに重点を置いているという。ラディカルなイノベーションは困難だし、時間もかかる。そんなイノベーションで大ばくちを打つよりも、インクリメンタルなイノベーションに徹し、低リスク・短期間で利益を得ることを考えたというのだ。このアプローチは、社員個人の立場で見れば当然ともいえる。本当にラディカルなイノベーションを達成するには三年はかかる。その間、彼らは報奨を諦め、「あいつは実績を出していない」という社内の大きなプレッシャーに耐えなければならない。たとえそうして画期的なイノベーションを達成しても、受け取る報奨は、既存製品に若干の改良を加えただけの場合と変わらない。会社全体が得る利益はラディカルなイノベーションのほうがずっと大きくても、社員個人の報奨は同じなのだ。

組織の構造がイノベーション推進の壁になることは少なくない。たとえば、開発部門がすばらしいアイデアを製品化できても、営業部門がそれを既存の主力製品や自分たちのケイパビリティにどう組み込むのかわからず、積極的に売り込もうとしない場合、アイデアの商業的利益が明確になるまで、開発部門には開発資金がまわってこない。また、営業部門が製品アイデアを考え出し、開発部門に製品開発を依頼するケースも問題だ。この場合、開発部門は依頼されたアイデアを製品化することになるが、報奨はこの与えられた任務に対して出るだけで、開発部門自ら考案した画期的イノベーションの開発には報奨が出ない。そのほか、斬新でラディカルなイノベーションの探求の段階にも資金は出にくい。

結論は明白だ。戦略に見合ったイノベーションを推進するには、適切な評価指標、測定方法、モチベーション、インセンティブ、報奨を与えるシステムが必要なのである。また、画期的イノベーションにつながるリスクテイクは会社にとってプラスだと考える環境づくりも必要だ。こうした見方ができれば、短期的な結果を求めていた企業も、長期的視点をもつバランスのとれた姿勢に変わっていくだろう。長い目で見て本当に価値あるブレークスルーを求めるなら、短期間の失敗は容認しなければならない。そこから学ぶことも必要だ。もちろん、これは製品開発マネジャーに自由勝手な行動を許すということではない。そこで、イノベーションを推進するために入念に考えられたシステムと、アイデアの開発を方向づける構造的なプロセスが必要になるのである。

「リーダーシップ」をイノベーション・ルールの第一番目にもってきたのは、企業がまず手をつけるべきことだからだ。一方、「評価指標と報奨制度」は、イノベーション事業全体の締めくくりとなるものであり、モチベーションの点でも行動の点でも他のイノベーション・ルールすべてに関係するものであるため、最後の七番目になった。次章からは、この七つのイノベーション・ルールを詳細に見ていく。

2 イノベーションのタイプと活用法

戦略的イノベーションの新モデル

一般に、イノベーションは主にテクノロジーの変革のことだと誤解されている向きがある[1]。ビジネスに精通した経営者たちも、イノベーションと聞くと、技術者が先端テクノロジーを開発している研究開発室を思い浮かべる。しかし、テクノロジーの変革だけがイノベーションではない。

高成長の企業では、新しいビジネスモデルと高度なテクノロジーの両方を活用してイノベーションを進めている[2]。第1章では、デルのビジネスモデルのイノベーションや、アップルのテクノロジーとビジネスモデルのイノベーションを紹介したが、他にも多くの事例がある。たとえばeBay（イーベイ）は、インターネットという新しくて簡単に利用できる技術を使い、オークションの新しいビジネスモデルを生み出した。また、小売業界最大手のウォルマートは、

[1] 学術論文もテクノロジーのイノベーションに焦点を当てたものが多い。
Henderson R. M., and K. B. Clark. 1990. Architectural innovation: the reconfiguration of existing product technologies and the failure of established firms. *Administrative Science Quarterly*, 35(1): 9-30.
Abernathy, W. and J. M. Utterback. 1978. Patterns of industrial innovation. *Technology Review*, 80(7): 40-47.
Christensen, C. and R. Rosenbloom. 1995. Explaining the attacker's advantage: technological paradigms, organizational dynamics and the value network. *Research policy*, 24: 233-257.

[2] 研究論文のなかには、イノベーションの理解にあたって、市場もテクノロジーの要因の1つとして捉えているものもある（Afuah, 1998）。我々は、市場に焦点を当てると、イノベーションをビジネスモデルの1つとしてしか見られなくなると考えている。

ごく一般的な情報通信機器を利用してサプライチェーンとサプライヤーを緊密に連携させ、コストを大幅に削減できる新しいビジネスモデルを確立した[3]。

ＩＢＭで研究開発のトップに立つ、ニック・ドノフリオ上級副社長はこう話す。「我々は〈イノベーション〉を、ビジネスとテクノロジーの両方を視野に入れて新しい価値を創造することだと考えている。新しい視点を持たなければならない。物事のやり方も変えなければならない。発明やテクノロジーだけに頼っていては成功できない」[4]

こうしたイノベーションは、旧体質で資本集約型の鉄鋼業界でも起きている。ニューコア・スチールは、鉄スクラップを鉄鋼に作りかえる新しいテクノロジーを開発し、同時にビジネスモデルも価値を最大化できるものに変えた。この新しいビジネスモデルは、高付加価値の商品を比較的少量、生産することに主眼を置いていて、大規模大量生産という業界の伝統的なモデルを事実上くつがえした。こうしたテクノロジーの変革とビジネスモデルの変革による複合的な効果は鉄鋼業を一新させ、業界全体に変革の波を引き起こした。

ビジネス・プロセスが同時に変化していないと、テクノロジーの変革はめったに起きない。これは、逆もまたしかりである。両方のイノベーションは同時に進むので、二つを一つのまとまりで捉え、導入しなければならない。たとえば新しいテクノロジーの導入によって、製造工場では作業工程を変え、営業部門では顧客とのコミュニケーションを変える必要が出てくるかもしれない。

ビジネスモデルが主導したイノベーションとして有名なのが、二十世紀前半の自動車業界だ。それまで自動車は、小さな工場で熟練工が手作りの部品を一つひとつ組み立てていくという、

[3] ウォルマートはサプライチェーンを最大限に活用しようと、RFID（無線通信による識別）技術に注目している。RFIDを使うと、個々の商品を生産段階から最終消費者に届くまで追跡できる。このイネーブリング・テクノロジーは、消費者には意識されないが、ウォルマートにとっては、さらに市場優位を拡大するための効果的なビジネスモデルの基礎になる。

[4] Cane, A. 2005. The brain behind the brains at Big Blue. *Financial Times,* January 21.

きわめて労働集約的な産業だった。そんななか、このビジネスモデルに最初の大変革が起きた。ヘンリー・フォードが部品の規格化を進め、生産ラインの概念を自動車生産に取り入れたのである。このラディカル・イノベーションは、生産ラインとサプライチェーンの効率性を高めるプロセス・テクノロジーなど、新しいテクノロジーも使われていたが、きっかけになったのはビジネスモデルの変革だった。この変化は、自動車業界の概念全体をひっくり返してしまった——小工場が大工場の生産ラインに変わっただけでなく、製品性能を重視する姿勢は製品コストの重視に、部品は特注生産から規格化に、システムは個別工場での組み立てから垂直統合へ、ニッチ市場からマスマーケットへと、さまざまなところで変化が生じた。

その後、第二の変革をもたらしたのは、ゼネラル・モーターズだった。これもビジネスモデルの変革ではあったが、フォードが作った仕組みを土台にしていた。アルフレッド・スローン社長は、フォード以上にビジネスモデルの改善を重視し、その創意を発揮して、フォードを超える新たなビジネスモデルとマネジメント手法を作り出した。これは、ソフト・テクノロジーと呼んでもいいだろう。具体的には、まずマーケットをセグメント化し、各セグメントに差別化した機能性を提供した。そして製造プロセスには柔軟性を持たせて、生産ラインの効率を大きく高めた。

成功する企業は、テクノロジーの変革とビジネスモデルの変革を組み合わせてイノベーションを生み出している。さらに、企業の基本精神にイノベーションを根付かせるためには、経営陣がイノベーションのビジネス的要素とテクノロジー的要素のバランスをとらなければならない。

図1は、変革を起こす六つの要因——ビジネスモデルの変革、テクノロジーの変革、それぞれ三つずつ——を示したものである。これから見ていくように、イノベーションが起きるには、この六つのうち最低でも一つは作用しなければならない。本章では、イノベーションを促進する要因をビジネスモデルとテクノロジーの両面から明らかにするとともに、あらゆるイノベーションの根底にある六つの要因について説明していく。

ビジネスモデルの変革

ビジネスモデルは、企業が顧客に対して価値を製造、販売、提供する過程を示すものである。そして次の三つの領域でビジネスモデルが変化すると、イノベーションは進む。

- **バリュー・プロポジション**——市場に向けて販売、提供される価値。
- **サプライチェーン**——価値を作り出し、市場へ提供する仕組み。
- **ターゲット顧客**——価値の提供先。

これらはどれも経営戦略には絶対に欠かせないものであり、イノベーションを理論的に捉える際の中核となる。

図1　イノベーションの6つの要因

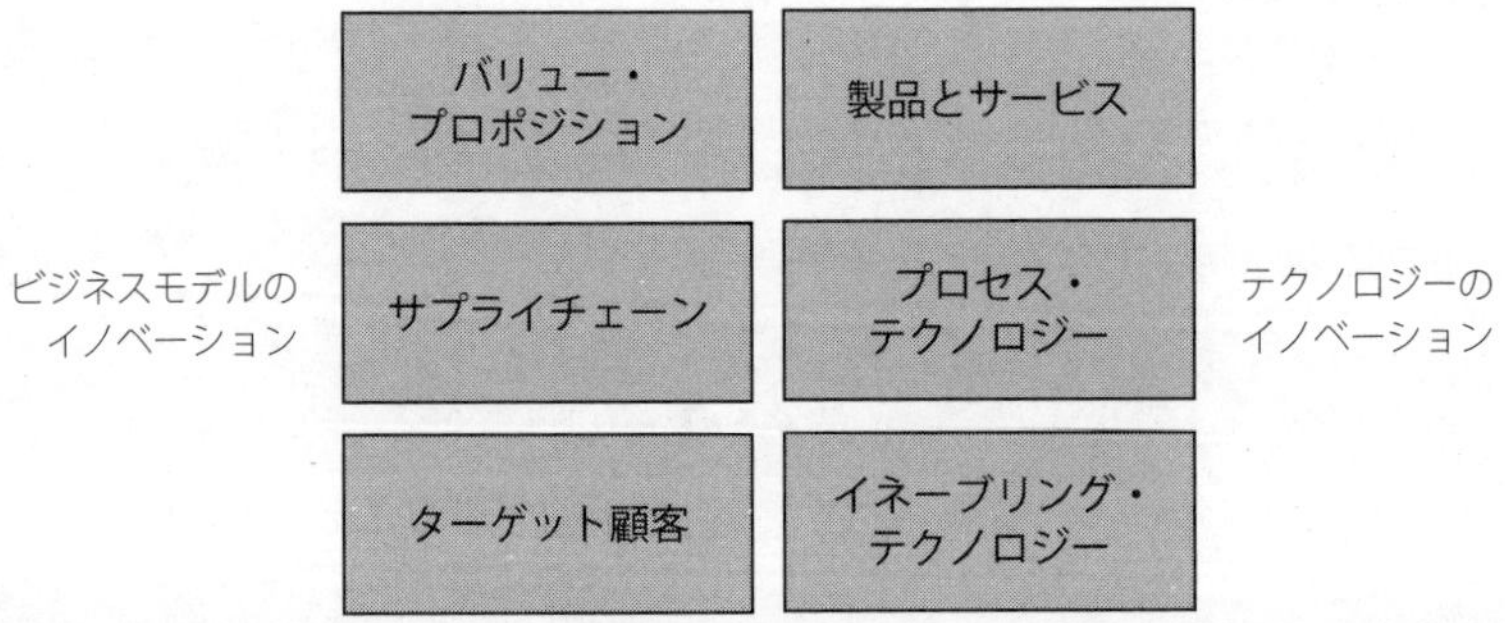

バリュー・プロポジション

商品やサービス（基本的に市場に向けて販売、提供するもの）のバリュー・プロポジションの変革とは、まったく新しい商品やサービスの提供、もしくは既存商品の応用版の提案ということになるだろう。たとえば、ハミガキの各ブランドではこれまで虫歯予防、口臭予防、歯石コントロールなど提供価値が次々と拡大されてきたが、最近それにホワイトニングが加えられた。同じく自動車メーカーも、乗用車やトラックに頻繁に新機能を追加したり、アフターサービスを充実させたりしている。またコンピューティングと情報マネジメントの世界では、ＩＢＭのバリュー・プロポジションが、製品主導型から、自社製品と各種サービスとをセットで提供する方向に転換しはじめている。現実にサービスが事業の主軸になってきていることは数字にも表れていて、二〇〇三年の売上の四八％、利益の四一％はサービス提供によるものだった。そしてプライスウォーターハウスクーパーズの買収（現在はＩＢＭビジネスコンサルティングサービス）や、オンデマンド戦略の一環としてのアプリケーション・ホスティング事業の強化などもすべて、サービス提供面の拡大に向けた戦略的な動きである。一方、アマゾンは提供するサービスの内容を変えた。ギャップやノードストローム、エディー・バウアーの衣料品や、三〇〇〇種類を超えるスポーツグッズなど、さまざまな小売企業の商品を取り揃え、オンライン・ショッピングモール、すなわち小売販売のプラットフォームを作り上げたのである[5]。

[5] Bucklet, N. 2003. Free deliveries help lift Amazon. *Financial Times*, October 22.

調査研究

1 製品提供のイノベーション

我々が調査したある新興企業は、すでに成熟した市場で新製品を提供するというイノベーションに成功している。この企業は手袋メーカーで、さまざまな業種のニーズに合わせて商品開発を行っている。電気技術者と建設作業員では手袋に求める機能が異なるし、また同じ人が屋外で作業するにも、過酷な気候と穏やかな気候とでは求める手袋が違ってくる。これらに対応するためには新しいビジネスモデルが必要だ。同社では、セグメンテーションから流通経路、広告展開のほか、最新の素材技術を使って最高の機能デザインを提供できるサプライヤーのネットワークまで、すべてを刷新した。

サプライチェーン

ビジネスモデルの変革につながる二つ目の要素は、サプライチェーン――価値の創出から市場提供までの仕組み――である。通常、サプライチェーンが変化しても顧客の目にはわからない。実際に影響するのはバリューチェーンの各過程で、具体的には、組織の構成や提携先、営業の仕方などが変わる。サン・マイクロシステムズは一九八〇年代に、価値創造の過程に他企業との戦略的提携を使うという、アウトソーシングの新しいアプローチを考案し、大きな競争優位を手にした――だが、この変化は製品を見てもわからないはずだ。また、分断されているサプライチェーンを結合するという変革もある。たとえば、ゼネラル・エレクトリック（GE）が発電タービンとサービス契約とをセットにしたところ、サプライチェーンに新しい相乗効果と価値が生み出された。顧客が機器とサービスをワンセットで購入するため、業界平均を上回る販売利益が確保できるようになったのである。この大々的なイノベーションが市場に与えた影響は大きく、ビジネスモデルは機器とサービスのセット販売に変わった。これによって同業他社は、競争を続けるためには両方に対応しなければならなくなった。

そのほか、サプライヤーとの関係改善で生まれるイノベーションもある。たとえばトヨタは一九七〇年代、それまで対立的だったサプライヤーとメーカーとの関係の見直しを図り、サプライヤーはメーカーの成功も失敗も分かち合うという共同的な関係に変えた。またイノベーションの成功には、補完関係にあるパートナーシップをうまくマネジメントすることも有効だ。マイクロソフトのゲーム市場参入の成功は、ゲーム機「Ｘｂｏｘ」自体の売れ行きが好調だったこともあるが、専用ゲームソフトの開発企業の成長によるところが大きい。

ターゲット顧客

ビジネスモデルを変える第三の要素は、ターゲット顧客の変化である。一般的に、この変化が起きるのは、現時点ではマーケティング・販売・流通の対象になっていないセグメントが、将来的には商品、サービスの提供対象になりそうだと判明したときである。たとえば、バランス栄養食はもともと運動選手や激しいスポーツをする人を対象にしていたが、その後、異なるセグメント（女性など）が大きな潜在的顧客層であることがわかった。そこで材料、パッケージ、広告に比較的小さな変更を加えたところ、市場は何倍にも拡大した。

既製服ブランドのドッカーズは、「手軽さ重視」の顧客層にターゲットを絞り、汚れにくくアイロンが不要なチノパンを提供した。そして、このチノパンに関してはターゲットを、いつものおしゃれな男性でなく、ファッションに弱い男性に変えた。結果、売上をさらに伸ばすことができた[6]。

ターゲット顧客の変化によるイノベーションは、サプライチェーンやバリュー・プロポジションの変化に比べれば頻度としては少ない。だがイノベーションの要因としては重要で、イノベーションのチャンスを探っている企業は見落としてはならないものである。

この三つの要因は、ビジネスモデルのイノベーションを生む基本である。デルやニューコア・スチール、ＧＥなどのリーディングカンパニーもこれらを活用して競争優位を確保した。

テクノロジーの変革

新しいテクノロジーは、イノベーションの中心になって大いに注目を集めることもあれば、装置の裏に隠れていて、修理担当者の目にしか触れないこともある。いずれにせよ、イノベーションが起きるのは、テクノロジーが次の三つの点で変化した場合である。

●製品とサービス

[6] Dann, J. 2003. Can khakis really be disruptive? *Strategy & Innovation*, 3.

● プロセス・テクノロジー
● イネーブリング・テクノロジー

製品とサービス

既存製品・サービスの変更や新製品・新サービスの導入は、消費者が変化を直接実感できるため、イノベーションとしては一番目立つ。今日の変化の激しい市場では、消費者はこの類のテクノロジーのイノベーションは頻繁に起きるものだと考えている。商品のイノベーションを期待して買い物のタイミングを計るのは、いまや当たり前になってしまった――たとえば、MP3プレーヤーを買う際、機能や保存容量を強化した最新モデルの登場を待つように。

そのほか、携帯電話や自動車で新機能が頻繁に追加されたり、超大型新薬が生まれたりするのも、製品テクノロジーの変化によるイノベーションである。また、マクドナルドは低脂肪オイルを導入することで、商品やサービスはまったく変えずに、健康志向の強い消費者という新しい市場セグメントを開拓できた。この新しいオイルでは商品の味（知覚品質）は変わらない。だが、新しい顧客セグメントに魅力を与え、さらに既存顧客の好感度も高められる可能性があった。ファストフードにこうした手法を用いたのはマクドナルドが初めてだった。そして既存の商品とサービスの価値を最大限に生かせるようになったのである。

この種のイノベーションは非常に重要であるし、企業の成功に大きな影響を与えるものだが、テクノロジーによるイノベーションはこれだけではない。

プロセス・テクノロジー

一般に、テクノロジー・イノベーションというと、製品やサービスの性能の向上が思い浮かぶ。たとえばメモリチップの向上といえば、容量や転送速度のほか消費電力まで考えられる。このような連想がされるのは、製品のイノベーションが、消費者でも価値判断や値踏みができる機能性に反映されるためだ。だが、テクノロジーは製品のイノベーションだけに使われるわけではない。

製品の製造過程やサービスの提供プロセスに使われるテクノロジーに変革が起きると、高い品質のモノやサービスが低価格でより速く提供できるようになる[7]。こうしたプロセス・テクノロジーの変化は通常、消費者の目には触れないが、競争の面では非常に重要になってくる[8]。たとえば食品加工や自動車の製造、石油の精製、発電のほか、あらゆる産業の製品製造がこれに関係する。また、製造と資材は密接につながっているため、資材もプロセス・テクノロジーの領域に含まれる。一方、サービス産業にとっては、プロセス・テクノロジーはサービスを提供する際の手段といえる。たとえば、電話サービスが可能になるのは電話信号の送受信設備というプロセス・テクノロジーがあるからであり、特急便サービスが提供できるのも仕分け倉庫や配達トラックがあるからだ。また、空輸サービスは航空機や空港があるから可能になる。商品にしてもサービスにしても、プロセス・テクノロジーはイノベーションに欠かせない部分である。

企業は、コストを減らし、既存の製品・サービスの質を向上させようと、常にプロセス・テクノロジーの変革を考えている。この傾向は特に生活必需品や日常サービスの分野で強い。

[7] プロセス・テクノロジーの変革の重要性については、以下を参照。
Pisano, Gary. 1997. *The development factory: Unlocking the potential of process innovation*. Boston: Harvard Business School Press.

[8] プロセス改善の例は、品質活動に関連するものが多い。
Cole, Robert E. 1998. Learning from the Quality Movement: What did and didn't happen and why? *California Management Review* 41(1): 43-74.
Juran, J. M. 1992. *Juran on Quality by Design: The new steps for planning quality into goods and services*. New York: The Free Press.

これらの分野では差別化が難しくなってきており、大抵はコストを争うしかないからだ。だが、どんな商品やサービスでも、プロセス・テクノロジーを改善すれば、それは必ず競争にプラスに働くのである。

イネーブリング・テクノロジー

テクノロジー・イノベーションを起こす三つ目の要因は、**イネーブリング・テクノロジー**といわれるものである。これは製品やプロセスの機能性を変革するテクノロジーではない。戦略のスピードアップを図り、時間を競争優位の源泉に変えるためのテクノロジーだ。たとえば情報技術（ＩＴ）もイネーブリング・テクノロジーの一つであり、これによりバリューチェーンの関係企業間での情報の流れが円滑になる。そしてコミュニケーションが緊密になれば、製品開発からサプライチェーン・マネジメントまで、ビジネス・プロセス全般がスピードアップする。

ＩＴのようなイネーブリング・テクノロジーの変化は、顧客にはほとんどわからないが、意思決定や財務管理の改善につながるため、非常に重要である。たとえば、ウォルマートでは情報管理のイネーブリング・テクノロジーを大きく変えた結果、提携企業やサプライチェーン、財務状態を評価、管理する能力が格段に向上した。

■イノベーション・モデルの統合

この新しいイノベーション・モデルでは、社内でビジネスモデルとテクノロジーの管理を統合することが必要になる。しかし現実には、こうした統合がいつも行われているとはかぎらない。たとえばインテルは、業界の競争が次第に強まってきていた二〇〇四年、テクノロジー・イノベーションの開発と市場化には莫大な資金を投じたが、ビジネスモデルのイノベーションにはあまり投資しなかったらしい。このときシリコンバレーで問題にされたのは、インテルに、今後数年間競争していける適切なテクノロジーがあるのかではなく、適切なビジネスモデルはあるのかという点だった。多くの人には、ビジネスモデルと、テクノロジーのイノベーションが乖離しているように思われたのである。

昔から、組織ではビジネスモデルの変革を生み出し管理する場所と、テクノロジーの変革を管理する場所とは、物理的にも文化的にも遠く離れていた。したがってイノベーションの成功は、ビジネスモデルとテクノロジーの管理に関する心理的側面と実際の活動を統合できるかどうかが鍵になる。

経営者の留意点

- 自社独自の、テクノロジーとビジネスモデルのイノベーションの機会を把握すること。
- ビジネスモデルとは、バリュー・プロポジション、製品の流通方法、ターゲット顧客を変革するものだと考えること。
●テクノロジーとは、製品、製品提供のプロセス、そしてこの二つをサポートするインフラを変革するものだと考えること。
●安全を期すため、テクノロジーへの投資をビジネスモデルへの投資と併せて活用する、またその逆の場合の計画を考えること。

三タイプのイノベーション

イノベーションはすべて同じというわけではない。リスクも違えば、リターンもばらばらだ。イノベーションのタイプは大きく三種類に分けられる。

●インクリメンタル
●セミラディカル
●ラディカル

インクリメンタル（漸進的）・イノベーションは、既存の製品やビジネス・プロセスに小さな改善を加えるイノベーションで、目標は明確だが、そこにいたる過程の問題を解決するものと考えるといい。一方、この対極にあるラディカル・イノベーションは、新しい商品やサービスをまったく新しい方法で提供するイノベーションで、目指す方向性はわかっているが、具体的に何が得られるかはよくわからない探求活動である。戦略上、ベストなイノベーションを選ぶためには、それぞれのタイプの特徴と、それを使うべきタイミングを理解しておく必要がある。この各タイプをイノベーション・マトリクスにあてはめると、**図2**のようになる[9]。

ある程度の期間なら、テクノロジーにインクリメンタルな変化を加えるだけでもかなりの成功を収められる。従来、テクノロジーの変化は、比較的長期にわたるインクリメンタル・イノベーションが繰り返されるうち、革新的なテクノロジーが必要となり、大変革が発生するものと考えられてきた[11]。

典型的な例が、冷凍産業の変化である[12]。十九世紀には、氷は湖から採取するものだった。そして溶けないように貯蔵場に保管して、生鮮品として輸送していた。この採氷に関する技術は、数十年という年月をかけて徐々に改善されていった。たとえば、新しい道具と技術により採取プロセスが効率化された。また、貯蔵の技術も創造力のおかげで改善され、輸送船内で氷点下を保持する包装技術も向上した。しかし、二十世紀初めに冷凍という革新的な技術が登場すると、業界は一変した。それまでの採取、貯蔵、

図2　イノベーション・マトリクス[10]

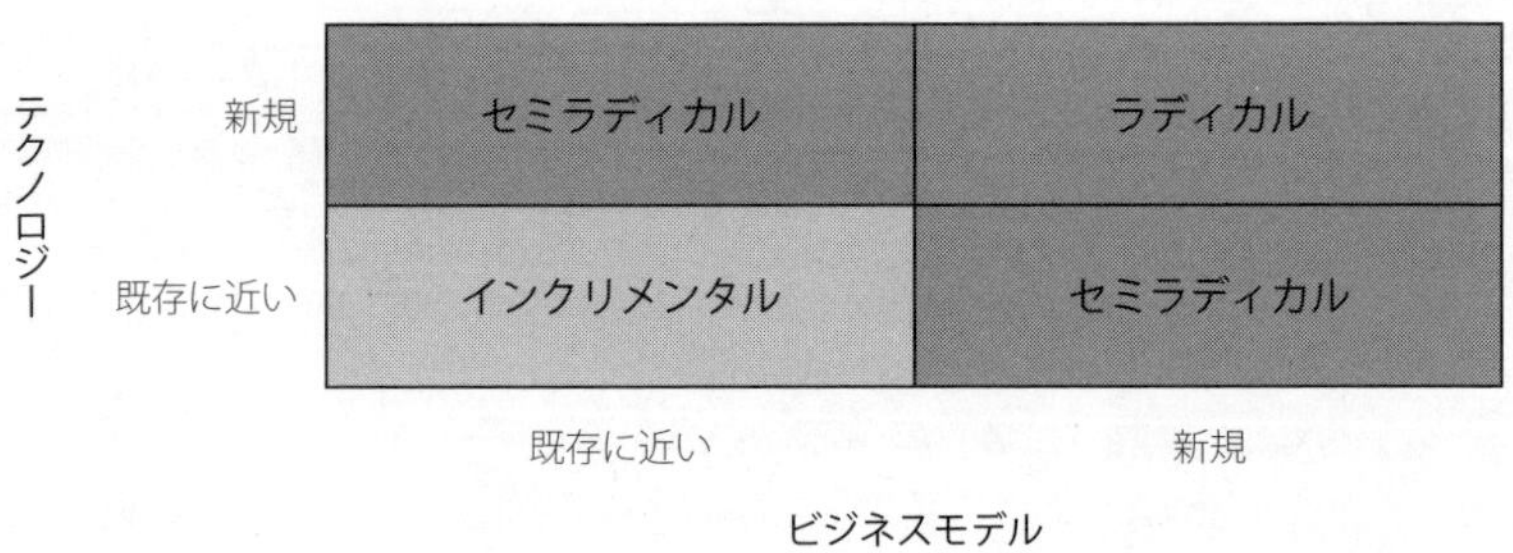

輸送のインクリメンタルなイノベーションは、突然時代遅れになった。ここで興味深いのは、氷メーカーがこの新しいテクノロジーへの対抗策として、既存の知識をいっそう活用し、さらに改善を進めたことだ。つまり採氷による冷却技術が最も躍進したのは、画期的な新技術の登場により、消滅の危機にさらされたときだったのである。ただ彼らは、長年の努力の結晶であるテクノロジーをさらに進展させることはできたが、革新的なテクノロジーの重大さには気づけなかった。こうした動きは、この氷メーカーにかぎった話ではない[13]。似たようなことは船舶の世界でも起こっている。帆船技術のイノベーションは、蒸気エンジンという新技術が脅威になったときに一気に進んだ。そしてその後わずか数年で、海上輸送の手段は帆船からこの新しいテクノロジーに置き換えられたのである[14]。こう考えると、インクリメンタルなイノベーションは、業界を揺るがすような革新的テクノロジーが登場しないかぎりは、長期間持続可能な戦略だといえよう。

イノベーションは**取り組み方**がその**内容**を左右するため、イノベーション計画を適切に管理し、資金を調達し、資源を手配できるようにするには、どのような変革が必要なのかを必ず把握しておかねばならない。前掲のフレームワークは、そうした方向性を

[9] イノベーションの考え方については、さまざまなアプローチがある。
Gatignon, Hubert, Michael L. Tushman, Wendy Smith, and Phillip Anderson. 2002. A structural approach to assessing innovation: Construct development of innovation locus, type, and characteristics. *Management Science* 48 (9): 1103-1122.
イノベーション・マトリクスはイノベーション戦略の設計に最も有用である。

[10] 従来は、テクノロジーと市場の側面からこのマトリクスを捉えていた。
Meyer, Mark H. and Edward B. Roberts. 1986. New product strategy in small technology-based firms: A pilot study. *Management Science*, 32 (7): 806-822.

[11] このモデルについては、以下を参照。
Tushman, M. and P. Anderson. 1986. Technological discontinuities and organizational environment. *Administrative Science Quarterly*, 31: 439-465.

[12] Utterback, J. M. 1994. *Mastering the dynamics of innovation: How companies can seize opportunities in the face of technological change*. Boston: Harvard Business School Press.（『イノベーション・ダイナミクス：事例から学ぶ技術戦略』大津正和・小川進監訳、1998年、有斐閣）

[13] これは「破壊的テクノロジー」といわれるものの一例である。

[14] Bernstein, W. 2004. *The birth of plenty: How the prosperity of the modern world was created*. New York: McGraw-Hill.

決める際に重要な指針となる。

イノベーションは必ず何か新しいものを生み出すことだと誤解している人もいるが、実際には、三タイプのイノベーションにはどれも新旧の要素が入り混じっている。

図3に、イノベーションの六つの要因を示した。インクリメンタルなイノベーションは必ず、既存テクノロジーとビジネスモデルの変化がともなうが、そのうち変化する要因は一部だけである。セミラディカルなイノベーションでは、テクノロジーにせよビジネスモデルにせよ、どちらかのグループの変化が中心になる。一方、ラディカルなイノベーションは、テクノロジーとビジネスモデル**両方**の要因が変化するが、通常は六つの要因すべてが変化するわけではない。そしてどんなイノベーションでも必ず、テクノロジーとビジネスモデルの各要因が新旧混ざって起きる。

図3　3タイプのイノベーションと6つの要因

要因 ＼ イノベーションのタイプ	ビジネスモデルの要因			テクノロジーの要因		
	バリュー・プロポジション	サプライチェーン	ターゲット顧客	製品とサービス	プロセス・テクノロジー	イネーブリング・テクノロジー
インクリメンタル	6つのうち1つ以上の要因での**小さな**変化					
セミラディカル ビジネスモデル主導型	3つのうち1つ以上の要因での**大きな**変化			3つのうち1つ以上の要因での**小さな**変化		
セミラディカル テクノロジー主導型	3つのうち1つ以上の要因での**小さな**変化			3つのうち1つ以上の要因での**大きな**変化		
ラディカル	3つのうち1つ以上の要因での**大きな**変化			3つのうち1つ以上の要因での**大きな**変化		

調査研究

2

インクリメンタル、セミラディカル、ラディカルの各イノベーションに対する投資

インクリメンタル、セミラディカル、ラディカルのイノベーションは、それぞれ投資のタイプも大きく異なる。我々は、イノベーション・プロジェクトのタイプ――既存製品に変更を加える（派生品）、既存製品の新バージョンを作り出す（新製品）、まったく新しい製品を作り出す（画期的製品）――によって予算がどう変わるかを調査した。**図4**は、アジア、アメリカ、ヨーロッパでの調査結果を示したもので、縦軸はプロジェクト予算の中央値である。

ブレークスルーとなるプロジェクト（ラディカル・イノベーション）は、他のイノベーション・プロジェクトよりも予算額が多い。また、ヨーロッパの企業は他地域に比べ、画期的イノベーション・プロジェクトへの投資に非常に慎重であることがわかる。

図4　プロジェクトのタイプによる予算額の違い

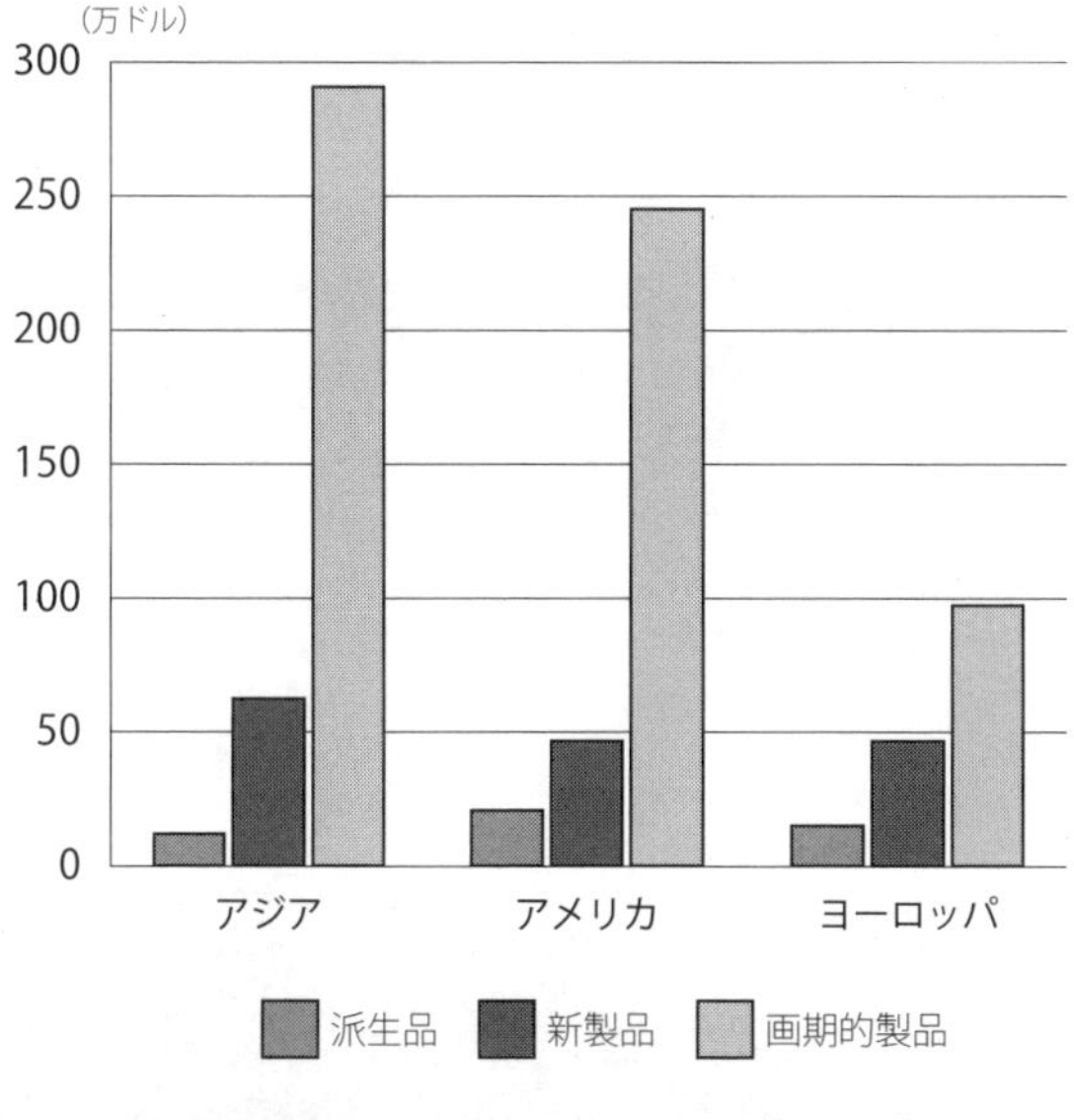

インクリメンタル・イノベーション

企業の間で最も一般的に使われているのが**インクリメンタル**（漸進的）**・イノベーション**で、多くの企業では、イノベーション関連投資の八割以上をこのイノベーションにあてている。そして、前述の六つの要因のうち一つか二つの変化でイノベーションを起こそうとしているケースが多い[15]。

インクリメンタル・イノベーションは、大きな変革や投資は避けて、既存の製品やサービスからできるだけ多くの価値を引き出そうとするものである[16]。たとえば自動車メーカーが、大きな変更や投資はせず、数年に一度、既存モデルに若干の変更を加えて新鮮味を与え、売上を回復させようとするのもこれにあたる。

ビジネスモデルのインクリメンタル・イノベーションも重要だ。マネジメントツールの大部分は、このイノベーションを促進するためのものだ。具体例として、たとえば、品質管理を行えば品質が恒常的に改善されるし、財務分析を用いれば計画遂行上の誤りが見つけやすくなる。また、市場調査ではターゲット顧客のニーズをより正確に把握できるようになるし、サプライチェーン・マネジメントでは、非付加価値活動を排除しサプライチェーンの効率性を上げることができる。一方、ビジネス・プロセスをしばらく見直さずに放置しておくと、大幅な改善——リストラクチャリングやリエンジニアリングなど——が必要になることもある。

インクリメンタル・イノベーションはイノベーションのなかでも目立たないように感じられるだろうが、現実にはどの企業にとっても不可欠だ。競争による体力消耗（市場シェアや収益性、またはその両方が失われる）を防ぐには、インクリメンタル・イノベーションは非常に有用だ。

[15] インクリメンタル・イノベーションの考え方は、技術的なイノベーションに取り入れられてきた。
Dewar, Robert D. and Jane E. Dutton. 1986. The adoption of radical and incremental innovations: An empirical analysis. *Management Science*, 32 (11): 1422-1433.
Ettlie, John E., William P. Bridges, and Robert D. O'Keefe. 1984. Organizational strategy and structural differences for radical versus incremental innovation. *Management Science*, 30: 682-695.
Green, Stephen, Mark Gavin, and Lynda Aiman-Smith. 1995. Assessing a multidimensional measure of radical innovation. *IEEE Transactions Engineering Management*, 42 (3): 203-214.

これはテクノロジーとビジネスモデル両方に変更を加え、製品やサービスを少しずつ改善していくため、市場シェアも収益性も長期間、維持できる。そしてその間に、キャッシュフローの改善や開発投資の回収もできるのである。たとえば、ジレットは二〇〇〇年以降、カミソリの技術にインクリメンタルな改善を加え、業績向上に成功している。

シールドエアーコーポレーションのウィリアム・V・ヒッキー社長兼CEOは、インクリメンタル・イノベーションを、コモディティ化という致命的な病気の予防薬になると考えている。「我々は、付加価値の向上と差別化、つまりイノベーションによって、製品のコモディティ化を防ごうと考えている」[17]

CASE STUDY 1

マグナインターナショナル[18]——インクリメンタル・イノベーション

自動車の部品とシステムを扱う、年間売上一一〇億ドルのマグナインターナショナルでは、会社の基本方針を示した「会社憲章」でイノベーションについてこう触れている。「社員の間にイノベーティブな思考を育成すること」。

「インクリメンタルなイノベーションには、公正、安心感、安全、正確なコミュニケーションを土台とした、適切な企業環境が必要だ」とベリンダ・ストロナック社長兼CEOは述べる。実際に、同社の包括的なインセンティブ制度によって、社員七万二〇〇〇人の創造性が高まったという。「パイは焼ける前に分配する」。経営陣は

[16] インクリメンタル・イノベーションは、市場での現ポジションの維持に欠かせない。Banbury, Catherine M. and Will Mitchell. 1995. The effect of introducing important incremental innovations on market share and business survival. *Strategic Management Journal*, 16: 161-182.

[17] Leading the way back: The CEO's role. CEO Conference Report, 2002.

[18] Winning through incremental innovation. CEO2CEO Conference Report, 2002.

利益の六％を分配されるが、基本給は低い。「社員には利益の一〇％を株式と現金で支給する。全員が利益を受け取ることになるので皆、やる気になる。また、会社の長期的な利益が見えてくるように、株式の保有を義務付けている」

　また同社では、社内のコミュニケーションを活発にし、安心感を浸透させることで、創造的な発想と、アイデアの共有を奨励している。最近では、幹部と一般社員のコミュニケーションを橋渡しする「社員代弁者」というポストを新たに作った。このポストは社員全員から選出され、経営陣には解雇する権限がなく、社員の投票によってのみ解雇が決定できるという。「このポストの任務は、コミュニケーションを促進し、社員が常に幸福でいられるよう考え、新しいアイデアを前進させることだ」とストロナックCEOは語る。

「社員をステークホルダーとして考え、起業家精神あふれる環境をつくれば、インクリメンタル・イノベーションはそれに付随して自然に生まれると思う」


　企業によっては、イノベーションのポートフォリオのなかでインクリメンタル・イノベーションの割合が少ないところもある。たとえば、ジレット元会長兼CEOのジェイムズ・キルツによると、ジレットは、新製品を次々に生み出して注目されていた時代にも、インクリメンタル・イノベーションはなおざりになっていたという。

「昔からジレットに成功をもたらしてきたのは新製品だった。実際、二〇〇一年の売上の四〇%は、発売から五年に満たない新商品の売上が占めていた。だが、数年前に私がジレットにきたときは、社内全体でインクリメンタルなイノベーションが不足していた」[19]

インクリメンタル・イノベーションが不十分だと、企業の安定はおぼつかない。せっかくのテクノロジーやビジネスモデルで画期的イノベーションを生み出しても、インクリメンタル・イノベーションをしていかないと、そのまま競合に真似され、やがて顧客を奪われてしまうからだ。

しかし実際はこの逆で、いつもインクリメンタル・イノベーションに縛られている企業のほうが多い。資源をインクリメンタル・イノベーションにつぎ込み、ほかに使ったほうが有益である時間も資源も無駄にしているのだ。また、すでに全盛期を過ぎて競争力を失った製品やサービスを守るためにインクリメンタル・イノベーションを使っている場合も、新しい高い価値を生み出す重要なプロジェクトに資源がまわらない。いずれにしても、見返りの少ないインクリメンタル・イノベーションばかりに投資していると、競争優位の源泉となるイノベーションに投資する機会が奪われてしまう。

自然にまかせると、企業というものは時間とともにインクリメンタルな変革のほうに重点が移っていくようだ。だが、それを他のタイプのイノベーションで補わないと、長期にわたる成功、さらには企業の存続さえも望めなくなる。

企業も事業部門も（さらに政府組織も）長年、現状の改善に過剰なエネルギーを使ってきた。そしてほとんどの組織がシックス・シグマや総合品質管理などの業務改善ツールばかりに目を向けてきた。これらのツールは大きな変化はもたらさないが、手持ちの資産も、既存のビジネス

[19] CEO2CEO Conference Report, 2002.

モデルやテクノロジーの価値も最大限に活用できる。しかし企業がこれに飛びついた理由はもう一つある。手軽さだ。セミラディカルやラディカルな変革を追うより、インクリメンタルな変革に取り組むほうがずっと容易なのだ。基本的に、インクリメンタルなアイデアはより安全で気楽に感じられる。それは先が予測しやすいからである。

インクリメンタル・イノベーションで問題なのは、それが企業にわずかな変更を加えるにとどまり、創造性を限定してしまう点である。しかもこれはイノベーション事業の中心になることが多く、潜在的価値の高い変革の入り込む余地を奪ってしまう。企業は往々にして、インクリメンタル・イノベーションとその安全性にどっぷり浸かってしまうと、必要に迫られても思いきった一歩が踏み出せなくなるのである。

インクリメンタリズムの乱用に陥ってしまうのは、日用品や日常的なサービスを扱う企業に多い。日用品業界は一般に、利益が圧迫されていて、新製品を次々と出さざるをえない。そのため、企業は常に次のインクリメンタルな変革を模索することになり、開発部門や事業計画部門で新しく生まれるのもすべてインクリメンタルなものになる。しかしあいにく、インクリメンタル・イノベーションで生まれた強みは、イノベーションが完了したとたん効力を失ってしまうため、企業は走れど走れど先に進まない、ランニングマシン走行に陥る。これは、かつてシェブロンオロナイトやルブリゾールが潤滑剤事業で直面したジレンマである。当時の熾烈な競争のなかで、市場シェアを保持し、業界全体の利益幅の縮小傾向から身を守るためには、相当のインクリメンタルな変革が必要だった。このとき両社とも望んでいたのは、簡単には模倣されない、強力な競争優位が得られるイノベーションだった。だが、この激しい競争状態では、インクリメンタリズムの悪循環を断ち切れるほどのイノベーションには、時間も資源も振り向けられなかったのである。

ここで興味深いのは、多くの企業が、こうしたインクリメンタリズムの乱用はまずいと気づいていることである。しかしどんなにがんばってみたところで、経営陣だけで組織を変えることはできない。イノベーション・ルールを使わなければ、インクリメンタリズムの乱用からは脱却できない。そしてインクリメンタル・イノベーションだけにとらわれていると、組織は最終的には死に至ってしまう。

セミラディカル・イノベーション

セミラディカル・イノベーションによって、競争の激しい環境に大きな変化をもたらすことができる。これはインクリメンタル・イノベーションにはできないことだ。この大きな変化が起きるのはビジネスモデルかテクノロジーのどちらか一方だけで、両方ではない[20]。片方が変化するともう片方が連動的に変化することは多いが、後者は規模も程度も前者よりも小さくなる。たとえば、テクノロジーでセミラディカルな変化が起きるには、その前にビジネスモデルのインクリメンタルな変化が必要なこともある。これはその逆も同じである。

前に紹介したウォルマートの事例は、ビジネスモデルのセミラディカル・イノベーションの一例である。ウォルマートは早いうちから、米国の消費者の大半が高品質・低価格の商品を求めていることに気づいていた。だが、そうしたバリュー・プロポジションを効果的に実現するには、ビジネスモデル全体を従来の小売店販売のビジネスモデル――店舗を市街地に置き、

[20] セミラディカル・イノベーションは、インクリメンタル・イノベーションを断ち切る際によく使われるが、これでもまだ既存のコア・コンピタンスの一部分に依存している。
Utterback, James M. 1994. *Mastering the dynamics of innovation: How companies can seize opportunities in the face of technological change*. Boston: Harvard Business School Press.（『イノベーション・ダイナミクス：事例から学ぶ技術戦略』大津正和・小川進監訳、1998年、有斐閣）

限られた数の商品をサービス料込みの高価格で売る――から変える必要があった。そこでウォルマートは、スーパーマーケットのビジネスモデルを小売販売に適用し、それと並行してコストを劇的に削減できる強力なサプライチェーンを構築する戦略をとった。そして広大な店舗スペースを確保し、サービスは落ちるが割引価格の商品を幅広くそろえ、全体的に値下げをした。こうした新しいビジネスモデルの実践により、同社は世界で最も成功した企業の一つになった。

ダウ・ケミカルやデュポン、ノバルティスも、セミラディカル・イノベーションを使い、従来型の農薬市場をダイナミックな農業バイオテクノロジー市場へと変えた。バイオテクノロジーと化学品を結びつけ、まったく新しい製品（特定の化学物質を組み合わせた遺伝子組み換え作物など）を作り出したのである。この場合、顧客に新しい価値を生み出すのは植物遺伝子技術における知的所有権で、これが競争優位の源泉となっている。

新しいところでは、一九九〇年代に普及したＣＲＭ[★1]ビジネスにセミラディカル・イノベーションの例が見られる。シーベル・システムズは九〇年代末、他社に先駆けて、大企業向けに営業プロセスを管理するシステムを提供した。ただ、それは顧客ごとに用意された専用サーバーに、これまた個別にカスタマイズした専用ソフトウェアを置く、数十万から数百万ドルかかる高額なシステムだった。そうしたなか九九年、状況は一変した。マーク・ベニオフが立ち上げたセールスフォース・ドットコムが、営業やマーケティング、カスタマー・サービス、サポート業務の支援ツールをウェブ上で提供しはじめたのである。セールスフォースではクライアント／サーバー方式は使わず、インターネットを介してサーバー上のソフトウェアを利用し、データもそこに蓄積する仕組みにした。さらに月額使用料を一〇〇ドル以下に設定し、営業担当

★1 Customer Relationship Management：
顧客関係管理

者が自分の判断で購入できるようにしたので、顧客側の経営陣やＩＴ部門はノータッチのまま、普及していった。この製品は当初、中小企業の営業業務の自動化を目的として販売されたが、その後、機能強化を図った結果、ニーズがより複雑な大企業に採用されるようになった。セールスフォース・ドットコムは、シーベルの数分の一という価格で、高度なカスタマイズを必要としない領域に十分な機能を提供した。つまり、低価格でシンプルなＣＲＭで十分という市場セグメントに合わせて、ビジネスモデルを見直したのである。

テクノロジーの変革とは、部品レベルの性能の向上だけを意味するわけではない。構造レベルでラディカル・イノベーションが起きることもある[21]。たとえば、個々の部品のテクノロジーに大きな変化がなくても、その構成を変えただけで全体の性能が大きく向上する場合だ。だが現場サイドでは、イノベーションを促進するのは部品そのものの性能であって、部品どうしの相互作用が関係するとはあまり考えられていない。そのため、構造面の変革には目が向かないこともある。この構造的イノベーションの例としては、フォトリソグラフィーに用いるマスクアライナー――チップ製造時にマスクとシリコンウエハの位置を合わせる装置――の業界が挙げられる。この領域では、基本的な技術はインクリメンタルに発展していったが、業界のリーダーは、コビットからキヤノン、パーキンエルマー、ＧＣＡ、ニコンへと、めまぐるしく変わった。各社が、既存の部品でありながら製品性能を大きく変える、新しい組み合わせ方を見出したためである。

[21] Henderson R. M. and K. B. Clark. 1990. Architectural innovation: The reconfiguration of existing product technologies and the failure of established firms. *Administrative Science Quarterly,* 35 (1): 9-30.

CASE STUDY
2

サウスウエスト航空とアップルコンピュータ——セミラディカル・イノベーション

サウスウエスト航空が、従来のハブ・アンド・スポーク方式のビジネスモデルから脱却したのは、セミラディカル・イノベーションの典型例といえる。これにより圧倒的な競争優位を手にした同社は、順調に成長しつづけている。航空業界では近年、多くの企業が倒産や業績の低迷に直面しているが、それを考えると、このサウスウエストのイノベーションはなおさら重要な意味を持つものといえる。同社は業界の新しい方向性を定めるとともに、他社が目安にできる競争の基準を生み出したのだ。

一方、それまで最新テクノロジーのイノベーションに注力してきたアップルコンピュータは、方針を転換し、新しいビジネスモデルを導入した。iTunesミュージックストアでは多くの大手レコード会社の音楽を販売し、顧客が購入した音楽データを自分専用のアーカイブに蓄積できる仕組みになっている。またソフトウェアのiTunesは、iPodの保存や再生技術のほか、既存のPC技術とも組み合わさり、驚異的な新製品、新サービスへの道を開いた。不幸な道をたどったナップスターの違法サービスにかわり、この合法的な音楽ダウンロードサービスは音楽購入と音楽鑑賞の世界に新しいビジネスモデルをもたらした。現在は競合が、このアップルのセミラディカル・イノベーションの対抗品を相次いで開発、発売している。

セミラディカル・イノベーションの成功を主導するのは、ビジネスモデルかテクノロジーのどちらか一方の変革だが、もう一方の変革もある程度は必要だ。たとえば、デルがPC販売の新しいビジネスモデルに移行したときには、比較的小さなプロセス・テクノロジーの変革と、サプライチェーン・マネジメントやインターネット技術などのイネーブリング・テクノロジーの変革が必要だった。しかしビジネスモデルの要因とテクノロジーの要因の重みの配分はどちらかに偏るもので、両方ともバランスよくというわけにはいかない[22]。

セミラディカル・イノベーションではテクノロジーとビジネスモデルの両領域に連動性があり、一方の変化によってイノベーションが起きると、もう一方にも新しい重要な機会が生まれることが多い。この二段階スタイルはイノベーションの大きな原動力であり、ここにはかなり大きな価値創造の可能性が秘められている。だが、本来適切な管理が必要とされるこの特徴を見過ごしていたり、管理しきれていない企業は多い。

この二段階のイノベーションが協調的に作用するためには、両領域の担当部署がともに相手の領域を把握できる共通の「地図」を持っていなければならない。普通は自分の領域のことしか把握しておらず、相手領域のことはわからない。そのため、この二段階イノベーションを速く効果的に遂行する機会を逃したり、失敗したりするのだ。共通のイノベーション地図があれば、イノベーションの成功に重要となる危険やチャンス、強み、弱点などについて、担当部署間で議論するときの共通の下地ができる。

企業は、イノベーション・ポートフォリオ全体に何かが欠けているとか、インクリメンタリズムのランニングマシンを走っていると気がつくと、次々とイノベーション攻勢をかけたり、

[22] 既存企業は通常、補完資産があるため、セミラディカル・イノベーションの波も生き残ることができる。
Tripsas, Mary. 1997. Unraveling the process of creative destruction: Complementary assets and incumbent survival in the typesetter industry. *Strategic Management Journal*, 18: 119-142.

セミラディカル、ときにはラディカルなイノベーションに走ったりしてこの問題を乗り切ろうとする傾向がある（あるいはそうするものと思い込んでいる）。こうした企業は自身の欠点や自己能力の判断を誤り、セミラディカル・イノベーションを使えばイノベーション・ポートフォリオを一気に進められると思ってしまう。このように問題解決にあたってセミラディカルやラディカルなイノベーションに走る傾向は、ドットコム・ブームのころによく見られた。そのなかには、この二つのイノベーションにのめりこんでアイデアは創出したものの、それを一定の期間内で市場化できなかった企業もある。たとえば米国では、大手電力会社が高度な分散型発電技術や洗練された需要測定機器などを使って、従来とはまったく異なる分散型の配電方法を導入しようとしたが、数々の問題が噴出し、計画は失速してしまった。

セミラディカル・イノベーションでビジネスモデルとテクノロジーの両面を同時に管理していくのは、企業にとっては大きな難題の一つだが、この二つの段階はイノベーションの重要な原動力である。テクノロジーかビジネスモデル、どちらか一方の変革の管理なら長けているという企業はあるが、両方できるところはめったにない。だがそのような企業は、両方が管理できる企業に比べてはるかに不利になる。

firms. *Administrative Science Quarterly*, 35 (1): 9-30.
Baldwin, Carlyss Y. and Kim B. Clark. 2000. *Design rules: The power of modularity. Cambridge*, MA: MIT Press.（『デザイン・ルール：モジュール化パワー』安藤晴彦訳、2004年、東洋経済新報社）
またラディカル・イノベーションは現在のコア・コンピタンスを破壊することで生まれることもある。以下が参考になる。
Anderson, Phillip and Michael L. Tushman. 1990. Technological discontinuities and dominant designs: A cyclical model of technological change. *Administrative Science Quarterly*, 35 (4): 604-633.
Tushman, Michael L. and Phillip Anderson. 1986. Technological discontinuities and organizational environment. *Administrative Science Quarterly*, 31: 439-465.
Tushman, Michael L. and Johann P. Murmann. 1998. Dominant designs, technology cycles, and organizational outcomes. *Research in Organizational Behavior*, 20: 231-266.

[25] このゲーム・チェンジャーは「技術的不連続性」とも言われている。
Ehrenberg, Ellinor. 1995. On the definition and measurement of technological discontinuities. *Technovation*, 15: 437-452.

ラディカル・イノベーション

ビジネスモデルとテクノロジー両方に、同時にしかも劇的に変化が起きるのがラディカル（画期的）・イノベーションである[23]。普通これは、業界の競争的環境を根本から変えてしまうものである[24]。シェル石油でラディカル・イノベーションを創造、マネジメントするチームが「ゲーム・チェンジャー（Game Changer）」と呼ばれているのもそのためで、ラディカル・イノベーションが成功すれば業界のゲームのルールが書き換えられる可能性がある[25]。

過去のラディカル・イノベーションの例では、一九七〇年代に登場した使い捨ておむつがある。これまでとはまったく違うテクノロジーで、従来の布おむつに代わるものを作ろうとしたスウェーデンのある企業は、吸収性に優れたパルプを使い、これまでの布おむつと機能的にはほとんど変わらない、使いやすい紙おむつを作り出した。この新おむつは布おむつよりかさばり、見た目も肌触りも違ったが、使い捨てで洗濯の必要がなかったし、何より、小売店で買えるという利便性があった。そして従来の布おむつのデリバリー・サービスも、家庭で洗濯する人のためのビジネスも、この新しいアプローチに一掃されてしまった。

こうしてテクノロジー面とビジネス面の変革がいっしょになった結果、ベビー用品業界は根本から変わった。この成功を見たP&G、キンバリークラーク、ジョンソン・エンド・ジョンソンなどの企業は、紙おむつに使う吸収性と漏れ防止の先進的技術の開発に、莫大な資金と知的資源を投じた。

[23] ラディカル・イノベーションはセミラディカルに比べて、リスクも影響力も非常に大きい。この点については以下が参考になる。
Cooper, Arnold and Clayton Smith. 1992. How established firms respond to threatening technologies. *Academy of Management Executive*, 6 (2): 55-70.
Damanpour, Fariborz. 1996. Organizational complexity and innovation: Developing and testing contingency models. *Management Science*, 42 (5): 693-701.
Foster, Richard N. 1986. *Innovation: The attacker's advantage*. New York: Summit Books.（『イノベーション：限界突破の経営戦略』大前研一訳、1987年、TBSブリタニカ）
ラディカル・イノベーションの失敗についての概要は以下を参照。
Dougherty, Deborah and Cynthia Hardy. 1996. Sustained product innovation in large, mature organizations: Overcoming innovation-to-organization problems. *Academy of Management Journal*, 39: 1120-1153.

[24] ラディカル・イノベーションは一般に、構造的変化がもとになる。以下を参照。
Henderson, Rebecca M. and Kim B. Clark. 1990. Architectural innovation: The reconfiguration of existing product technologies and the failure of established

おむつ業界は数年前から、新たにセミラディカル・イノベーションの段階に入り、吸収性と漏れ防止機能がさらに向上した新世代の超薄型おむつが生まれた。そしてP&Gやキンバリークラークなど業界リーダーは、その後もこの新技術にインクリメンタルな改善を加えつづけている。よくあることだが、このケースも、まずラディカル・イノベーションが業界を大きく変え、以後はセミラディカルとインクリメンタルなイノベーションが続くパターンになっている。

今日、ラディカル・イノベーションは実にさまざまなところで見られる。たとえば現在進行中なのが、民間の宇宙開発レースを活性化し、宇宙旅行産業を育成する目的で創設されたコンテスト「Xプライズ」だ。このコンテストは、チャールズ・リンドバーグが一九二七年にスピリット・オブ・セントルイス号での大西洋横断を成功させた「オーティグ賞」をモデルにしている。Xプライズの参加者たちは経歴もばらばらで、宇宙へ人を往復させる技術もそれぞれまったく違うものを使う。こうした、資金源を公的機関から民間投資家へ移行するというビジネスモデルの変革と、テクノロジーの変革とが組み合わさった結果、世に大きな影響を及ぼすラディカル・イノベーションが生まれるかもしれない。

Xプライズ財団のピーター・ディアマンディス会長の発言を見れば、ラディカル・イノベーションを売り込むのがいかに冒険的で難しいことなのかがわかる。「私がスポンサーになってほしいと頼んだ経営者は、優に一〇〇人を超える。だが、この新しい市場の重要性を理解できた人はほとんどいなかった……彼らは、これにともなうリスクを容認することができなかったのだ」[26]。このような言葉は、ラディカル・イノベーションに取り組もうとする人からよく聞かれる。

[26] CNN News, June 2, 2004.

調査研究

3 ラディカル・イノベーションを成功させる要因、妨げる要因

世界各国の研究開発部門のマネジャーを対象に行った調査では、ラディカル・イノベーションを成功させる要因と妨げる要因として主に次のようなものが挙げられた。

ラディカル・イノベーションを生み、発展させる要因

- 新しいベンチャー事業を生み出すための他企業との提携
- 戦略の枠をはみ出たアイデアをサポートしようとする、経営陣の姿勢
- 画期的なアイデアをサポートする資源の利用可能性

ラディカル・イノベーションを妨げる要因

- リスク回避を（最も）重視したインセンティブ
- 製造部門や流通部門における、画期的なアイデアの実現の難しさ
- 既存ビジネスとの競合の露見

ラディカル・イノベーションが起きれば、業界の構造は変化し、イノベーションを生んだ企業は競争優位を得られる。だが、ラディカル・イノベーションへの投資には注意が必要だ[27]。

[27] ラディカル・イノベーションは、業界構造をひっくり返す新興企業と関連づけられることが多い。社外で発生したラディカル・イノベーションの脅威に直面したときに起こる問題については以下を参照。Day, George S. and Paul J. H. Schoemaker. 2000. Avoiding the pitfalls of emerging technologies. *California Management Review*, 42 (2): 8-33.

ラディカル・イノベーションはその性質上、見込みの低い投資である[28]。したがって、「次の何か新しいもの」が企業の運命を変えてくれるだろう、という非現実的な期待を抱いてラディカル・イノベーションに過剰に投資すると、資源が無駄になりかねない。大切なのは、イノベーションが経営のニーズに合うよう、バランスのよいラディカル・イノベーションのポートフォリオを作ることである。

CASE STUDY 3

マイクロソフトとドット・ネット（.NET）戦略[29]——ラディカル・イノベーション

数年前のこと、当時マイクロソフトの最高財務責任者（CFO）だったジョン・コナーズは、周りはこう思っているはずだと語っている。「正気か？　今、投資するというのか？」。マイクロソフトは多額の投資をし、新製品をいくつも投入していたからである。当時はIT業界史上、最悪の景気後退のまっただなかで、シリコンバレーの大手企業はどこも研究開発の予算を削減せざるをえない状況だった。だがそんななかで、マイクロソフトはドット・ネット構想という、大規模な新戦略を打ち出した。スティーブ・バルマー最高経営責任者（CEO）はこう宣言した。「今後IT業界では、これほど大きなことは起きない」

ドット・ネットはマイクロソフトによるウェブサービスである。これは、コンピュータが従来より深いレベルでさまざまな機器（携帯電話、ハンドヘルド機、デジタルテレビ、

[28] ラディカル・イノベーションは、現在の事業部門が、現行戦略を変える可能性を持つさまざまな事業部門の参加を必要とする境界的な領域でも生まれる可能性が高い。この領域を「ホワイトスペース」という。
Hamel, Gary and C. K. Prahalad. 1994. *Competing for the future*. Boston, MA: Harvard Business School Press.（『コア・コンピタンス経営：大競争時代を勝ち抜く戦略』一條和生訳、1995年、日本経済新聞社）
さまざまな部門の資源を求めることや、戦略の破壊的な性質は、イノベーションの「スコープ」や「リーチ」と言われる。
Burgelman Robert A. and Yves L. Doz. 2001. The power of strategic integration. *Sloan Management Review*, 42(3): 28-38.

ラジオなど）と相互に通信できることを目指した、次世代のソフトウェアとも言うべきものだ。たとえば、ウェブ上のカレンダーにアクセスして、そのスケジュール欄にイベントを書き入れ、チケットを購入し、それに関連する行動を管理するといったことが一元的にできる。

ドット・ネット・ギャンブルはうまくいくのか？

ドット・ネットの開発は、マイクロソフトにとって過去最大の難関の一つだ。技術的な課題自体がかなり大きいのである。マイクロソフトは二〇〇二年七月、二〇〇三会計年度の研究開発予算を前年度（四十三億ドル）比二〇％増の、五十二億ドルに拡大すると発表した。これには五〇〇〇人の人員増の負担（これで給与負担はおよそ一〇％増加）も含まれている。現在では、同社の開発費は主要な競合企業の開発費の総計をすでに上回っている。

さらに、テクノロジーが大きく変化すれば、ビジネスモデルも同等の変化をしなければならない。これまでマイクロソフトは、ソフトウェアをパッケージ販売してきたが、ドット・ネットのモデルでは販売は取引ベースになり、顧客、デバイス、ソフトウェア、サプライヤー間でトランザクションが発生するごとに課金されるシステムになる。この点がマイクロソフトにとっての課題であるが、これは従来のビジネスモデルからの脱却に向けた大きな一歩となるだろう。ウェブサービスをこれまでのソフトウェア販売のように提供することもできるが、それだと、見た目には現れないサービス

[29] Abrahams, P. 2002. Branching out. *Financial Times*, July.

で儲けられる重要な機会を逃す可能性がある。かといって、サービスの価値をソフトウェアの価格に反映させて、従来どおりの方法で売ろうとすると、消費者は得る価値より支払いのほうが多いと感じ、そっぽを向いてしまう。これが、テクノロジーのイノベーションの力を活用するとき、必然的に新しいビジネスモデルも開発しなければならない理由である。そうすることで、顧客には利用サービスに対して妥当な費用を要求できる一方、提供者側にもそれにふさわしい利益が入ることになる。

代用ラディカル・イノベーション

アップルの例のように、セミラディカルなイノベーションが二つ結合されて、業界を根底から変えるラディカル・イノベーションが生まれることもある。こうしたイノベーションは、効果はラディカル・イノベーションと変わらないが、あくまで二つの別々のイノベーションを結合した結果であるため、ここでは**代用ラディカル・イノベーション**と呼ぶ（ラディカル・イノベーションの代用品という意味）。

この代用ラディカル・イノベーションの好例が、ここ十年間に進展したビデオレンタル市場に見られる。ホーム・エンターテイメントを可能にしたビデオ関連技術は、テクノロジー中心のセミラディカル・イノベーションだった。そして機器メーカーが、すでに確立されていた販売経路とビジネスモデルを使って、ビデオの新技術をホーム・エンターテイメントの領域に持ち込んだ。その後、このビデオの技術とビデオのホーム・エンターテイメント市場への浸透をチャンスにして、新しいビジネスモデルである、映画ビデオのレンタル事業が生まれた。このケースでは、最初はテクノロジーの進歩とビジネスモデルのイノベーションは合わさっていなかった。両方が同時に進む、ラディカル・イノベーションとは違ったのである。

この二つのセミラディカル・イノベーションは、組み合わさって一つのラディカル・イノベーションが生まれたのと同じような効果をもたらし、業界全体を大きく変えた。だが、二段階セミラディカル・イノベーションではよくあることだが、この二段階の間に発生するリスクやコストの負担、そして利益は参加企業間で分配された。最初は消費者向けホーム・エンターテイメント機器の企業が投資し、リスクを負い、利益を得ていたが、後に映画会社が、さらにその後は流通／レンタル企業が加わり、同じように負担も利益もシェアしたのである。

もし、機器メーカーとレンタル企業という主役どうしが協力していたらどうなっていただろう。そのときは実にラディカルなイノベーションが発生していただろうし、うまく調整ができていれば、参加企業は多大な利益を得ていただろう。

現在ホーム・エンターテイメント市場は、DVDテクノロジーの登場によって、再び変わろうとしている。DVDが登場した当初は、ビデオ映画の代替品のような扱いだったが、最近では新しいビジネスモデルが生まれ、オンラインのDVDレンタルサービス「ネットフリックス」（Netflix）や、より新しいところではウォルマートが、従来のビジネスモデルを変える新しい試みを始めている。[★1]

★1　ネットフリックスは、オンライン予約したDVDを郵送する定額レンタルサービスを展開している。視聴し終わったDVDを送り返せば次のDVDが郵送される仕組みで、延滞料金がかからない。同様のサービスはウォルマートも提供していたが、ネットフリックスとの提携にともない、2005年に終了した。

イノベーション・フレームワークを使って、自社のイノベーション・ゲームの取り組み方を把握する

現在のイノベーション投資のポートフォリオを三つのレベルで簡単に診断してみよう。

❶まず、ビジネスモデルの変革とテクノロジーの変革への投資レベルをチェックする。バランスよく投資されているだろうか？　テクノロジーの変革に偏っていないだろうか？

❷イノベーションを起こす六つの要因のうち、今使っている要因への投資を検証する。使っていない、もしくは活用しきれていない要因はないか？　依存しすぎている要因はないか？

❸投資ポートフォリオで、インクリメンタル、セミラディカル、ラディカル、それぞれのイノベーションの投資比率を決める。

❹ここで、偏りを生む潜在的要因を特定する。

- テクノロジーの変革への投資がビジネスモデルの変革への投資より多い、もしくは少ないのはなぜか？
- インクリメンタル・イノベーションのせいで、有益な他のイノベーションが排除されていないか？

●六つの要因のうち、なぜ一部だけ使用頻度が多いのか？

❺「❶～❸」の診断から偏りがあることがわかったら、それは問題なのか、そうでないのかを考える。そしてどれを変える必要があるのかも検討する。

破壊的テクノロジー

破壊的テクノロジーは一種のテクノロジーのセミラディカル・イノベーションで、テクノロジーの根幹部分の変化が前提になるが、ビジネスモデルの変化は影響しない（七四頁の**図2**、イノベーション・マトリクス図の左上部分にあたる）[30]。

一方、**破壊的イノベーション**は、テクノロジーの変革とビジネスモデルの変革の両方に適用できる。テクノロジー主導のセミラディカル・イノベーション（同図の左上部分）はこれに含まれるし、ビジネスモデル主導のセミラディカル・イノベーション（同図の右下部分）でも、その中核となるビジネスモデルの変化が破壊的イノベーションになる。サウスウエスト航空が開拓した低コストの非ハブ方式などは後者の例である。ただ、これはテクノロジーとビジネスモデルの両方の変化が結合して起きる場合もある。たとえば、マイクロソフトのドット・ネット戦略のようなラディカル・イノベーションがそれにあたる（同図の右上部分）。

破壊的イノベーションという語は、イノベーションの効果の一つである「競争的状況の破壊」を意味しており、インクリメンタル、セミラディカル、ラディカルの各イノベーションのような、テクノロジーとビジネスモデルの各要素の相対的変化を表すものとは対照的である。この

[30] Christensen, Clayton M. 1997. *The innovator's dilemma: When new technologies cause great firms to fail*. Boston: Harvard Business School Press.（『イノベーションのジレンマ：技術革新が巨大企業を滅ぼすとき』伊豆原弓訳、2001年、翔泳社）

破壊的イノベーションは成長への突破口となりうるため、経営者たちの間でも人気の的だ。しかし、破壊という行為そのものは管理できない。イノベーションを効果的に管理するためには、変化の源泉——テクノロジーやビジネスモデル——と、その結合の仕方に目を向けなければならない。テクノロジーとビジネスモデルの変革を活用し結合するということは、イノベーションだけでなく破壊（この両方とも企業成長をもたらす）を生み出すことでもあるのだ。

イノベーション・モデルとイノベーション・ルール

本章で紹介したイノベーション・モデルは、前章で挙げた七つのイノベーション・ルールすべての下地となる。さらに重要なのは、このモデルがイノベーション戦略を策定したり、企業全体の経営戦略に合うポートフォリオを作成する際の基礎になることである。経営者は、企業全体の経営戦略のなかでビジネスモデル・イノベーションとテクノロジー・イノベーションがどんな役目を果たし、どれほど重要なのかをはっきりと示さなければならない。たとえばデルのマイケル・デルＣＥＯは、イノベーションの焦点をＰＣ販売のビジネスモデルに絞ったが、これは、ＰＣ業界の競争の力学を大きく変えただけでなく、デルを市場のリーダー的存在へと押し上げた。これに対し、ソニーの出井伸之元会長兼ＣＥＯは、テクノロジーのイノベーション、特に製品を差別化する専有技術を重視した。結果、二〇〇二年前後から四年にわたって、ソニーのイノベーション投資の七〇％は新チップの開発にあてられた[31]。

こうした経営者たちは、ビジネスモデル・イノベーションとテクノロジー・イノベーション

[31] Waters, R. 2003. Dell aims to stretch its way of business. *Financial Times*, November 13.

が会社に対してそれぞれどんな役割を果たすのかを明確に決定している。イノベーション・ポートフォリオの方向性は経営陣が示さなければならないと理解しているからである。

ビジネスモデルの変革とテクノロジーの変革の優先事項を選択、統合することと、ポートフォリオのなかで三タイプのイノベーション——インクリメンタル、セミラディカル、ラディカル——のバランスをとることは、ともに経営陣の基本的責任である。こうした経営陣レベルの決定は、会社全体が戦略を遂行する際の土台になり、さらには、組織設計、イノベーション・ネットワークの構築、イノベーションを促進する評価指標とインセンティブの開発・運用など、下位層でのさまざまな決定の方向づけにもなる。

3

勝つイノベーション戦略

適切な戦略を選ぶ

「イノベーションは死活問題だ」――3M[1]

まず大切なのは、イノベーションというゲームをどう展開していくかを明確に決めることだ。この責任は経営陣にある。ただし、手ごろなメニューから適切な戦略を選ぶというわけにはいかない。独自のイノベーション戦略を作り、変化しつつある状況に応じて、適切な動きをしなければならない。

イノベーション戦略は経営戦略を支えるものでなければならない。したがってイノベーションのタイプ（ラディカル、セミラディカル、インクリメンタル）と規模は、経営戦略と競争環境次第で変わるだろう。また、重要な物事は何でもそうだが、タイミングがすべてを左右する。

肝心なのは、社内の人間がイノベーション戦略を理解していることだ。明確なゲームプラン

[1] Conference Board. 1999. The Business Innovation Conference, New York.

がなかったり、社内のキープレーヤーどうしの連携がなかったりすると、イノベーションの成功は見込めない。

「勝つための戦略」と「負けないための戦略」

イノベーティブな企業とそうでない企業の差を調べた研究によると、一般に、支配的地位にある企業ほどイノベーションに対して積極的だという[2]。しかし支配的地位は戦略ではなく結果である。実効性のあるイノベーション戦略には、何か別の特徴があるはずだ。

イノベーション・マトリクスで考えた場合、資源をマトリクスの特定部分に集中させるか、あるいはマトリクス全体に分散させて幅広いイノベーション投資ポートフォリオを作るかの選択を迫られる。イノベーション戦略は、この集中型と分散型の違いで、「勝つための戦略★1」と「負けないための戦略★2」に分けることができる。

勝つための戦略

勝つための戦略を採用している企業は、競合に簡単に追いつかれない、競争優位の源泉を生み出すためにイノベーションに投資する。

勝つための戦略は市場でも主流の戦略で、セミラディカル・イノベーションを軸に、組織自体の変革を促すとともに、市場を変えるアイデアや製品を生み出す。勝つための戦略を選ぶ企業は、ラディカル・イノベーションで競合に打ち勝つか、あるいは各種（インクリメンタル、

★1　Playing-to-Win Strategy

★2　Playing-Not-to-Lose Strategy

［2］　Chandy, R., J. Prabhu, and K. Anita. 2003. What will the future bring? Dominance, technology expectations, and radical innovation. *MSI Report*, 02-122 (Summer).

セミラディカル、ラディカル）イノベーションを連続的に起こして競合を弱らせることを考えている。したがってイノベーション関連の投資もそのために行う。いずれにしても、この戦略でイノベーションを進めるには、イノベーション投資のポートフォリオが必要になる。ポートフォリオは、競争で勝利するための必須条件の一つである。

勝つための戦略はハイテク関連の新興企業がよく使う。こうした企業は、新しいテクノロジーあるいはビジネスモデルを市場に出すことだけに力を注いでいる。彼らの将来はそれだけが頼りと言っても過言ではない。この戦略を使っている小規模企業は失敗する確率が高い。何かとリスクが高いからだ。有益な価値を生み出すテクノロジーを開発するにしても、そのテクノロジーから利益を得られるほど市場を急成長させるにしても、また経営陣が戦略を実行するにしても、高いリスクがつきまとう。しかし失敗する確率を高める要因はこれだけではない。このような新興企業は通常、イノベーション投資の対象が一つか二つしかなく、有力な投資ポートフォリオを持っていない。ポートフォリオが一面的だと、勝つための戦略は非常にリスキーになる。

調査研究

1 ハイテク新興企業の戦略形成

ハイテク新興企業六十九社の経営者と事業開発担当マネジャーを対象に、会社の歴史と、現在の課題、および戦略の展開について聞き取り調査を行ったところ、ほぼすべての企業で戦略の流動性が話題になった。これらの新興企業では、中心となるテクノロジーはまず変わらないが（変更を迫られたケースはわずか数件）、市場導入戦略は、設立後の最初の数年で少なくとも二回（なかには三回）は変わっていた。

こうした若い企業は資源が限られているため、特に初期段階に注力する。だが皮肉にも、いったん成功すると、今度はより多角的なイノベーション・ポートフォリオに移行してインクリメンタル・イノベーションを強化しなければならない（初期段階のラディカル、セミラディカルなイノベーションで生まれた価値を保持するため、インクリメンタルな改善が必要）。しかし、ラディカル・イノベーション中心の戦略から、三種類（ラディカル、セミラディカル、インクリメンタル）のイノベーション投資が混在した分散型ポートフォリオ戦略に移行するのは容易ではない。このようなときに、投資ポートフォリオの変更や戦略・プロセスの修正と並行してよく行われるのが、トップの大がかりな入れ替え――起業家から経験豊かな経営者への交替――である[3]。イノベーション・ポートフォリオを選択し実行するのは経営者の責任である。適切な戦略変更ができな

Greiner, L. E. 1998. Evolution and revolution as organizations grow. *Harvard Business Review*, May-June: 55-64

Willard, G. E., D. A. Krueger, and H. R. Feeser. 1992. In order to grow, must the founder grow: A comparison of performance between founder and non-founder managed high-growth manufacturing firms. *Journal of Business Venturing*, 7:181-195.

かった場合は、役員会や投資家の介入が必要になる。

ドットコム・ブームの初期を振り返ると、勝つための戦略の成功例と失敗例が山ほど見つかる。失敗例の一つとしてウェブバンのケースを見てみよう。新テクノロジーをベースにして新しいビジネスモデルを作ろうとしたウェブバンは、七億ドル以上の資金を得ていたにもかかわらず、創業から四年も経たないうちに崩壊した。ウェブバンが始めたのは、一般のスーパーマーケットと同じように、好きな商品を選択、購入できるオンライン店舗で、注文品は自社で保有していた大量のトラックを使って戸別配達した。ここで使われたウェブシステムは、最先端というほどではなかったかもしれないが、技術的にはまだ不安定だった。またビジネスモデルは、消費者の購買行動が大きく変わらないと成り立たないものであった上、店舗販売から倉庫保管中心に切り替えればコストを下げられるという仮説が大前提になっていた。テクノロジーもビジネスモデルも新しかったためリスクは高かったが、利益の見込みも大きかったことから、それを反映したウェブバンの株式時価総額は、ピーク時には八八億一〇〇〇万ドルに達した。ウェブバンは純然たる勝つための戦略で攻勢をかけたのだ。しかし結局、二〇〇一年七月、閉鎖に追い込まれた。

これに対し、成功例はアマゾンである。この場合もリスクは高かった。軸となるウェブ技術はまだ発展途中だったし、新しいビジネスモデルには、消費者の書籍購買行動の大幅な変化と、サプライチェーンの大規模な再編、合理化が必要だった。だが、一九九〇年代初めは大量輸送が当たり前で、業界では書籍一冊のみの出荷は不可能だと考えられていた。アマゾンはこの「ベストプラクティス」を見直し、一冊から販売できるようにしたのである。この発注管理

[3] 新興企業が初期段階を越えてうまく成長できないのは、起業家が「経営者」になれないことと関係づけられることが多い。Chandler, G. N. and E. Jansen. 1992. The founder's self-assessed competence and venture performance. *Journal of Business Venturing*, 7: 223-237. Flamholtz, E. G., and Y. Randle. 2000. *Growing pains: Transitioning from an entrepreneurship to a professionally managed firm* (2nd ed.). San Francisco, CA: Jossey-Bass.

のプロセス・イノベーションは今もなおアマゾンを支えつづけている。アマゾンも勝つための戦略で市場に猛烈な攻勢をかけたのは同じだった。だがこちらは、さまざまな商品のウェブ販売というビジネスモデルを成功に結びつけることができた。

新興企業の場合と違い、大手企業の経営者は「社運を賭け」たりする必要はない。手持ちの資源も多様であるため、イノベーション・マトリクスを広くカバーする大型の投資ポートフォリオ――ヘッジ機能を提供し、リスクを大幅に低減する――が使える。大手企業の多くはその戦略に沿った明確な勝つための戦略を持っている。GEやアップル、ソニーなどがそうだ。そしてその投資ポートフォリオは、業界支配につながるイノベーションが量産されるよう計算されている。トヨタのリーン生産方式の開発やハイブリッド車プリウスの市場投入は、勝つためのイノベーション戦略の模範例といえる。

勝つための戦略はどんな状況でも採用できるものではない。内外の状況によっては、この戦略の選択がリスクにつながることもある。ときには、攻めに転じず負けないための戦略を採用したほうが有利なこともある。この場合は、インクリメンタル的要素が強いイノベーション戦略を進めるか、チャンスを狙うかして競合を追い抜き、最後に勝利を手にするのである。

負けないための戦略

内外の状況が許さず、勝つための戦略が使えないこともある。たとえば、外部の競争環境が厳しいときや不安定なとき（強力な競合や規制が多い場合や、規制環境が変わりやすかったり経済状況が不透明だったりして不確実性が高いときなど）は、負けないための戦略のほうが向いている。また、社内の制約（資源不足や、イノベーティブな精神に欠けた企業文化など）が多いときも、勝つための戦略は有効ではないだろう。こうした状況で勝つための戦略を使っても、潜在的なコストとリスクがベネフィットを上回る可能性が高い。

一般に、負けないための戦略は勝つための戦略に比べて、三種類のイノベーションのなかでもインクリメンタルなイノベーションの割合が多い。競争しつづけることが目的であるため、「迅速に動く」「計算済みのリスクしか負わない」「ときには先手を打つ」「競合のあらゆる動きに対抗する」といった動きになる。たとえばジョンソン・エンド・ジョンソンの場合、製品ライン拡大の重視やコスト削減、買収など、多くのところで負けないための戦略の特徴が見受けられる。当面、有望な新薬は開発できそうにないと判断した同社は、チャンスが訪れるまでは、無難な戦略をとって競争を控えることにしたのだ[4]。また、初期の現代自動車にも、負けないための戦略の傾向がうかがえる。業界大手が争っている間は攻勢に出なかったのである。

負けないための戦略では、企業は外部の状況改善を見守りつつ、内部の能力の向上を図る。そして競合が疲れるように仕掛けながら、同時に、勝つための戦略に移行できるチャンスをうかがう。

場合によっては、勝つための戦略に移行せず、負けないための戦略のままで業界のトップに立てることがある。負けないための戦略を採用する企業が多いのは、テクノロジーの変革もビジネスモデルの変革もあまり起きない、競合の乱立する業界である。こうした業界では、テクノロジーやビジネスモデルにインクリメンタルな改善を加えながら着実に競合を叩いていけば、勝者になれる。そして負けないための戦略が業界標準になる。このような、継続的な実行力の

[4] Artne, F. and A. Weintraub. 2004. J&J: Toughing out the drought. *Business Week*, January 26, 84-85.

ある者が勝者になる市場は、短距離走者でなくマラソン走者向けである。また、これらの企業もイノベーション・マトリクスの外側部分（第1章で示した、セミラディカルもしくはラディカルなイノベーションの部分）への投資は続けるかもしれない。だがこれは、勝つための戦略に転じるためというよりも、この外側部分の活動が途切れないようにするためであって、どこかでラディカル・イノベーションが発生して市場が不安定になったときに即座に対応できるようにしておくためのものである。

ただ、負けないための戦略を続けていると、重大なリスクを負うこともある。競合がセミラディカルやラディカルなイノベーションの比率が高い勝つための戦略に移行すると、太刀打ちできないのだ。このような変化が起きると、負けないための戦略だけを続けている企業は、独自のセミラディカルやラディカルなイノベーションを打ち出すこともできず、新しい競争環境で争うこともできない、という状況に陥る。これの教訓を得たのが玩具メーカーのマテルだ。二〇〇一年、ＭＧＡエンターテインメントが、マテルのバービーに対抗する人形シリーズ「ブラッツ」を出してくると、バービーの売上は大幅に減少した[5]。

いつもどこかで多くの企業が、負けないための戦略の重要な局面に立たされている。危機的状況に陥ったり、競争優位は得られるが高リスクでもあるイノベーション（ラディカル、セミラディカル）には手をつけなかったりという具合だ。しかしこれは、経営者が意図的にそうするのではないこともある。勝つための戦略を打ち出せなかったために、成り行きで負けないための戦略になってしまったのである。この場合、成功に必要なのは負けないための戦略ではないと考えている社員は、この戦略を「仕方なく」受け入れることになるが、そのような状態で

[5] Palmeri, C. 2003. To really be a player, Mattel needs hotter toys. *Business Week*, July 28, 64.

は実行しても効果が弱くなるため、非常に危険だ。人は、混乱した指示を受け取ると、効率、スピード、効果とも最大化できなくなる。だからこそ経営者は、社内全体にイノベーション戦略を明確に示し、認識させなければならない。

負けないための戦略は「ファスト・フォロアー（すぐに追随する者）」戦略と誤解されることがあるが、そうではない。成功するためには、他社の後を追うだけでなく、先制的な動きと反応的な動きも取り入れていかねばならない。これは優勢を保ちながら、できるかぎり競合に資源を消費させるためである。「負けないためのプレー」とは後追いのことではない。**後追い**にしか目が向いていない企業は、競争的な思考もイノベーションの能力も限られてきて、知らない間に「後追い」の概念に合わないイノベーションのチャンスを切り捨てている。一方で、力のあるファスト・フォロアーは、不慣れなイノベーターに比べると成功することが多い。こうした敏速な二番手は、勝つための戦略で成功した企業があると、自らの組織能力を活用してそれをすぐに真似て、一躍リーダーになってしまう[6]。成功したイノベーションであれば、彼らはすぐに追う。そして自身のビジネス・プロセスの強み――マーケティングや流通、製品開発、プロセス・テクノロジーなど――を活用して、元のイノベーターを打ち負かすのである。

[6] Markides, C. C. and P. A. Geroski. 2005. *Fast second: How smart companies bypass radical innovation to enter and dominate new markets*. Indianapolis: John Wiley and Sons.

経営者の責任

- 経営戦略をサポートするイノベーション戦略を選択する。
- 自社に合うのは「勝つための戦略」なのか「負けないための戦略」なのか、判断する。
- 選択した戦略をサポートできるよう、三タイプのイノベーション（インクリメンタル、セミラディカル、ラディカル）のバランスのとれた投資ポートフォリオを組む。
- その戦略のなかで、ビジネスモデルの変革とテクノロジーの変革がそれぞれどういう役割を果たすのか、そして期待される連携や行動にどう関係するのかを明確にする。
- その戦略を組織全体にさまざまな経路で繰り返し伝達するとともに、評価指標と報奨は、その戦略について語ることに対してではなく、うまく実行することに対して設定されていることを強調する。
- イノベーション投資の価値が、社内の抵抗勢力などの障害によって損なわれないようにする。

米国の電力業界では、このところの競争と規制環境によって負けないための戦略が急速に広まっている。一九九〇年代には多くの企業がイノベーションを試みていたが、規制環境が急速に変化し、多くの計画が挫折した。以来もう五年以上にわたって、大手はさまざまな負けないための戦略を展開している。

しかし電力業界も転換期を迎えている。一部の企業では確実に勝つための戦略への移行を考えているようだ。たとえば二〇〇四年初めにTXUの社長兼CEOに就任したジョン・ワイルダーは、これまでTXUは負けないための戦略を実施してきたが、もうその必要はなくなったとし、これからは業界トップの座を目指すと表明した。ほかにもコンステレーション・エナジー・グループやドミニオン・リソース、センプラ・エナジー、セントリカなどの企業はすでに新しい事業目標を設定し、勝つための戦略に移行しはじめている。

周りの企業も、この戦略転換の流れに対抗するために、勝つための戦略への移行を急ぐ必要が出てきた。移行のタイミングが遅すぎたり、組織能力的にスムーズに移行できなかったりすると、負けないための戦略から抜け出せなくなる可能性がある。負けないための戦略を選択するのは賢明な経営判断だが、準備不足ゆえに負けないための戦略をとらざるをえないのは、経営陣の力不足でしかない。

一方、同じエネルギー関連の石油業界では、大手各社が二〇〇三年から二年連続で新油田開発事業の投資を減らした。世界最大の国際石油資本エクソンモービルのリー・レイモンドCEOは、最大規模の油田の大半はすでに開発済みであり、次に開発の機会が訪れるのは、政治的にロシアやイラク、リビアなどへの投資が可能になったときだろうと発言した。開発の縮小という厳しい現実は、石油関連サービスのリーダー、ハリバートンとシュルンベルジェに大きな衝撃を与えた。そして彼らは、この情勢の激変に応じたイノベーション戦略の決定を迫られた――今は勝つための戦略が適切なのだろうか？

大手二社が決断し、次の手を考えていた一方で、ウェザーフォードやBJサービスなど規模の小さい企業も同じように決断を迫られていた。小規模企業としては、今は勝つための戦略をとり、成長拡大によって業界トップを狙うべきなのだろうか？　今後数年間の石油業界の方向性は、ここで選ばれた戦略によって決まるだろう。

こうした状況はエネルギー産業に限ったことではない。戦略の移行時期の見極めは、多くの業界にとって悩みの種である。たとえば、医療関連企業は生き残りをかけた戦いの末、業界全体が負けないための戦略から抜けられなくなっていた。だが、業界全体がコスト削減と財務面のインクリメンタルな改善に奮闘していたなか、サッター・ヘルスなど一部の医療機関だけは業績が著しく向上した。こうした変化は、ほかの採算の取れている企業にとって、勝つための戦略に移行するきっかけになる。変化を見て、今が競争優位を得られるチャンスらしいと考えるのだ。このように、少数の有力企業の方向転換によって、業界の競争力学が大きく変わることもある。

一九八〇～九〇年代にかけて、アメリカではいわゆる「おむつ戦争」が繰り広げられていた。このとき負けないための戦略を使って勝つための戦略に対抗したキンバリークラーク（KC）の事例は興味深い。大手P＆Gはもちろん、数々の小規模メーカーとも競争していたKCは、その望みとは裏腹に、市場を支配できる位置にはいなかった。そこで競争意欲旺盛なダーウィン・スミスCEOは、価値の創造に集中することにした。だがこのとき、おむつ市場ではP＆Gがシェアも収益性もトップの地位を固守しており、さらなるイノベーションに膨大な資源を投じつづけていた。

　ＫＣが手元の資源で市場を支配することは無理だった。しかしＫＣは引き下がらず、Ｐ＆Ｇがイノベーション策を打ち出すたびにそれに対抗した。それどころか、消費者の望む商品をＫＣが業界に先駆けて出すこともあった。トレーニング用おむつもその一つである。また、Ｐ＆Ｇの画期的製品に改良を加えた新製品や男女別のおむつの発売など、競合のイノベーションには迅速かつ効率的に対抗した。このようにＫＣは、独自の先制的な動きと反応のよさを組み合わせた負けないための戦略を展開した。結果、Ｐ＆Ｇは次第にバランスを崩し、市場支配の地位を維持できなくなったのである。このおむつ戦争は、激しさは弱まったものの現在もまだ終わってはいない。両者とも今なお戦いを続けている。

　大抵の場合、内的要因と外的要因だけでは、勝つための戦略か負けないための戦略かの選択はできない。こうした諸条件では両者の中間のだいたいの位置が決まるだけである。

経営者向け、社内の健全度チェック

イノベーション戦略は（考案の段階ではなく）実行段階の状態を明確に把握しておかねばならない。以下、検討すべきポイントを挙げる。

- 今のイノベーション戦略は
- 「勝つための戦略」か？
- 「負けないための戦略」か？
- その混合タイプか？
- 投資しているイノベーションの規模は大きいのか、小さいのか？　自社は大規模なイノベーションを必要としているのか、もしくは当面は小規模でいいのか？
- 今、イノベーション・ポートフォリオはどのようなバランスになっているか？　インクリメンタル、セミラディカル、ラディカルの各イノベーション間でどうバランスをとるべきか？
- 今実行中のイノベーション戦略は、全体的な経営戦略をどの程度サポートしているか？　現状と計画とはどのくらい離れているか？
- 組織全体がイノベーション戦略を理解しているか？　社員は、競合に比べて、迅速で低コストで着実に戦略を実行しているか？

CASE STUDY 1

ゼネラル・エレクトリック——戦略の移行は何をもたらしたか[7][8][9]

GEでは、一〇〇年以上前のスタインメッツ博士を出発点に、これまで研究開発に対する新しい考え方が数多く生まれてきた。「スタインメッツ博士は、研究開発者は目先の製品のことは気にしないほうがいいと考えていた」と研究部門担当のスコット・ドネリ副社長は話す。「博士は、事業部門が生まれたてのアイデアを製品化しているうちから、研究所には次の大きなアイデアに取り組ませた」。つまりGEは、ラディカル、セミラディカル、インクリメンタルなイノベーションをバランスよく配合した勝つための戦略を、他社に先駆けて作っていたことになる。

その後、八〇〜九〇年代にかけてCEOを務めたジャック・ウェルチは、研究所を負けないための戦略に転換させた。その結果、研究所は事業部門のニーズに応え、主にインクリメンタルな仕事をするようになった。一方、その研究開発費の一部は事業部門が負担した。こうしたウェルチの負けないための戦略はおおむね成功し、GEは優れた商品を出して、競合より常に一歩先を進んだ。GEのイノベーション戦略は、経営戦略によってより望ましいかたちになった。だが、現在のジェフリー・イメルトは、このイノベーション戦略を切り替えるという課題に直面している。競争に勝つためには、さらに価値を高めなければならないのだ。

[7] Deutsch, C. 2002. G. E. research returns to roots. *The New York Times*, December 26.

[8] Roberts, D. 2004. Voyage of discovery: G.E. stakes its future on the innovation of it scientists. *Financial Times*, October 11.

[9] Weisman, R. 2004. G.E.'s sandbox for scientists. *Boston Globe*, March 15.

イメルトいわく、「今後何年かのうちには、GEは、新しい名称が必要な事業、つまり、これまでのGE商品やブランドとはまったく違うものに取り組んでいるはずだ。現在GEでは、セキュリティ、水処理、石油、ガス、水素燃料など、GEの既存事業では分類できない領域の、サービス重視の事業を具体的に考えはじめている」。

現在の研究開発の数を見れば、投資の比重が、セミラディカルおよびラディカルなテクノロジーのイノベーションに移りつつあることがわかる。イメルトは、勝つための戦略の研究開発の部分について語っている。「利益を減らさずに恒常的に成長するための唯一の鍵は、優れたテクノロジーである」。もちろん、GEはビジネスモデルの変革もうまく進めている。したがって、テクノロジーが**唯一の**鍵というのは、正確ではないようだ。

さらにGEは、人工知能、次世代型推進機関、ナノテクノロジーなどの複数の事業部門が同時にメリットを得られるように、分野をまたがる大規模な施策「イノベーション・プラットフォーム」も活用している（詳細は第4章を参照）。

イノベーション過多を回避する

イノベーションが過剰になってはいないだろうか？　よく言われる「イノベーションか、さもなくば死か（Innovate or Die）」に惑わされてはいけない。この言葉を信奉する者は、生き残るためには相当のラディカル・イノベーションが必要だと思い込んでいる。だが生き残るには、本当に、いつでもどんな企業でもラディカル・イノベーションが必要なのだろうか？

確かに、イノベーション、特にラディカル・イノベーションの欠如は破滅につながる恐れがある。だが、投資のタイミングと規模を誤るのも、同じように致命傷になりうる。言い換えれば、間違ったリスクを負い、間違った戦略を遂行すると、「イノベーション、そして死」ということにもなりかねない。

また「イノベーションか死か」を意識しすぎるのも危険だ。処理しきれないほど大量にイノベーティブなアイデアを生み出すと、どのアイデアが本当に優れているのか明確に判断できなくなる[10]。アイデア過多で混乱した企業は、イノベーションに過剰に取り組んだり、間違ったイノベーションを採用したりして、投資を無駄にしてしまうものである。

CASE STUDY 2

スターバックス――勝つための戦略

適切な戦略は一度選んだだけでは十分ではない。成功を持続させるためには、その戦略を選び**つづけ**なければならない。これは実に難しいことだが、コーヒー業界に革命を起こしたスターバックスはこれを見事にやってのけた[11]。これまで、フォルジャーズやネスカフェといったコーヒー・ブランドにはありふれたイメージがあり、アメリカの消費者にとってブランドロイヤルティは購買の原動力になっていなかった。

[10] Schrage, M. 2000. Getting beyond the innovation fetish. *Fortune*, November 13.

[11] Brown, S. and E. Eisenhardt. 1998. *Competing on the edge*. Boston, MA: Harvard Business School Press.（『変化に勝つ経営：コンピーティング・オン・ザ・エッジ戦略とは？』佐藤洋一監訳、1999年、トッパン）

ところが一九九〇年代の終わりには、多くのアメリカ人が、コーヒーのブランドといえばスターバックスを思い浮かべるようになっていた。

一九八七年創業のスターバックスは、かれこれ十年以上、成功しつづけている。なぜか？　スターバックスは、戦略の焦点を頻繁に変えて、消費者に飽きられないようにしているようだ。さらに、アイスクリームなどのコーヒー以外の商品で計画的にブランド連想を確立して、常に何か商品が消費者の目にとまるようにしている。このように絶えずイメージと戦略の焦点を改変、実験、刷新して、業界での優位なポジションを維持しているのである。

戦略を明確にする

これから紹介するP&Gのケーススタディを見ると、イノベーションの成功のためには、企業の現状に合った明確なイノベーション戦略が必要であることがわかる。P&Gは、従来の用心深くて保守的な組織をイノベーションに積極的な組織に変えようとしたのだが、非常に苦労した。またこのケースを見ると、いっせいにすべてを変えようとしても成功にはつながらないということもよくわかる。

CASE STUDY 3

P&G――勝つための戦略とブランド集中[12]

P&Gは一九九〇年代の終わりにはすでに独創性を失っていた。これまで洗剤、歯みがき、おむつ――ブランド名としては、タイド、クレスト、パンパースやラブズなど――といった主要な分野全般にわたって、競争上、重要な進歩を遂げてきた同社は、六〇～八〇年代にかけての全盛期には、技術面でも新商品導入の面でもイノベーターとして市場をリードしていた。同社は九〇年代半ばには多くの市場を支配していたが、その数年後には大きく後退してしまった。経営陣も、「八五年以降は画期的なイノベーションが生まれていないこと」「数年後にまだ市場での支配的地位を維持しているかどうかは疑問であること」を認めていた。

組織は依然、恐るべきマーケティング集団であったが、すでに保守的で、動きも鈍くなっていた。組織全体が、「プロクトイド」たち――競合企業がつけたあだ名で、典型的な官僚タイプの社員のこと――に支配されていたのである。

一九九七年、この問題に気づいた六人の経営陣が集まり、二十一世紀も引き続き消費財業界を支配するために、どう体制を立て直すべきかを検討した。

この会議では、業界リーダーの地位を取り戻すことが目標の「勝つための戦略」が策定された。計画には、機敏な組織にすることや、イノベーションのスピードと質の向上を図ること、また市場化のスピードアップが課題として盛り込まれた。そのほか、

[12] Buckley, N. 2002. Revolution with a relaxed approach. *Financial Times*, August.

医療や介護のような、成長性と利益率が高い事業に重点を移すことが決まった。

この目標の達成に多くの障害が立ちはだかっていることは経営陣も承知していた。P&Gでは、新製品の市場化プロセスが非常に遅かった。社内では縄張りが蔓延しており、これが重要な協力や変革の妨げになっていたのである。さらに、ブランド・マネジャーと技術開発のマネジャーがたびたび衝突するまでになり、業務の遂行自体が難しくなっていた。

これらの障壁があったにもかかわらず、経営陣の改革の決意は固かった。目標の実現に向けた決意も資源も――世界一を自負していた――すべてそろっていた。CEOに就任したダーク・ヤーガーは改革の陣頭指揮をとり、組織からイノベーション・プロセス、イノベーションの優先順位まで、社内を全面的に作り変えようとした。

だが実際には、変化の量にもスピードにも無理があった。多くの社員は混乱し、業務がついていかなくなった。結果、成長は鈍り、三カ月に三回の業績下方修正を行うはめになった。新製品もいくつか出したがどれも失敗に終わり、社員の士気の低下とともに株価も落ち込んだ。ヤーガーは、就任から一年半もたたないうちに辞任に追い込まれた。P&G社内の組織慣性力がCEOを追い出したのである。

ヤーガーの退任で多くの社員が、これで嵐は去ったと安堵していた。だがそうではなかった。ヤーガーの後任には、P&Gでの二十五年間の実績が買われたA・G・ラフリーが指名された。ラフリーはまず組織のバランスを取り戻そうとしたが、同時にイノベーションの推進にも取り組み、社内を驚かせた。「幅広く戦略的に推進していくことは間違っていない」とラフリーは語っている。

ラフリーはヤーガーとは対照的だった。業務上の細かなことに注意を払い、社内の賛同を得るために協力的な姿勢を示した。また、ヤーガーのような野心的すぎるアプローチはせず、年間成長約八%という強気な目標も縮小した。だがそれよりも重要なのは、「イノベーションの庭をくまなく調べ、雑草を大量に引き抜いた」ことだろう。変革の動き（イノベーション）は維持したが、変化の波で社内が混乱しないよう、新商品開発や商品ラインの拡大といった「雑草」、すなわち余分なものは取り除いて、優先事項に集中したのである。同時に、世界に七つあった事業部門を四つに整理統合した。そしてこれら事業部門と市場開発部門の関係を調整し、それが落ち着いたところで、意思決定の権限を事業部門に譲り渡した。またラフリーは会社を再び主要ブランドに集中する方向に戻し、成功の尺度はイノベーションそのものではなく、消費者であることを社員に思い出させた。

P&Gの事例から得たイノベーションの教訓

- 「勝つための戦略」は、収益性を維持しつつ、同時にイノベーション・プロセスを活性化して新製品と改良品も生み出せるものにする。ただしこれは、戦略廃止の決定がされたら話は別で、無理やり進めても危険である。
- イノベーションの優先事項を明確にし、それを社内に伝える。
- イノベーションを進める際、変えない点を明確にする。
- 自社の企業文化では、どのようなリーダーが力を発揮するのかを把握する。

どの戦略を選ぶか

「この流れの速い経済では、どんなビジネスモデルも戦略も時間とともに新鮮さが失われ、戦略は瞬く間に有効期限を迎えてしまう」[13]

企業のイノベーション戦略は時間の経過に応じて調整し、そのたびに最適な戦略を選択していくことが必要だ。イノベーション戦略の選択には、内外の多数の要因が影響する（**図1**）。これらの要因は、勝つための戦略をとるか、負けないための戦略をとるかという

[13] Hamel, G. and P. Skarzynski. 2001. Innovation: The new route to wealth. *Journal of Accountancy*, November, 65.

[14] ほかに譲渡できない独自の資産を持っていることが、競争優位を持続できるかどうかの鍵になることは、かなり前から研究が行われ、さまざまなことが明らかにされている。
Prahalad, C. K. and G. Hamel. 1990. The core competence of the corporation. *Harvard Business Review*, 68: 79-91.
Wernerfelt, B. 1984. A resource-based view of the firm. *Strategic Management Journal*, 5: 171-181.
Zollo, M. and S.G. Winter. 2002. Deliberate learning and the evolution of dynamic capabilities. *Organization Science*, 13: 339.

イノベーション戦略の選択にも、ポートフォリオの形態にも影響する。

内的要因

内的要因には次のようなものがある。

●**技術的能力**……テクノロジー・イノベーションがどれほど可能かは、現在社内に保有している、もしくはイノベーション用ネットワークで手に入る技術的能力によるところが大きい。たとえばこれまでマーケティングとテクノロジーのインクリメンタルな改善を軸にしていた企業が、突然、セミラディカルなテクノロジーを戦略に組み込もうとしても、非常に難しいだろう。

●**組織的能力**……イノベーションを開花させられるかどうかは、企業がそれを実現できる組織的な能力を持っているかどうかで決まる。よりラディカルなイノベーション戦略へ移行しようとしても、組織的、マネジメント的な能力がなければ実現しないだろう[14]。

●**現在のビジネスモデルの成功**……いったん成功した企業の変革が難しいことは、これまでにも繰り返し実証されている。この要因については、コア・ケイパビリティが硬直性《コア・リジディティ》に転じてしまう、あるいは成功企業では社内のベンチャー事業が育たない

図1　イノベーション戦略の選択において検討すべき要因

内的要因	外的要因
● 技術的能力 ● 組織的能力 ● 現在のビジネスモデルの成功 ● 資金調達 ● 経営者のビジョン	● 外部ネットワークの能力 ● 業界の構造 ● 競争環境 ● テクノロジーの変化の速度

といったことが指摘されている。成功が大きければ大きいほど、変化に対する潜在的抵抗も強くなる[15]。

●**資金調達**……資金の確保は明らかに必要条件だが、過ぎたるは及ばざるが如しである。たとえば一九九〇年代末から二〇〇〇年初めにかけての新興企業は、必要以上に大量の資金があったせいで、まだ検証が不十分なビジネスモデルに資源を無駄に注いでしまった。資金に余裕がないほうが、イノベーション事業チームは投資を拡大する前にモデル仮説を慎重に計画、検証するものである。

●**経営者のビジョン**……経営陣は会社をどのようにでも位置づけられる。したがってイノベーション戦略の選択、展開には、経営陣の能力が非常に重要になる。

外的要因

イノベーション戦略の構築に影響するのは内的要因だけではない。外的な力も関係する。

●**外部ネットワークの能力**……必要な能力をどこかで確保するのは、重要なことである。新しいテクノロジーやビジネスモデルの開発には通常、足りない資源を持っている外部組織との連携が必要になる。そのため、自社内外にネットワークを作っておかなければならない（イノベーション・ネットワークの重要性については第4章で詳しく述べる）。したがって、こう

[15] たとえば以下を参照。
Leonard-Barton, D. 1992. Core capabilities and core rigidities: A paradox in managing new product development. *Strategic Management Journal*, 13: 111-125.

したパートナーと継続的な協力関係が築けるかどうかが、イノベーション戦略の決定には重要になる。

●**業界の構造**……産業そのものが一つの要素であるため、その構造を注意深く分析すれば、イノベーションの主な障壁とチャンスを見出せる。業界を支配するバリューチェーンの理解だけでなく、それをどこが支配しているのか、なぜそこなのか、参入の妨げになる構造は何か、といったことも把握しておくと、イノベーション戦略の構想を練る際に重要な情報になる。

●**競争環境**……自社のイノベーションだけでなく、競合のイノベーションの質とスピードも、将来の市場形態を決める要因になる。現在の市場で良い位置につけていても、競合が市場を変えてしまうかもしれないし、競争力学が大幅に変われば、新たな競合が参入してくる可能性もある。

この場合、次の観点で考えてみるとわかりやすい。競合の戦略とのバランスで、自社は勝つための戦略を採用しやすくなるのか？　逆に、競合のせいで勝つための戦略を検討せざるをえなくなるのか？　もしくは競合の戦略とのバランスから見て負けないための戦略のほうがよさそうなのか？　競争エリア内に明確なイノベーション・リーダーがいない場合、他業界の企業が飛び込んできてルールを変更することはありうるだろうか？

●**テクノロジーの変化の速度**……技術面が発達すればするほど、製品ライフサイクルは短くなる。ときには自社製品を上回る新たな技術的進歩が登場することもある。その場合、重要なのは、製品が陳腐化する前に、近づきつつある変化を認識することだ[16]。たとえばパナソニックは、まったく新しいタイプのデジタル技術が登場したら、自社の従来型アナログ製品の座がそれに奪われる可能性があると気づいた。だが、パナソニックはそうした最新のデジタル分野には詳しくなかったため、二〇〇〇年にシリコンバレーに研究開発拠点を設立して一気に力をつけ、新興のデジタル技術分野に参入した。

企業は、長期にわたって成功している製品があると、ときに新しい潮流が見えなくなることがある。そして、そうこうしているうちに競合がその潮流に気づいてしまう——これが、競合のジレンマ（competitor's dilemma）である。

イノベーション戦略を常に更新し、改善していくには、以上の各点を検討しなければならない。しかし、ベストな戦略が作れる常套手段はない。たとえ同じ競争環境にあっても、企業の受け止め方はそれぞれ異なる。ある企業には脅威と捉えられ、負けないための戦略が採用されるような状況も、別の企業の目にはチャンスと映るかもしれない。

[16] Hamel, G. and P. Skarzynski. 2001. Innovation: The new route to wealth. *Journal of Accountancy*, November.

リスクマネジメント

イノベーション戦略を決定する際、即座に思い浮かぶのがリスクマネジメントである。破壊的な現象の起きていない競争環境では、イノベーション・マトリクスの右上枠に近づくほど、つまりラディカル・イノベーションの度合いが強まるほどリスクは高まる。破壊的現象が発生してしまった環境だと、それに対応できないインクリメンタルな活動が最もハイリスクになるだろうが、特にそうしたことがない安定した環境では、ラディカル・イノベーションの割合が増えるとリスクが高まる。勝つための戦略にセミラディカルやラディカルなイノベーションが占める部分が大きいと、負けないための戦略より往々にしてハイリスクになるのは、こうした理由からである。

業界をリードし変革していきたいという企業は、セミラディカルやラディカルなイノベーションになるべく投資する。こうした企業は、テクノロジーやビジネスモデルで大々的にイノベーションを起こし、トップの地位を獲得し価値を創造しようと考えている。しかしリスクをいたずらに増大させないために、インクリメンタルなイノベーションにもしっかり投資し、周りの企業のちょっとした策も敏速に取り込む。たとえばアップルは、ｉＰｏｄとｉＴｕｎｅｓという革新的な組み合わせを出した後すぐに、競合への対抗策として新製品ｉＰｏｄミニを発売したり、ＨＰと販売提携を結んだりして、製品やサービスにインクリメンタルな改善を加えた。これによって、その後に登場した低価格の携帯音楽プレーヤーや、ソニーやマイクロソフトの音楽配信サービスの追撃をかわしたのである。

イノベーション遂行中にどのレベルのどんなリスクを管理すべきかは、イノベーション・ポートフォリオの規模と、重心の位置で決まる。リスクマネジメント・プロセス――その大部分はポートフォリオの設計――は、企業のリスクを最小限に抑えるものでなければならない（第5章を参照）。

製薬業界のイノベーション戦略

リーディング産業について、またそこが直面したイノベーションの課題について検討するのは有益だ。そこで、強力なイノベーター企業がそろう製薬業界の場合を見てみたい。

大手製薬企業では近年、新薬の開発パイプラインの維持が難しくなってきている。彼らはこれまでイノベーションの成功で、著しい成長を遂げてきた。たとえば二〇〇二年には、世界のおよそ四四〇〇万人が、コレステロールを下げるために毎日「リピトール」を服用していた。ここ六年間で史上最大の売れ筋医薬品となったリピトールは、今後数年以内には、医薬品としては世界で初めて年間売上が一〇〇億ドルに達すると見込まれている[17]。

ところが最近はイノベーションが行き詰まってきて、有力な新薬を生み出しつづけることはすでに困難になっている。たとえばファイザーの場合、その巨大な売上基盤を今後二桁ベースで拡大していくためには、強力な新製品ラインが必要になる。そのため同社では、疾患に対する働きがすでに確立している創薬ターゲットを詳しく調べ、それと同等の働きをする新しい

[17] Simons, J. 2003. The $10 billion pill. *Fortune*, January 20, 58-68.

[18] Barrett, A., J. Carey, M. Arndt, and A. Weintraub. 2003. Feeding the pipeline. *Business Week*, May 12, 78-82.

[19] *Financial Times*（October 24, 2002）ゴールドマン・サックスからの引用。

[20] http://www.fda.gov/cder/reports/rtn/2003/Rtn2003.pdf

ターゲットを探す戦略に期待している。現在は、ターゲット探索として二十一の酵素に取り組んでいるという[18]。

二〇〇二年、主要製薬企業の研究開発支出はおよそ三五〇億ドルにのぼった[19]。タフツ大学の調査によると、現在新しい分子の開発には、資本コストを含めて分子一つあたり八億ドルかかるとされる。製薬企業は研究開発と市場化に莫大な資金を投じているのである。だが、こうした巨額の投資にもかかわらず、**表1**にも明らかなように、得られる結果は芳しくない。

FDAの認可が遅れた、もしくは下りなかった製薬企業のなかには、ファイザーやグラクソ・スミスクライン、メルク、アストラゼネカなどの一流企業もたくさん入っている。こうなると問題は、研究開発の取り組み方やイノベーション・プロセスではなさそうだ。製薬企業はこれまで、創薬研究に絡む多大なリスクを踏まえて、精巧な研究開発プロセスを築いてきた。またこの業界は概して、イノベーションに関しては投資の面でもマネジメント・プロセスの面でも進んでいる。問題の根本的原因はどうやらイノベーション戦略にあるようだ。

イノベーションの行き詰まりを打開する

イノベーションが不発に終わっている現状をなんとかしようと、大手製薬企業はこれまで二つの方法で研究開発面の改善を試みてきた。一つは、買収した同業他社の開発パイプラインを併合する、規模の経済を利用する方法である。これによって

表1　米食品医薬品局（FDA）によって承認された新薬の数［20］

年	優先審査対象の新規認可医薬品（NDA）	優先審査対象の新規認可化合物（NME）
2003	14	9
2002	11	7
2001	10	7
2000	20	9
1999	28	19
1998	25	16
1997	20	9
1996	29	18

一時的な改善はもたらされるが、問題の根本は解決されない。そのため、結局すぐにもとの問題――どうしたら成功する製品を継続的に生み出せるようになるのか――に戻ってしまう。理想は、規模の経済が問題の長期的解決に結びつくことである。規模の経済は、一部の製造業では有効なことがわかっているが、創出力の落ちた開発パイプラインにも有効かどうかはまだ結論が出ていない。

もう一つは、バイオテクノロジー関連、ゲノム関連の企業との連携を強化するという方法である。臨床試験で膨大な時間と費用を使う前に、この連携によってあらかじめ新薬開発に役立つ新しい分子の情報を得て、新分子の探索の効率を上げようというのだ。臨床試験は、費用面では数百万ドル、時間的には三〜七年を要するが、そのわりに成功率はきわめて低い。実際、イノベーションに膨大な資金、資源、時間を投じたものの、臨床試験段階で商品化が不可能だと判明するケースが非常に多い。そして認可されるのも、平均で十件中わずか一件である。

臨床試験前の分子の選別には、バイオテクノロジーが分析的で情報量も多いように思われるが、これまでのところ、これが万能のアプローチというわけではない。逆に、ゲノム研究やバイオテクノロジー研究による余分な情報が、新薬開発の成功確率を**下げてしまっている**可能性もある。以前の研究者には、分子の介入については考える選択肢がほとんどなかった。これまでのバイオテクノロジーやゲノムの研究で、分子間相互作用に関してさまざまなことが明らかになってきたが、その分、今では新しい分子開発の選択肢も増えてしまった。やがてはこの問題も克服され、バイオテクノロジーやゲノムの研究開発の成果がフルに活用できるようになるだろう。だが、ＵＢＳウォーバーグ証券のアナリスト、デビッド・ビードルによると、現時点では、「コストと時間は増えこそすれ、減ってはいない」という。[21]

イノベーションのアプローチを変える

第三者的に見ると、これらの製薬企業のなかには、イノベーションのメンタルモデルを変え、別のイノベーション・アプローチをとればうまくいきそうなところもある。端的に言えば、彼らがイノベーションの問題を解決するには、イノベーティブになる、つまりこれまでとは違う領域に目を向ける必要がある。

製薬企業は通常、市場ポテンシャルが大きく、新しいブロックバスター★1につながる技術の開発に投資する。こうした開発は、すでに述べたようにリスクが大きく、コストも資源も膨大になる。しかし、画期的製品が成功すれば莫大な利益につながる――新たに数十億ドルを超える収益を生む可能性があるし、特許保護の対象にもなる。製薬企業が同じ戦略を使って投資をしつづけるのは、この莫大な利益に惹かれるからである。だが、将来的にはこのアプローチでは収益が減るかもしれない。多大な負担にもなりかねない。こう考えると、製薬企業はイノベーション・ポートフォリオのバランスが極端にテクノロジーに偏っているといえる。

たとえば、グラクソ・スミスクライン（GSK）は、パキシルをはじめとする売れ筋商品がジェネリック医薬品の脅威にさらされていた。そこでGSKは、既存製品の改良版である、抗鬱剤のウェルブトリンXLやパキシルCR、抗生物質のオーグメンチンXRなどの製品を投入して対処してきた。現在も新製品の成功に期待しているようだ。[22]

だが製薬企業の場合、戦略やイノベーション計画は、このようなテクノロジーのセミラディ

★1 対象疾患領域で圧倒的なシェアを獲得する医薬品で、ピーク時の年間売上高が5億～10億ドルのもの。

[22] Harris, G. 2003. Where are all the new drugs? *The New York Times*, October 5.

[21] Geoff Dyer, G.2002. Sagging morale, departing scientists, a dwindling pipeline: when will GSK's research overhaul produce results? *Financial Times*, October 24: 13.

カルな変革ではなく、新しいビジネスモデルでのブレークスルーを目指すことを考えたほうがいいだろう。要は、製薬業界でサウスウエスト航空やデルと同じことをする、すなわち競合が簡単には対抗できないような、新しいビジネスモデルを作るのである。たとえば、ソフトウェア業界で拡大しつつあるオープンソース化を、薬品開発にも取り入れたらどうだろう。

ここで一つ、大手製薬企業が、特定の医薬品を対象とした、より小さな市場で活動をするケースを考えてみよう。こうした市場はブロックバスター市場に比べればかなり小規模だが、魅力も収益性も高い可能性がある。実際、この小規模市場で競争して成功した企業もある。たとえばアルザは、二〇〇一年にジョンソン・エンド・ジョンソンに買収される前は、年間の市場規模が一億ドルに満たない小さな市場ですばらしい利益を上げていた。アルザのイノベーション・プロセスでは、このような市場でも成功する製品を効率的に開発、市場化できたのである。しかし買収後はこのビジネスモデルも変わった。そしてそれ以降はヒット商品のイノベーションを追求するようになり、過去の成功をもたらしたビジネスモデルは使われなくなった。

同様の例が、五年前に、ごく一部の標的のみに作用する標的療法薬に世界で初めて取り組んだ、ジェネンテックである。ジェネンテックは、現在もこの小規模市場のコンセプトで新たな展開をしつつ、トップメーカーがブロックバスターに依存しなくても飛躍できることを実証している[23]。

さらにもう一つ、製薬企業が、新しいビジネスモデルの開発など、よりバランスのとれたイノベーション・ポートフォリオを作ろうとした場合を考えてみよう。この場合、企業はテクノロジーへの投資を補足する意味でビジネスモデルの変革に投資する。そしてこのビジネスモデ

[23] Stipp, D. 2003. How Genentech Got It. *Fortune*, June 9: 81-88.

ルのイノベーションにより、過去のビジネスモデルに束縛され競争力を失っている旧態依然とした競合他社よりも市場の要望にうまく応えられるようになり、競争優位を得る。また、こうした手を打てば、イノベーション投資に対するリターンも最大化することができる。

イノベーションの内容としては次のような選択肢が考えられる。

● サービスの水準を上げる。
● サプライチェーンを変革したり、業務プロセスを刷新したりする。
● 購買者と、より近く、より良い関係を構築する。

これらは、イノベーション・アプローチや戦略を変更、刷新する際にも使える。もちろん、これ以外にも方策はある。たとえば、イノベーションの六つの要因を見直し、強力かつ適切なイノベーションを達成するのに最適なものを選び直すのも一つだ。

経営者のアクションプラン

- 経営戦略、競争環境、イノベーション・コンピテンシーを考慮して、自社に最適なイノベーション戦略を見極める。
- 勝つための戦略
- 負けないための戦略
- イノベーション戦略をサポートするために必要な、イノベーション・ポートフォリオを決める。
- ビジネスモデルの変革とテクノロジーの変革の比率
- インクリメンタル、セミラディカル、ラディカルなイノベーションの比率
- 経営戦略を支えるには、どの程度のイノベーションが必要か明確にする。
- イノベーション投資における優先順位とトレードオフを明確にする。
- これらを経営陣とイノベーション担当の責任者に明確に伝える。
- 相手が理解するまで繰り返して伝える——完全に飲み込ませるには何度も言わなければならないかもしれない。
- 自己診断を行い、自分自身の達成度を評価する。
- 評価指標と報奨によって、イノベーション戦略が確実に実行されるようにする。

戦略とイノベーション・ルール

経営陣が一番に取り組むべき重要な仕事は、イノベーション戦略とそれに対応するポートフォリオの内容を明確にすることである。勝つための戦略か、負けないための戦略かを選択し、関連するインクリメンタル、セミラディカル、ラディカルの三つのイノベーションの比率を決めることだ。さらに経営陣は、イノベーション・モデルにもとづいて戦略の内容を具体的に作り、ポートフォリオの中身のバランスを決めなければならない。ここまで決まると、イノベーション計画の方向性と規模が決まるため、社内全体にイノベーションのポイントが明確に伝わり、実行がスムーズに進められるようになる。

スティーブ・ジョブズは、アップルのイノベーション戦略とイノベーション・ポートフォリオの決定を常に主導してきた。ジョブズいわく、「コアテクノロジーを発明あるいは支配できないうちは参入しないというのが、我々の考え方だ。コンシューマ機器のコアテクノロジーはソフトウェアに向かいつつある。我々はハードウェアには詳しい……が、競争上、関門になるのはソフトウェアだろう。コンシューマ製品は、進化すればするほど、ソフトウェアの塊のようになってくるだろう」[24]。コンシューマ製品におけるソフトウェアの競争的な役割という考え方に対しては、異論も出るかもしれない。ただ、彼のビジョンは明快だし、アップル社員へのメッセージにも曖昧なところがまったくない——ポートフォリオは、ソフトウェアの強力なイノベーションをメインにすること。そして、他のイノベーションも同時進行するが、重点は

[24] Mossberg, W. 2004. Steve Jobs: We're doing it all and we're having a blast. *Always On*, August 21.

ソフトウェアのイノベーションに置くこと。

スティーブ・ジョブズは次の三つの重要な問題を一つひとつクリアしながら、戦略とポートフォリオを決定するリーダーシップの要件を満たしてきた。

●自社にはどれほどのイノベーションが必要か？
●イノベーションはどこに焦点を当てるべきか？
●必要なのは、どのようなイノベーション・ポートフォリオなのか？　ビジネスモデル・イノベーション、テクノロジー・イノベーションはそれぞれどの程度必要か？　インクリメンタル、セミラディカル、ラディカルの比率は？

経営陣は自社のコア・コンピタンスを明確にし、イノベーションはそれを中心に進めなければならない。アップルもウォルマートも、P&G、デル、GE、トヨタもすべて、ビジネスモデルとテクノロジーのイノベーションをコア・コンピタンスに集中させていた。すべての企業に大がかりなイノベーションが必要なわけではない。だが、イノベーションは、自社の能力と戦略に合ったものにしなければならない。また、社内で確実に実行させるためには、必要なイノベーション・モデルと戦略、そしてイノベーション・ポートフォリオの特徴を明確にし、それを社内に浸透させなければならない。

4 イノベーションを実現する組織

イノベーションのための組織作り

イノベーションのための組織作りに頭を悩ませている企業は多い。戦略やイノベーション・プロセスを構築するだけでは不十分だ。組織全体にイノベーションを組み込み、根付かせる必要がある。そのためには、イノベーションを実行・拡大するのに適した人材を選び、組織化し、覚悟させなければならない[1]。

大企業では、イノベーションを組織に組み入れようと努力はしたがうまくいかなかったというケースが多いようだ。多くの場合、主流派に受け入れられないか無視される。また組織内の抵抗勢力も常に、イノベーション自体や、イノベーションに必要な構造、資源、プロセスを潰そうと狙っている。このため、大企業ではイノベーションを成功させることは不可能に近いとする考え方もある[2]。

[1] Christensen, Clayton M. and Tara Donovan. 1999. Putting your finger on capability. *Harvard Business School*, note #399148.

[2] Markides, C. 1998. Strategic innovation in established companies. *Sloan Management Review*, 39 (3): 31-42.

社内に市場を作る

社内に一種の「市場」を作り、市場原理によってイノベーションのアイデアや機能を発展させるのが、イノベーションを成功させるアプローチの一つだ。たとえば、アイデアの商業的価値は、経営陣が向ける注意の度合いと、提供される資金の額で測ることができる。すなわち、本当に価値のあるイノベーションなら、既存事業の脅威になろうと困難に見えようと、資金が提供されるし、市場化も進められる。

たとえばバンク・オブ・アメリカに実例がある。アメリカ大手銀行の例に漏れず、同行も二十一世紀に向けた新しい課題に直面していた。企業買収の機会が減っていくなか、より多くの顧客を引きつけ、ニーズに合ったサービスを提供しながら、有機的に成長していく方法を見出さなければならなかったのだ。そこで社内には、商品開発、サービス開発の尖兵となる「イノベーション・アンド・ディベロップメント・チーム（I&Dチーム）」が組織された。チームは、新しいサービスとその提供方法を開拓することを目標に、顧客との関係強化と同時に業務の大幅な効率アップを図ろうとした。そして、組織内部の構造を変えることなく、一部の支店間に「イノベーション・マーケット」という実験的市場を仮想的に設け、サービス提供や業務プロセスなどに関する実験を幅広く行った。これは、保守的な銀行業界においては前代未聞の第一歩だった。このやり方であれば、イノベーションの潜在的な市場価値を実際的に検証することができた[3]。

[3] Thomke, S.H. 2003. R&D comes to services: Bank of America's pathbreaking experiments. *Harvard Business Review*, April: 71-79.（「バンク・オブ・アメリカ：サービスのR&D活動」『ダイヤモンド・ハーバード・ビジネス・レビュー』誌、2003年7月号）

このような社内市場を作るにあたっては、創造性と価値獲得がともに進展するよう、そのバランスをとることが重要になる。最終的には、組織構造をどう設計するかよりも、社内市場や、創造性と価値獲得のバランスのほうが重要になるだろう。たとえば、内部の市場原理によって社内にはイノベーションを望む起業家精神が生まれる。そしてこの精神は、組織内に潜むイノベーションの障壁を取り払うことにつながる。

創造性と価値獲得のバランス

イノベーションが進展している企業では、創造性と価値獲得（市場化）の機能がともにフルに活用されている。経営陣を含め社内全体が、イノベーションの成功には創造的プロセスと市場化プロセス両方の**バランス**（**図1**、次頁）が必要であることを理解している。こうした企業では内部に市場が設けられ、そこで創造性とその商業的価値の重み付けや選択、優先順位付けが行われている。たとえば、メキシコのセメント大手セメックスも、アイデアの価値が適切に判断されるイノベーション用の社内市場を設け、そこでアイデアの開発、選出、資金割当をしている。この市場は経営陣が監督している。抵抗勢力によって市場の価値判断が歪められるのを防ぎ、イノベーションの将来性に見合った資金が供給されるようにするためである。社内では、イノベーターが自分の創造的なアイデア――将来的に、研究開発プロジェクトや商品開発の提携、新しいビジネスモデル、戦略的提携などに結びつくアイデア――を実際に経営陣に「売り込んで」いる。そして経営陣がそれを気に入ったら、その商業的価値を判断してプロジェクトに資金を出す。逆に気に入らなければ、資金は出さない。

図1　イノベーションには創造性と価値獲得とのバランスが必要 [4]

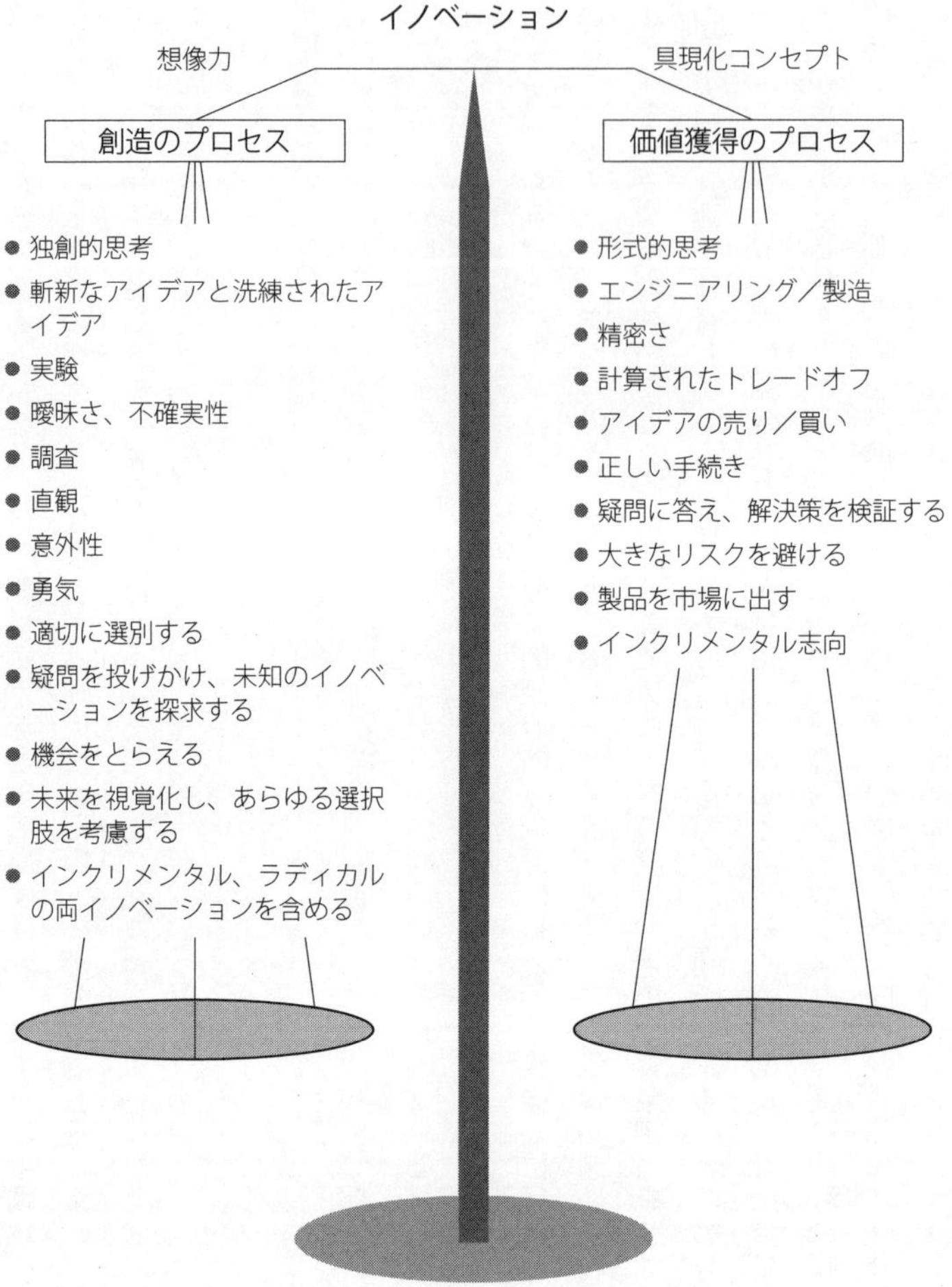

[4]　Shelton, R. 2001. Developing an internal marketplace for innovation. *Prism*, 1.

CASE STUDY 1

マルクス兄弟の創造性と価値獲得のバランスのとり方[5]

イノベーションが奇妙なところから生まれることもある。創造性と商品化とのバランスのとり方を、少々意外な例で考えてみよう。世界で最も有名なコメディ・グループ、マルクス兄弟の事例である。この兄弟の動きはどれも一つひとつ、創造的な市場で作られたものだった。

「目の前に現れるものは片っ端から探り、試し、取り込んだ。そうやって作り上げたのがあの動きだ。ある日ちょっとふざけてやってみたら、面白い歩き方になった」とグルーチョ・マルクスは記している。「そして観衆が喜んだから、取り入れた。ほかのものでも、少し試しでやってみて笑いが取れたらこれまた続ける。受けなかったら、また別のものに乗り換える。このやり方であっという間に評判になった」[6]

注目すべきは、グルーチョのパフォーマンス――リハーサルや撮り直し、練習によって磨かれていった（つまり商品化のプロセスである）――が何年もの試行錯誤から生まれたという点である。彼らのコメディは、劇場と映画という、創造性と商業性が共存する市場で作られていた。創造や実験は、問題を発掘したり回答を得たりするための手段だと考える企業もあるかもしれないが、グルーチョは違った。彼にとって実験は生き残るための手段だった。この点は理解しきれない企業もあるだろう。

マルクス兄弟は芸能生活の後半、スタジオでの映画制作が続いたため、これでは

[6] O'Brien, G. 2000. The Triumph of Marxism. *The New York Review of Books*, July 20, 47 (12).

[5] 前掲書

実験、ひいては存続が危ぶまれると考え、映画『マルクス一番乗り』の台本を持って地方を巡った。商品として成功させるために、創造的な市場に持ち込んだのである。こうでもしなければ、この作品は失敗しかねなかった。彼らは、撮影所では創造性ではなく商業的な面にしか目が向けられないことを知っていた。

グルーチョはコメディの天才と言われたが、別の意味でも天才だった。アイデアを創造的市場で試す時機と、そのアイデアを商品化する時機とを見極める力があったことだ。彼は芸能人生全般を通じて、この創造性と商業性のバランスをうまくとっていたといえる。

組織の成熟とともにバランスも変化する

企業の成熟にともない、創造性と価値獲得の関係も変化していく。創生期にある企業は、新しい商品やサービスを創造することに集中しており、価値獲得を最大化すること（質の高い価値をより速く、より安く提供する、など）にはあまり注意が向かない。一部の新興企業ではこれが問題になっている。一方、成長が進んでくると、創造性に対する熱意は薄れていき、代わりに価値獲得に重きが置かれるようになる——すなわち、製品とサービスのポートフォリオを実行、提供、販売するプロセスが発展していく（**図2**）。

●**創造性の偏重**……新興企業は一般に、創造性を非常に重要視する。社内市場の好みも、創造的プロセスから生まれるラディカルなアイデアやブレークスルーに偏っている。これらはのちに競争優位につながる可能性があるからだ。したがってこうした新興企業には、創造力やラディカルな新しいビジネスモデルがあふれることになる。たとえばイートレード証券は、旧来型の金融取引事業に対して斬新なアプローチをとり、小口投資家が金融市場に参加する方法をまったく新しい視点で提案した――従来のテクノロジーもビジネスモデルもそっくり変えてしまったのである。

●**創造性と価値獲得のバランス**……企業は成長、成熟していくにつれ、創造的プロセスと、市場化スキルとのバランスがとれるようになっていく。これができるかできないかは死活問題である。成功するには、斬新な経営アプローチだけでは不十分で、イノベーションを商業ベースに乗せられる能力と実行力も必要になる。イートイズやアマゾンなどＢ２Ｃインターネット小売店は、開業当初、画期的で創造的なサービスの勢いに乗って大きく売上を伸ばした。だが相応の商業的能力も必要であることは、ウォール街だけでなく、同じクリック&モルタル型の一部の競合企業もはっきり示している。また同じく、ＴｉＶｏ（ティーボ）もかつてデジタル・ビデオレコーダーで市場に新たな領域を切り開いたが、競争が激化してきた現在、さらなる価値獲得を示す必要に迫られている。ティーボのような、革新的アイデアで一気に拡大した企業にとって、価値獲得の比重を大きくすることは、次のステップへの移行を意味するだけではない。存続の問題でもある。たとえばサプライチェーンも

図2　創造性と価値獲得とのバランスをとる

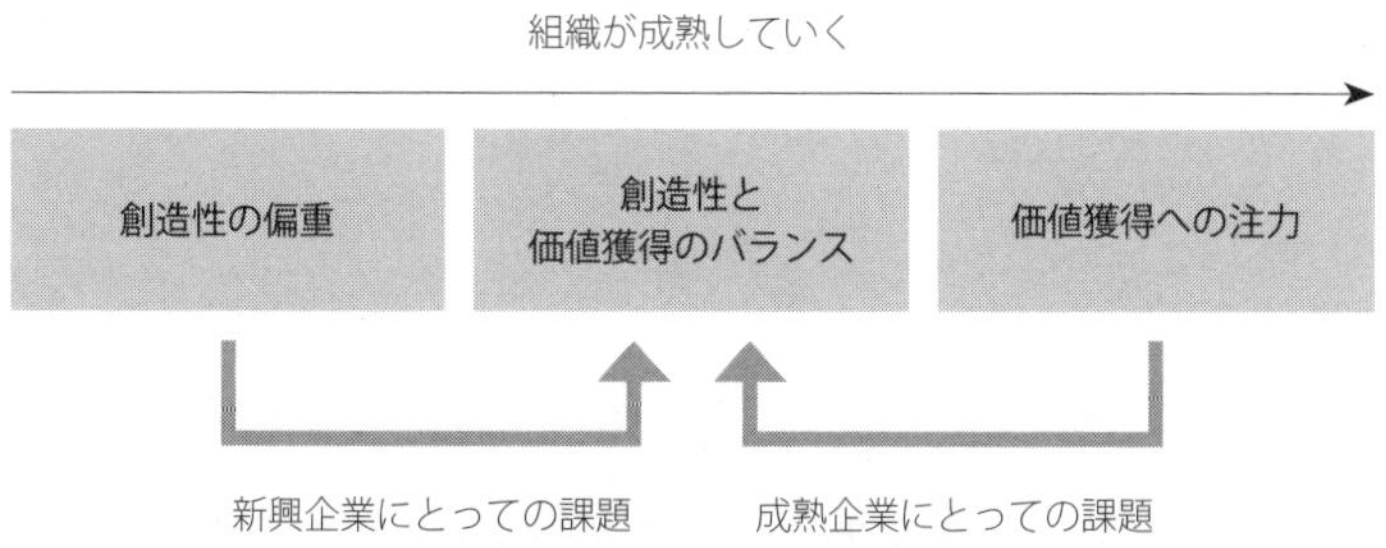

顧客とのつながりも万全である競合が、イノベーターの創出した領域に進出してきた場合、その領域は乗っ取られてしまう恐れがある。

●**価値獲得への注力**……企業は成熟が進むにつれ、創造性よりも市場化を重視するようになる。経営者のスローガンも、価値獲得プロセスを重視した「収益性、資産活用、資本管理、効率性、ベンチマーキング」になる。さらに企業が成熟しきって、シェア争いが当たり前の状態になると、創造性（特にラディカルな創造性）は価値を失うか、負の資産にさえなる。かつて食品雑貨販売の業界がこの状態に陥っていたとき、ウェブバンは斬新なアプローチを導入して、それまでの売り場重視の価値獲得の考え方を変えようとした。結果はウェブバンの失敗に終わったが、面白いことに、そのビジネスモデルとテクノロジーのイノベーションはセーフウェイなど同業他社に引き継がれた。こうして、これらの成熟企業は、自社では生み出せなかった創造性を取り入れることができた。

商業的機能は強いが創造的機能は弱くなっている成熟企業は、イノベーションについても、割引キャッシュフロー（DCF）や投資収益率（ROI）、ハードルレート[★1]、資本回収など、創造的活動から離れた観点で評価測定する。こうした企業では大抵、インクリメンタル・イノベーションが主流で、ラディカルで画期的なアイデアも、それを生む人材も失われてしまっている。このような偏りをなくすポイントは適切な測定システムを持つことであるが、この点については第6章で詳しく取り上げる。たとえば、イノベーション施策に取りかかったばかりのある大手

★1　投資を行う際に、必ず達成することが求められる運用利回りの基準値。

自動車メーカーでは、市場化に偏向した社内を軌道修正するため、社内市場に創造性をもたらし活性化できる人材を必要としていた。だが、その必要な人材の特性について報告を聞いた社長は、こう答えた。「その手の人間は何年も前にすべて解雇したが」。まさしくそのとおりで、この企業では、価値獲得に重点を置くあまり、創造的な機能を完全に捨ててしまったのである。

成熟した企業では、成功の可能性を秘めたイノベーションが、社内で支援を得られずに姿を消すことがある。すばらしい商品コンセプト、事業コンセプトであるにもかかわらず、社内の賛同が得られない（そして発案者は独立して成功する）というケースは実に多い。たとえば、シーゲイト・テクノロジーから独立したコナー・ペリフェラルズは、新しい三・五インチの小型ハードディスク・ドライブ技術を市場化することに成功した。これはその後、HDD市場の新しい主要技術となる。だがシーゲイトの経営陣は同じ技術を目の前にしながら、潜在的価値が見出せず、市場化に乗り出さなかった。また同じく、一九八〇年代にアーサー・D・リトル（ADL）から独立したボストン・コンサルティング・グループ（BCG）は、独自のポートフォリオ・マネジメントをコンサルティング事業に組み込んだが、ADLもこのBCGのビジネスモデルの価値を見出せなかった。一方のBCGにはこの機会を逃すことなど考えられなかった。それから二十年、BCGは実質的にADLを追い抜くまでに成長した。イノベーション施策の失敗例を見ると、社内市場の能力が限られていたために花開かなかったケースが多い。企業がリスク嫌いだとか、見る目がないとか、資源が限られているということが原因である場合は少ない。大抵は、社内市場の能力不足により、特定のイノベーションに適切に対応できないことが原因である。

こうした現象は、社内市場が、既存の製品やプロセス、ビジネスモデルのインクリメンタルな変革に価値を見出している証拠である。逆にいえば、ラディカルな変化や、画期的なテクノロジー、新しいビジネス・アプローチは評価されにくいのである。

組織の抵抗勢力に創造性が阻害されるときの兆候

社内市場が創造的活動に積極的でないと、次のような兆候が現れる。

- イノベーション・プロジェクトのポートフォリオが、ほぼすべてインクリメンタル・イノベーションで占められている。この状態をインクリメンタリズムの乱用という。ある消費財メーカーはこの症状がひどく、ポートフォリオは、競争優位の製品にわずかな改善を加えるだけの、一年未満で終わるプロジェクトで占められていた。この企業が、インクリメンタル以外の方法で発展するには、M＆Aに頼るほかなかった。
- イノベーションを測る指標として、ROIやDCFなど財務的指標しか使われていない。その上、不確実性や曖昧性は残るが将来性あるプロジェクト、および創造性を適切に評価できる指標がない（適切なイノベーション評価指標については、第6章で詳述する）。

- イノベーションへの資金投入は年一回のみ。定期的な投入もないし、重要なアイデアが現れたときに随時投入できる仕組みもない。ベンチャーキャピタルの世界を例に考えると、ベンチャーキャピタル企業は多種多様にあり、したがって投資の機会も多い。そして投資の決め手になるのは収益性であり、カレンダーではない。社内にもこのような資金調達の仕組みがないと、創造性は潰れてしまう。
- イノベーションは、イノベーション・ポートフォリオの価値ではなく、効率性をもとに評価される。中程度以下のアイデアを早く、効率的に創出するのは、イノベーションを追求する上では大間違いである。企業が目指すべきは価値の創造であり、それに類する行動が報酬の対象となるべきである（評価指標と報奨については、第6〜7章で取り上げる）。
- すばらしいアイデアがあっても、経営陣はあまり関心を示さない。そのうちに、イノベーター（アイデア提案者）はそんな会社を見捨てて、自分で事業を始める。こうしたことは、世界中の大手企業ではすでに何度も起きている。実は、大手企業はイノベーティブなアイデアの宝庫なのだが、実際それが実を結ぶのは、往々にしてその大企業の外部である。
- マネジャーがイノベーターを非難し、潰そうとする。相談相手や手本、スポンサーに

なって支えるのではない。ある大手資材販売会社で、イノベーション・プロジェクトの検討を担当していた幹部は、プロジェクト案を酷評する癖が抜けなかった。そのため結局、社内全体のイノベーション・ポートフォリオを一人でだめにしてしまった。

成熟企業の課題は、価値獲得の能力を損なわずに、創造性を活性化することである。日本のトップ自動車メーカーの例を見てみよう。それまで価値獲得にかなりの比重を置いていたこの企業は、あるとき、創造性を担う社内市場を刺激する必要に迫られた。そこでリスクテイクと創造性を浸透させるため、製品開発の段階に「資本家の視点」を取り入れた。そして、製品設計グループの構造とプロセスを刷新して、行動の変化を促し、創造性と価値獲得とのバランスがうまくとれるようにした。

1 インクリメンタルなイノベーションから、バランスのとれたポートフォリオへ

研究開発に九〇〇〇万ドル以上の資金を投じていた、ある大手エネルギー企業は、創造性とイノベーションは自由な環境から生まれるとの考えから、プロセスも組織も特に体系化せずにラディカル・イノベーションに取り組んできた。結果、アイデアは山ほど生まれたが、どれも社内で受け入れられずに消滅していった。社内では、ラディカル・イノベーションの市場化は時間も費用も無駄と判断されたのである。そしてその反動で、イノベーションはほぼすべてインクリメンタルなものに絞られた。しかしこれでも、経営目標の達成につながる強力なイノベーションは生まれなかったため、その後経営陣は、イノベーション・ポートフォリオを、三タイプのイノベーションすべてを組み込んだバランスのとれたものに作り変えた。インクリメンタル・イノベーションだけ、あるいは体系化されていないイノベーションでは望む結果が得られないことに気づいたのである。そしてこのバランスを崩さないために、次のような仕組みを導入した。

❶アイデア提起は許可する。それとともに、アイデアは慎重に評価し、即時却下はしないと約束する。

❷現行の予算編成プロセスのほかに、将来性あるアイデアを見極める仕組みを別途

整え、さらにそのアイデアを発展させる場も設ける。
❸組織能力を拡大するための土台として、新しいプラットフォームを構築する。
❹外部ネットワークと提携し、その資源を利用する。このような、新技術の基盤を探求するための提携では、主に大学がターゲットになる。しかし、顧客も有益な協力者になることを忘れてはならない。
❺社内にインキュベーターを設け、こうしたネットワークのマネジメントや、市場化の可能性の検討、その可能性と既存事業の結合、撤退戦略の設計を行う。
❻競合する特許は入念に調べる。
❼予算割当を、社内のさまざまなレベルで定期的に見直す。
❽新しい評価指標と報奨システムを作る。

創造性の市場と商業性の市場とのバランスをとる五つのステップ

創造性の社内市場、商業性の社内市場のバランスをとるためのプロセスには、五つの段階がある。

❶**イノベーションのタイプ別にイノベーション・プラットフォームを構築する。**こうしたイノベーション・プラットフォームには、各種イノベーションの基本方針がまとめられている（イノベーション・プラットフォームは非常に重要であり、詳細については後述する）。イノベーション・

プラットフォームは複数の事業部門《ビジネスユニット》が共有するものであるため、イノベーションの価値に対する判断も一つの部門が行うより総合的になる。たとえば、キヤノンは既存の枠組みのなかで、光学、エレクトロニクス、精密機器製造の能力を活用するイノベーション・プラットフォームを使い、事務機器の分野に乗り出した。その結果、既存事業でも新規事業でも、資源と能力を有効利用できるようになった。

❷**プラットフォームごとにプロジェクトのポートフォリオを作る。** 創造的市場と商業重視市場が協調し、バランスがとれるようにするためには、プロジェクトを一つひとつ見直す必要がある。ポートフォリオがインクリメンタルなプロジェクトに偏っていれば創造的な市場が弱くなっていることの表れであり、一方、ラディカルなイノベーションが過剰な場合は、創造的プロセスが過剰気味で、社内市場も市場化を軽視していることの表れである。

❸**社内外に提携関係とネットワークを築く。** 成功には、社内外のパートナーとの協力が欠かせない。シスコやミレニアム・ファーマシューティカルズといったリーディングカンパニーも、社内の能力を、提携企業の能力で補う取り組みを積極的に進めている。

❹**創造性と商業性のための市場をオープンにし、透明性をもたせる。** 創造性にしても市場化にしても、社内市場は絶対に閉鎖的にしてはならない。閉鎖的な市場では不信感が生まれるし、非効率や不公平性が見えなくなる可能性がある。たとえば、誰でも参加できるイノベー

ションに関するイベントを年二回開いて、状況をすべて公表して透明性を高める。そして、イノベーションによる価値創造は企業文化の生命線であることを社内に伝える。イノベーションが当たり前になっているグーグルの企業文化では、社員が潜在的イノベーションをオープンかつ徹底的に探求することに価値を見出し、またそれを期待している。

❺**活性化させた創造的市場とプロセスを妨害する抵抗勢力に注意する。**創造性の市場の活性化を担当するイノベーション委員会には、トップクラスの経営幹部も入れておくべきだ。商業性の市場が確立しているところでは、市場バランスを変えようとすると必ず抵抗が起きるが、それを弱めるためには、経営幹部が変革を支援する姿勢を明確に打ち出さなければならない。そうしないと、創造性の市場の再活性化を軽視する風潮が社内に蔓延する。

イノベーション・プロセスを再活性化させるためには、大がかりな発想の転換が必要であり、経営陣の後押しや資源の再配分も必要になる。しかし、グルーチョ・マルクスと同じような考え方でのぞめば、創造性と価値獲得のバランスがうまくとれて、イノベーションも成功する。イノベーションはその取り組み方で決まることを忘れてはならない。

抵抗勢力がイノベーションを妨げている組織の傾向

- 社内が「自前主義症候群」に陥っている。
- 意思決定の際には、「いつもこんなふうにやってきた」の声が大勢を占める。
- 失敗すると社会的制裁を受ける。
- 権力構造の現状維持につとめ、変化には逆らう。
- 経営陣が、イノベーションの支援は効率性の低下や無駄遣いにつながると思っている。
- 評価指標と報奨制度が、短期的効率性を重視している。
- イノベーションの資金割当は主に財務的指標にもとづいて決められている。
- 経営陣のイノベーションへの明確なコミットメントがない。
- イノベーターが無視されたり、不公平な報酬しか得られなかったりする。
- アイデアの行き場がない。
- イノベーションは日々の活動とは別のものと考えられている。

イノベーションのアウトソーシング

イノベーションに向けて組織をどう構成するかは、突き詰めると、企業の内部と外部、どちらに重心を置いた構造にするかの問題になる[7]。内部重視の場合には、開発部門への資金供給、中核的研究拠点の設立、イノベーション専門の独立部門の設立、インキュベーターの利用といった選択肢から選ぶことになり[8]、外部重視の場合は、サプライヤーや顧客など種々のパートナーへのアウトソーシングが中心になる[9]。イノベーションのタイプが異なれば、組織構造もそれに合わせて変えたほうがいい。

多くの企業はまず「イノベーションをアウトソーシングすべきかどうか」と考えるが、このアプローチは正しくない。どの部分を提携で補うべきなのかとか、パートナーに依存すべき部分と自社で責任を追う部分をどう区別するのか、といった視点で検討すべきである。

イノベーションという重大な問題を、丸ごとアウトソーシングするわけにはいかない。したがって、部分的アウトソーシング、平たくいえば**パートナリング**が向いている（次項の「パートナーをうまく活用する」を参照）。

view, 26 (3): 154-166.
Chesbrough, Henry. 2002. Designing corporate ventures in the shadow of private venture capital. *California Management Review*, 42 (3): 31-49.）
コーポレートベンチャーキャピタルのモデルについては、以下を参照。
Chesbrough, Henry. 2002. Making sense of corporate venture capital. *Harvard Business Review*, 80 (3): 90-100.（「事業会社のベンチャー投資戦略」『ダイヤモンド・ハーバード・ビジネス・レビュー』誌、2002年8月号）
既存の部門内に設けるモデルについては、以下を参照。
Sykes, Hollister B. and Zenas Block. 1989. Corporate venturing obstacles: Sources and solutions. *Journal of Business Venturing*, 4: 159-167.

[9] 外部重視の組織構造作りで重要なのは、提携・協力関係のマネジメントである。このテーマについては、広範囲にわたり多数の学術論文がある。
Arino, A., J. Torre, and P. Smith Ring. 2001. Relational quality: Managing trust in corporate alliances. *California Management Review*, 44 (1): 109-132.

CASE STUDY 2

コンパック（HP合併以前）のアウトソーシング事例

一九九〇年代、コンパックはサーバー分野のチップ開発の問題で難しい決断を迫られた。開発を社内で継続すべきか、他企業と共同開発すべきか、あるいはアウトソーシングすべきか。それまでサーバー事業が主な収益源であったコンパックでは、チップが成功の鍵と考えられていた。しかし業界の力学は変わりつつあり、多くの製品分野で利益が出なくなってきていた。デルがインターネット販売システムによる新しいビジネスモデルをサーバー分野で展開し、流れを変えたのである。サン・マイクロシステムズやＩＢＭ、コンパックは、影響力、市場シェア、収益すべての点において縮小しつつあることを感じていた。

その後コンパックは、競争優位の要であるチップ技術と、必要ではあるがコアテクノロジーではないチップ技術とを明確に区別して、前者に自社開発を集中させ、後者は提携企業の支援に頼ることにした。しばらくはこの戦略もうまくいっていた。だが、次第に競合の力が増してきたことから、最終的にはチップ開発は断念し、後継のサーバー用チップはインテルに任せることにした。そして競争優位の源泉を、サーバーそのものと顧客サービスに絞ったのである。

[7] コーポレートベンチャーキャピタル・モデルを採用した場合の組織構造については、以下に詳しい。
Block, Zenas and Ian C. MacMillan. 1995. *Corporate venturing: Creating new businesses within the firm*. Boston: Harvard Business School Press.（『コーポレート・ベンチャリング：実証研究・成長し続ける企業の条件』社内起業研究会訳、1994年、ダイヤモンド社）

[8] 学術論文では、イノベーションに適した組織構造についてさまざまな議論が展開されている。
完全なる独立型のイノベーション部門のモデルについては、以下を参照。
Christensen, Clayton M. 1997. *The innovator's dilemma: When new technologies cause great firms to fail*. Boston: Harvard Business School Press.（『イノベーションのジレンマ：技術革新が巨大企業を滅ぼすとき』伊豆原弓訳、2001年、翔泳社）
新規のベンチャー事業部門のモデルについては、以下を参照。
Burgelman, Robert A. 1984. Designs for corporate entrepreneurship in established firms. *California Management Re-*

イノベーション推進ツールのなかでも、パートナリングは有効利用できる可能性が高く、広く一般的に用いられている。自社にはない資源やアイデア、専門技術、視点を外部に求めることの手法は、相手の資源を把握、活用すれば、かなりの効果を発揮できる。オープンで効果的なイノベーション・パートナリングの例[10]は多い。

●インテルは、アメリカとイギリスの四カ所で、大学に隣接する小規模な研究施設「ラブレット（lablets）」を開設し、大学とのアイデアの交流を図っている。今後ここからイノベーティブなアイデアが生まれると期待されている。また最近では、イーライ・リリーが研究開発専門のコミュニティサイト「イノセンティブ（InnoCentive）」を開設している。ここでは、企業が研究開発上の問題点を質問すると、世界中の企業や個人研究者からその解決法が得られる仕組みになっている[11]。

●シュルンベルジェは、顧客企業と競合他社の両方に、油田サービスに関するイノベーティブな知識を有償で提供している。たとえば、掘削費を減らす方法や、油層特性についてのデータを掘削中にできるだけ多く集める方法などのノウハウだ。以前は顧客企業のみに提供していたが、今では競合にも提供することで、世界中の油田で得たあらゆる知識を活用し、利益に結び付けられるようになった。

●ＩＢＭは半導体工場の余剰能力を利用して、他社に供給するチップを製造している。

[10] Chesbrough, Henry W. 2003. A better way to innovate. *Harvard Business Review*, July: 12-13.（「本格化する“オープン・イノベーション”」『ダイヤモンド・ハーバード・ビジネス・レビュー』誌、2003年11月号）

[11] www.innocentive.com

やがて設計サービスの提供も始め、現在では競合のチップも設計、製造している。

● ドレイヤーズ・グランド・アイスクリームでは、自社の流通・販売システムを競合のベン&ジェリーズに有償で提供している。このシステムは、小売店の在庫をレジのスキャナーで確認し、補充の発注と小売店への請求を自動で行う仕組みになっている。このシステムを同業他社と共有することでドレイヤーズのコストは分散される。また、取引量が増えるため、ドレイヤーズのシステムを採用する小売店も増えることになる。

● ここ数年、P&Gは研究開発部門の社員七五〇〇人を頼りに、新製品を次々と送り出すことで成長してきた。しかし周りのイノベーションのペースが上がってきたのにともない、失速しはじめた。そこでアラン・ラフリーCEOは、二〇〇〇年の就任時には約一〇%だったアイデアの外部調達率を、五〇%に引き上げることにした[12]。

かつてはイノベーションの資源は基本的に社内に求めていた。二十世紀に栄えたハイテク大企業――デュポン、GE、IBM、ゼロックス、AT&T――は社内の研究所や優秀な社員を活用して、すばらしいアイデアとイノベーションの成功を生み出していた。しかしシスコやインテル、ノキアなど一九八〇年代以降の成功者は、イノベーションの資源を次第に社外に求めるようになっている。ただ皮肉なことに、大手のマイクロソフトは、往年の大型研究所に比肩するような、大規模かつ強力な研究部門を持っている[13]。

[12] Greene, Jay, John Carey, Michael Arndt, and Otis Port. 2003. Reinventing corporate R&D. *Business Week*, September 22, 74-76.

[13] London, S. 2004. Good old fashioned innovation. *Financial Times*, March 12, 10.

これまでは、優秀な人材を集めてきて重要な仕事をさせれば、効果は確実だと信じられてきた。しかしこれにはリスクがある。目が内に向きすぎ、他社のイノベーションやメンタルモデルを過小評価し、最先端を行けなくなってしまう。マイクロソフトのイノベーション戦略では、いつかはこのリスクに対処しなければならない。内部に多大なイノベーション力があっても、他社との有効な協力関係がなければ市場に参入できないし、支配的地位を保持することもできない。

パートナーをうまく活用する

イノベーションにおいて、強力なパートナーシップを築き、それを維持、活用するのは重要な競争優位になりうる。たとえば、新製品のテストは研究開発部門が行うのでなく、顧客にアウトソーシングしてみるという方法もある。他社との提携は避けることが多いマイクロソフトでは、これまで大抵の場合にこの手法を使っており[14]、新製品のテストはユーザーがベータテストという形で行っている。

研究開発に関しては、大学が有益なパートナーとなるだろう。大学では、巨大な市場機会を持つ新しいテクノロジーやビジネスモデルが次々と生まれてくる。だが、利益目的の一般企業と違い、そのアイデアを直接市場化することは考えない。その代わり、技術供与契約という方法で外部に技術を売り渡したりライセンスを供与したりして、アイデアに価値を持たせようとする。この仲介役を果たしているのが、たとえばスタンフォード大学の技術移転機関（TLO）で、アイデアの価値獲得に関心のある外部パートナーと研究者との橋渡しをしている。この外部

[14] Thomke, Stefan and Eric von Hippel. 2002. Customers as innovators: A new way to create value. *Harvard Business Review*, April: 5-11.（「R&Dを顧客に転嫁する事業モデル」『ダイヤモンド・ハーバード・ビジネス・レビュー』誌、2002年7月号）

パートナーには、よりラディカルなテクノロジーを求めるベンチャーキャピタリストが含まれることもある。

さらに新しい形の協力関係もある。オープンソースのソフトウェア開発プロジェクト——インターネットを介したソフトウェア開発者のコミュニティで、ここの知識を使いたい開発者は無償で運営、開発に協力する——は、経済的にも文化的にも重要な意味を持つようになってきたが、これはイノベーションにおけるパートナーシップの役目が変わりつつあることの具体的な表れである。たとえば、これらオープンソース・プロジェクトにインフラを提供している大手サイト、ソースフォージ・ネットでは現在一万以上のプロジェクトが集まり、登録ユーザーは三万人を超えている。こうした無償プロジェクトで作られるソフトウェアはコスト面の魅力があるため、IBMのような一般企業やNASAのような行政機関にも広く利用されている。ただ、ここで生まれる製品は公共の利益と位置づけられるため、このようなオープンソース特有の開発手法は、従来考えられてきたイノベーションのあるべき姿とは違うだろう[15]。

イノベーションにおいて有益なパートナーシップを構築、維持するというのは、あまり理解されていない。問題は、必要なパートナーシップを構築したり選択したりする仕組みがないことである。実際には、パートナーシップのタイプは多岐にわたるため、企業は必要に応じて、合うタイプを選択しなければならない。

目標、実績に対する評価指標とインセンティブ、パートナー間の衝突の解消法、全体のガバナンスは、パートナーシップのタイプに合わせて、それぞれ異なるものを用意しなければならない。また、パートナー企業が自社とは異質であること、そのため双方が団結して取り組むには相応

[15] von Krogh, Georg. 2003. Open-source software development. *MIT Sloan Management Review*, Spring: 14-18.

の計画と努力が必要となることも認識しておかなければならない。たとえば、企業文化、事業目的、実績の評価指標、インセンティブなどは、どれも異なる。パートナーシップは、それ自体が体制と管理のあり方に影響をおよぼすのである。

調査研究

2

提携先に対する姿勢の国際比較

世界の研究開発担当マネジャーを対象に、パートナーシップに関する二つの能力について自己評価をしてもらった。一つはコア・コンピタンスや知的財産をパートナー企業に占有されないようにする防御力で、もう一つは、パートナーシップから学習する能力である。その結果、アジア企業のマネジャーは防御力も学習能力も他地域より高い自己評価を示した。一方、ヨーロッパ企業は反対で、ともに低い評価となり、関心の低さをうかがわせた。またアメリカ企業では、防御力についてはアジア並みの高い評価だったが、学習能力はヨーロッパに似た、低い評価を示した。

組織内でイノベーションを統合する

イノベーションの作業のなかには、アウトソーシングすると、全体のプロセスのスピードアップにつながるものがある。その一つが、イノベーションに転換できるような優れたアイデアを開発する、**アイデア形成**の作業である。マテルやウォルマートなどのおもちゃ関連企業は、ビッグ・アイデア・グループのようなアイデア仲介業者を利用して、新しいアイデアを発掘しようとしている[16]。たとえばビッグ・アイデア・グループでは、提案を受けたアイデアを洗練して、将来性を高めてから顧客企業に売り渡しているが、これまでにも同社のアイデアは、ベーシック・ファンやゲームライトなどの企業で数多くのおもちゃに生まれ変わっている[17]。アイデア形成を委託した企業は、出来上がってきたアイデアを受け取って終わりではない。そこからさらにこのアイデアを次段階へと発展させる、専用の資源が社内に必要になる[18]。この一例が、シェブロン社内で特殊な技術や知識を持つ社員を集めて結成された「プロセス・マスターズ」という少人数のチームだ。このチームは、社内のイノベーションを認定し、それを全社へ伝達したり、問題解決に社内外の最高の資源を活用すべく、外部の能力やイノベーションを探す仕事を担当した。

[16] Chesbrough, H. 2003. A better way to innovate. *Harvard Business Review*, July: 12-13.（「本格化する"オープン・イノベーション"」『ダイヤモンド・ハーバード・ビジネス・レビュー』誌、2003年11月号）

[17] Quinn, James Brian. 2000. Outsourcing innovation: The new engine of growth. *MIT Sloan Management Review*, 41 (4): 13-28.

[18] www.bigideagroup.net

CASE STUDY 3

セメックス——イノベーション構造の設計[19][20]

世界最大規模のセメント製造企業、セメックスは、組織構造とプロセスを、イノベーションが継続的に推進できる環境に整えた。経営陣は、セメント業界で世界最大の利益を上げつづけるためには、イノベーションを組織に浸透させなければならないと気づいたのだ。しかし、セメックスの企業文化には、組織が営業や収益性に集中できなくなることに強く反発する傾向があった。

そこでセメックスでは、次の点に重点的に取り組んだ。

- イノベーションの中核組織には担当者九名、予算三五〇万ドルを充てた。
- イノベーション常任委員会を設立した。メンバーは七名。
- イノベーションの機会を探るイノベーション・プラットフォーム・チームを全部で五チーム設置した。各チームはそれぞれ社内全体から選ばれた十二名で構成され、活動期間は三～四カ月とされた。
- プロセスの内容
- プラットフォーム・チームの集中トレーニング。
- 長期的なビジネスチャンスを二つか三つ特定する。それに沿って、投資可能な案件を多数開発する。長期的ビジネスチャンス一つにつき投資案件を二つか

[19] 出典：Navigant Consulting, Inc. www.strategos.comも参照のこと。

[20] Prahalad, C.K. 2005. *The fortune at the bottom of the pyramid*. Upper Saddle River, NJ: Wharton School Publishing.（『ネクスト・マーケット：「貧困層」を「顧客」に変える次世代ビジネス戦略』スカイライト コンサルティング訳、2005年、英治出版）には、セメックスのまったく別のイノベーションが紹介されている。

三つに絞る。
- イノベーション常任委員会が投資案件を決定する。
- 評価の高い案件は、プロジェクトとして事業部門に回す。
- 開始されたプロジェクトは、イノベーション常任委員会が追跡する。

ネットワークとイノベーション・プラットフォームの重要性

イノベーションを組織にどう取り込むか。適切な体制を作り、維持するのは難しい。きわめて創造的なイノベーション組織を作れた企業ですら、どこかで行き詰まったり、ときには崩壊したりすることもある。たとえばアップルコンピュータやルーセント・テクノロジーの浮き沈みを考えてみればわかるだろう。しかし成功した企業には学ぶべきものがある。重要なのは、思い違いは正し、組織作りの新しいやり方を取り入れることである。3Mやグーグルを見ればわかるように、新しくしたからといって、自主的な研究時間を個人やチームから奪うわけではない。

イノベーションは社内のどこででも発生するとか、社員もパートナー企業も顧客もすべて常にイノベーション・プロセスに関わっていなければならない、という考え方は間違っている。イノベーションは全社で均等に起きるものではないし、程度もばらばらである。社員でも、イノベーションに対しては向き不向きがある。イノベーションは、全員が参加して全員が完璧な任務を達成しなければ実現しないという性質のものではない。大多数の凡庸な人が、創造的でイノベーション向きの社員の優れたアイデアを潰してしまうこともある。また、イノベーションは戦略上ターゲットとした分野で優先的に進めるべきである。社員が乗り気でない領域では、戦略的にも金銭的にもリターンが得られないため、イノベーションを推進しても時間と費用の無駄である。

組織でイノベーションを創出・維持していく上で大切なのは、常に全員がイノベーション・プロセスに携わらなければならない、との考えを捨てることである。場合によっては、全員が関わったために挫折したり、逆効果を生むこともある。全員がいつでも参加できるようにしておくことは必要だが、全員が常に参加するもの、と考えるのは間違いである。

とはいえ、ただ創造的な人物を雇って資金を出せば十分というわけでもない。組織でイノベーションを最高の状態に保つためには、イノベーション・プラットフォームを持つ必要がある。そしてそのプラットフォームのなかには、イノベーティブな個人どうしが共有、管理、拡張できる人的ネットワークも必要になる。こうしたイノベーション・プラットフォームとネットワークの構築を監督して、優秀な人材を管理し、最高の成果が引き出せるようにするのは、経営陣の仕事である。

イノベーション・プラットフォームは、ジョンソン・エンド・ジョンソン（J&J）やアルコアをはじめ多くの企業が活用している。このプラットフォームは、資源配分やマネジメントの点で、イノベーション（インクリメンタルからラディカルまですべて）に対応できる組織作りの基盤となる。まずこれは、個々のイノベーション分野に資源を割り振るべく、組織全体に張り巡らされたネットワークと考えることができる。たとえば、通常は営業向けの資源を本来の用途には使わずにイノベーションに振り向けるようなことはできないし、（営業、取引、財務などの日常業務とは切り離して）イノベーション専用の資源を用意しても、有益なイノベーションを効率的に生み出すことはできない。その点、プラットフォームがあると、組織は日常業務とイノベーション双方に資源を振り向けることができる。またこのネットワークは、コミュニケーションと共同作業を助けるルートとしても使える。J&Jは社内が非常に分散化しているため、ネットワークを全社的に活用している。J&Jに買収された後、このネットワークに組み込まれたアルザは、ドラッグデリバリー・システムという独自の知識と専門技術をプラットフォームとして活用し、取引コストを抑えたイノベーションの創出に貢献してきた。こうしたネットワークは他のアプローチよりも低コストでより多くの価値を生み出せるため、ヒューレット・パッカードは、いくつかイノベーション・プラットフォームを選び出して、それらをまとめるネットワークを作っている。

イノベーション・プラットフォームには次のようなものが含まれている。

- プラットフォームの活動の方向づけとなる、広範にわたるイノベーション（たとえば、ある大手消費財メーカーの表面洗浄剤とか、医薬品企業のキズ薬の改良品など）。
- ビジネスモデルとテクノロジー**両方の**変革。
- インクリメンタル、セミラディカル、ラディカルなイノベーションのポートフォリオ。
- イノベーションのさまざまな過程――アイデア形成、選択、開発、実行――に役立つ、社内外の人的ネットワーク。これはビジネス上の課題から技術的課題まで幅広く対応する。

また、人員削減中の企業では、知的資源や知識の保存にもつながる[21]。

●評価指標と報奨。その特徴は——

●資源を潜在的に価値のあるイノベーション分野に集中させる。イノベーション戦略との整合性が保たれている。

●組織のイノベーション実績を把握し、現状とのギャップと改善すべき分野を明確にする。

●望ましい行動や成果を奨励し、組織内の抵抗勢力は抑える。

●学習と変革を促進、活用してイノベーションのあらゆる側面——戦略、プロセス、組織、資源——を改善する、マネジメントシステム。

図3は、ある組織の六つの事業部門がイノベーション・プラットフォームを共有している例である。表面ケアと洗浄のプラットフォームは三事業部門が共有しているが、この場合プラットフォームには三部門それぞれに適用できるイノベーション計画(インクリメンタルからラディカルまで)が用意されている。こうすると、事業部門間での重複が最小限に抑えられるし、各事業部門は目的に応じたイノベーション・ポートフォリオが使えるようになる。一方、防臭と殺菌のプラットフォームは、さらに多くの事業部門が共有している。このイノベーション・プラットフォームは事業部門の数が多い場合によく使われるが、その効率性と効力は規模が大きくても小さくても変わらない。

図3 イノベーション・プラットフォームと事業部門の例[22]

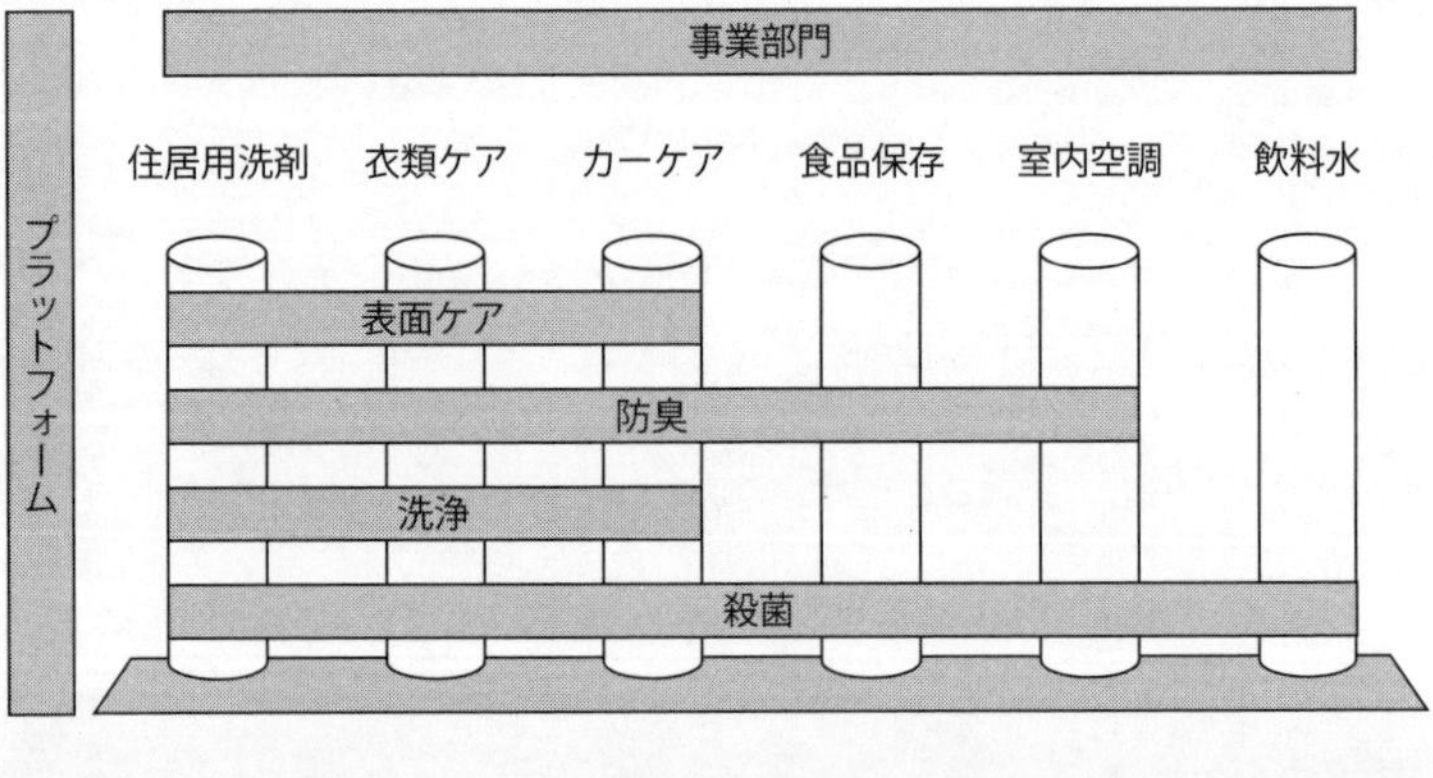

資金八〇〇〇万ドルが投じられた、フォードのアイテック・センター（ミシガン州ディアボーン）では、営業、設計、技術の各部門のチームが集まって施策に取り組んでいる。フォードはこれで、プロセスや技術利用の計画、開発、試験が九十日以内にできることを目指している。

イノベーションの資金負担は、各負担者が最終的に得る利益をもとに配分すべきである。たとえばGEでは、事業部門が個別に、次世代の製品やサービスに結びつくイネーブリング・テクノロジーの開発を研究開発部門に依頼している。研究開発部門の予算の約六〇％は依頼した事業部門が負担するが、三〇％は、長期的展望を持つテクノロジー——実現は五～十年先になる先行型プロジェクト——を望むジェフリー・イメルトCEOが負担する。そして残りの一〇％は社外から調達するが、これはアメリカ政府が提供するケースが多い。たとえば、ナノテクノロジーのようなプロジェクト（こういったプラットフォームは将来四、五事業部門に応用できる可能性があるが、実現には時間がかかるしリスクも高い）の資金は、GE内にある十三の事業部門の責任者からではなく、イメルトCEOから直接提供される[23]。

ただ、このようなイノベーション向けの組織作りのモデルは、イノベーション・プラットフォームだけではない。

コーポレートベンチャーキャピタル・モデル

ベンチャーキャピタル企業をヒントにした**コーポレートベンチャーキャピタル**（ＣＶＣ）モデルは、インクリメンタル・イノベーションを妨げることなく、同時にラディカル・イノベーションを進めたいときに有用なモデルである。このモデルは、商業的に見込みのあるイノベーション、

[21] Doughtery, D. J., and E. H. Bowman, 1995. The effects of organizational downsizing on product innovation. *California Management Review*, Summer.

[22] 出典：Navigant Consulting, Inc.

[23] Buderi, R. 2003. GE finds its inner Edison. *Technology Review*, October: 46-50.

特にラディカル・イノベーションの開発を促進するには、ベンチャーキャピタル企業のような、イノベーションの潜在性を評価する仕組みが社内に必要であるとの発想から生まれたものだ[24]。たとえばシェブロンテキサコのベンチャーキャピタル・グループは、従来の考え方では研究開発にはあたらないが同社にとっては潜在的価値がある、という観点でイノベーションに投資している。

CVCは、外部のベンチャーキャピタル企業と社内のインキュベーターが混ぜ合わさったようなものである（インキュベーターについては**図4**中の説明を参照のこと）。

通常、企業内のベンチャーキャピタル・チームは、各部門（技術系、マーケティング、営業）の上級幹部とごく一部の社外パートナーで構成される。このパートナーのメンバーになるのは、その経験や専門性を活用しようとそれまで関係を築いてきた、主要なサプライヤーや顧客、ベンチャーキャピタリストである。このベンチャーキャピタルの仕組みはこうだ――ラディカルなアイデアを集め、そのなかから最も可能性があるものを選ぶ。そしてそれに投資した後、最後に売却する。実際的には、こうしたベンチャーキャピタル部門は、社内でラディカル・イノベーションのハブの役目をする。たとえば、CVCが社内からアイデアを募ることもある。この場合は、社員が

図4　インキュベーター構造の概観［25］

インキュベーターは、テクノロジー、事業運営、資金調達の間の橋渡しをする、多くの事業体で成り立っている。その一番の目的は、次のメカニズム（最低1つ）を使って価値創造を「促進」することである。

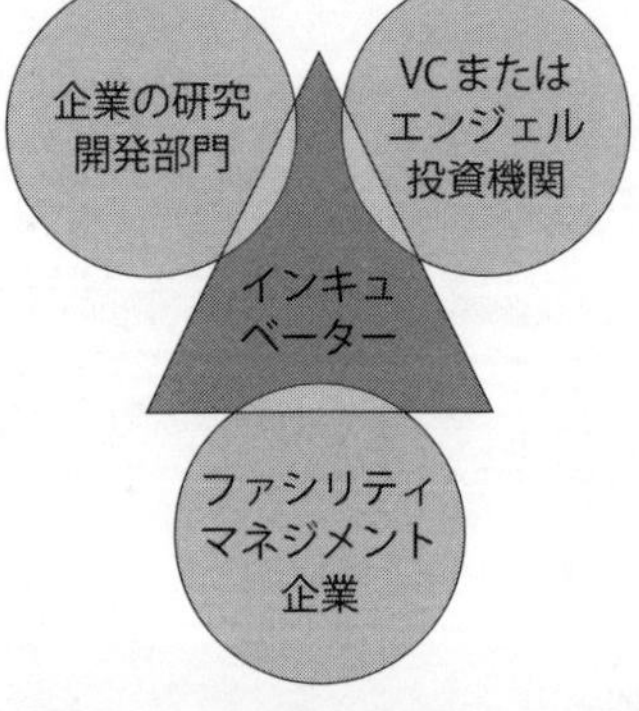

価値創造のメカニズム

- 外部の最先端テクノロジーに関する情報と洞察
- 社内のテクノロジーの市場化を促進
- ユーザー市場の成長の促進
- 案件数の増加
- ネットワークの構築
- 株式保有による価値創造
- 投資家と社員に対するイメージアップ

アイデアを提案しやすいような、しっかりしたネットワークを築いておく必要がある。つまりこれは、将来性がありそうなアイデアに資金を提供する、社内VCといえる。

CASE STUDY 4

大企業のインキュベーター

新しいアイデアを確実な機会に発展させるべくインキュベーターを設立した、ある大企業の潤滑添加剤部門の例を見てみよう。この大企業ではそれまで斬新なアイデアはなかなか承認されず、開発資金も出なかった。古くからの事業分野でインクリメンタルな改善をするだけなら、ＲＯＩは確実であるし市場も熟知していて安心だが、セミラディカルやラディカルなアイデアは、従来の考え方では評価も理解も難しかったのである。したがって、こうしたアイデアが資金や幹部の後援をめぐる争いで勝てることは、まずなかった。経営陣は、将来の成長や収益につながりうる優れたアイデアを自ら手放していることは認識していたが、この現状をどう修正すればよいのかわからなかった。結局この問題を解決したのは、セミラディカルなアイデアが低予算で開発、検証できるインキュベーターだった。そして経営陣の検討会議には、インキュベーターが精選した、以前より説得力のあるアイデアが出されるようになった。これで、経営陣はインクリメンタルなアイデアとラディカルなアイデアを比較する際の明確な基準を得ることができた。

[24] Block, Z. and I. C. MacMillan. 1995. *Corporate venturing: Creating new businesses within the firm*. Boston, MA: Harvard Business School Press.（『コーポレート・ベンチャリング：実証研究・成長し続ける企業の条件』社内起業研究会訳、1994年、ダイヤモンド社）

[25] 出典：Navigant Consulting, Inc.およびアーサー・D・リトル。

双面型組織（Ambidextrous Organization）

「双面型組織」とは、同一組織のなかでイノベーションと従来からの業務を並行して進められる組織のことで、複数のグループがそれぞれ異なるイノベーションと事業プロジェクトを行えば、イノベーションに必要な種々の企業文化とプロセスを共存させられるという論理にもとづく[26]。この場合、ラディカルなイノベーターは、コアビジネスを担う保守的な社員とは離しておく。たとえばＩＢＭもこのアプローチで、伝統のハードウェア事業の強みは維持しながら、新しいコンサルティング事業を育てた。このような共存がうまくいくのは、イノベーションはそれぞれタイプによって、システムも資源も企業文化も必要とする種類が違うからである[27]。しかし、この「双面型組織」にもいくらか不安な点はある。はたして実際問題として可能なのか？　成功させるには、どの程度の分離が必要なのか？

企業によっては、完全に別個の事業部門を設けて、イノベーション事業を本業とは切り離して進めているところもある。この場合、創造性とイノベーションを育てるため、新しい事業部門のルールや文化はそれまでとはまったく違ったものにする。こうして組織構造的に（場所的にも）分離すれば、コーポレートベンチャーキャピタル・モデルを使おうと、成功しそうなラディカル・イノベーションを選び出すやり方であろうと、プロジェクトが既存組織の影響を受けることはない。また分離構造であれば、これが大企業の一部門であっても、新しく立ち上げられた新事業として扱われる。

イノベーション・チームは大抵、企業本体とは別に仕事を進められるし、従来のように事業内容を細かくチェックされることもない。逆に言えば、こうしたイノベーション・チームは、

[26] Tushman, Michael L., and Charles A. O'Reilly, 1997. *Winning through innovation: a practical guide to leading organizational change and renewal*. Boston, MA: Harvard Business School Press.（『競争優位のイノベーション：組織変革と再生への実践ガイド』平野和子訳、1997年、ダイヤモンド社）

[27] インクリメンタル・イノベーションとラディカル・イノベーションを1つの企業内で結合するという考え方は、「複合的戦略統合」（complex strategic integration）の議論でも使われる。Burgelman, R. A., and Y. L. Doz. 2001. The power of strategic integration. *Sloan Management Review*, 42 (3): 28-38.

組織の制約を受けない独立独歩のチームでなければならない。これは、一九四〇年代のスパイ機開発に劇的な進展をもたらした、ロッキードの開発チーム「スカンクワークス」がそうだったし、今日では、ダイムラー・クライスラーやＢＭＷ、松下電器産業、マイクロソフトといった企業が、シリコンバレーに開発チームを独立させている。このように地理的に離すというのは、開発チームが従来のルールに縛られなくて済むし、何より、組織の抵抗勢力から保護されるというメリットがある。

理想を言えば、独立チームは、抵抗勢力や組織の混乱といったネガティブ要素からは隔離されながらも、組織全体の知識や資源は活用できる状態が望ましい。しかしこうした隔離は、悪い要素だけでなく、良い要素も含め、組織全体のあらゆる面からの孤立につながることもある。

電子商取引部門を独立させている、ある世界的な大手技術系企業は、社内で共同開発した製品の売り込みに大苦戦した。本部の社員が独立部門を信用できず、製品を熱心に売り込んでいなかったからである。まずこの独立部門が使っているプロセスや型枠は、旧型のものと完全には統一されていなかった。また、電子商取引という発想自体も企業文化に浸透していなかったため、本来の意図のとおりには活用されなかったのである。

このように、イノベーションを独立の事業部門で展開したりアウトソーシングしたりするのは、本部組織に入ってくるイノベーションの情報が限られるため、ネガティブな結果を招きかねない。たとえば、イノベーション・プロジェクトの範囲や、イノベーションの潜在的価値、あるいはプロセス全般の動きが社内で理解されていないと、ネガティブな反応が起こることもある。そうなると、イノベーションが企業文化の一部にならないとか、商品が社内市場に出たとたん抵抗勢力がイノベーションに異議を唱えだすというような可能性が高くなる。

こうした問題を避けるなら、新しいビジネスモデルを既存の組織に組み込んでしまうという手もある。チャールズ・シュワブやGEなどの従来型企業では、電子商取引を既存の組織に取り込んだ結果、非常にうまくいった。この対極にあるのが、バーンズ&ノーブルなど、独立した電子商取引部門を新たに作ったケースで、こちらは統合されていないことによる問題がいくつか発生している。

さらにもう一つの分離型の弊害は、イノベーション部門と経営陣とで求めるものがずれてしまうことである。これはある部分、前述の社内市場の問題でもある。イノベーションの価値は、社内市場によって意図的に低く見積もられる可能性もあるからだ。またそもそもこの分離化には、二つのイノベーション・ルール――組織の抵抗勢力を抑えること、戦略とポートフォリオに関して強いリーダーシップを発揮すること――と矛盾する面もある。分離化によってイノベーション・ルールが実行できなくなると、イノベーション投資の回収が激減する可能性があるし、実際に長期的イノベーションの実現が危うくなることも考えられる。

経営者の役割

企業によっては、経営者の任命により、イノベーション関係の責任者兼アドバイザーとして「最高イノベーション責任者」（CIO）を置くところもある。またこの役職は、経営者が兼任することもできる。いずれにしても経営者には次のような役目がある。

- イノベーションの戦略とポートフォリオを通じて、イノベーションの長期的視点を示す。
- 主要なリーダーやマネジャーが、イノベーションの動きに対して敏感に反応できるようにする。
- 軸となる創造的プロジェクトを育てる。
- 外部パートナーとの関係を管理する。
- 会社全体の戦略的施策におけるイノベーションの影響を検証する。
- 専門的意見を示す。重大な意思決定を行う。
- テクノロジーとビジネスの両イノベーションの間で、組織の力学、ポートフォリオ、資源、プロセスなどのバランスをとる。

まず第一に、どんなイノベーションでも、存続させるためには経営者のサポートが必要である。開発の初期段階は、経営者の代わりに決定権と判断基準を持ち、リスクがとれるミドルマネジャーがサポートすることもある。また、経営者は、可能性あるアイデアに投資できるよう、十分な資源を持っていなければならない[28]。資源にゆとりがないと、インクリメンタルなイノベーションはうまくいくかもしれないが、実験的事業やリスクテイクが増えるラディカル・イノベーションは失敗する可能性が高くなる。ただし経営者は、イノベーションにまつわるリスクは積極的に取らなければならない——つまり、将来、リターンがまったくないかもしれないプロジェクトに資源を投じるということだ。

[28] ある研究（Cooper, Robert. 1998. Benchmarking new product performance: results of the best practices study. *European Journal of Management* 16[1]: 1-7.）では、資源投入が豊富な事業は新製品の成功率が通常より40%高くなることが明らかにされている。さらに資源投入は、新製品事業のインパクトと収益性にも密接に関係している。この場合、資源とは単なる金銭的資源（予算）だけではない。人的資源も新製品開発の成功には重要である。上記の研究で取り上げられた企業では、プロセスは適切だったが、1人で6つのプロジェクトを担当させられていたり、本来の業務と研究開発を兼任させられていたり、という状況だった。

GEのジェフリー・イメルトCEOは、投資家にも社内の技術者にもイノベーション事業は大目に見てほしいと訴えている。彼は研究開発には特別に予算をあてながらも、十年以上成果が出ないかもしれないプロジェクトはスケジュールをゆるめに設定していた。イメルトCEOいわく、大手企業にとって新技術への投資は死活問題だという。「うちのような企業は、限界に挑み、イノベーションを促進しないかぎり、必要な収益も成長も得られないと考えている。これは経済活動をする上で絶対必要なことだと思っている」[29]

3Mのポスト・イットの開発秘話には学ぶところが多い。ポスト・イットが市場化できたのは、一人の中堅クラスのマネジャーにすばらしいアイデアがひらめいたことと、その開発に積極的に資金が投じられたことにある。この条件がそろわなければ、ポスト・イットは誕生していなかっただろう。もちろん、当のマネジャー、アート・フライ個人と3M開発チームの功績を割り引くつもりはない。彼らはイノベーションを生み出したのであり、アート個人は「ポスト・イットの父」として有名になった。だが、これを導いたのが中堅クラスのマネジャーだったという点が成功のポイントの一つだ。経営者は、このように中堅クラスの社員がイノベーションを支えられるような企業文化、組織、マネジメントシステムを作らなければならない。

組織とイノベーション・ルール

パートナリングはイノベーションの重要なコンピテンシーである。イノベーションの組織問題では必ず、社内ですべきことと社外に委託すべきことの判断が問題になってくる。

[29] Flaherty, J. 2003. In handling innovation, patience is a virtue. *The New York Times*, September 29.

経営者のアクションプラン――イノベーション組織を改善するために

- 社内の創造性と価値獲得の状況について簡単に診断をしてみる。
- うまくいっているのはどちらか？
- インクリメンタリズムの乱用に陥っていないか？
- 創造性と価値獲得の比率はイノベーション戦略に合っているか？
- イノベーションのタイプそれぞれに合わせてイノベーション・プラットフォームを構築する。
- プラットフォームごとにプロジェクトのポートフォリオを作成する。
- 資源の調達先（社内と社外）それぞれの比率を決め、社内外にパートナーシップを築く――パートナリングを組織のコア・コンピタンスにする。
- 創造性の社内市場、商業性の社内市場はともにオープンで透明にする――両方の価値の検証には自ら関わる。
- 組織の抵抗勢力に、せっかく活性化した創造的な社内市場やプロセスを妨害させないようにする。
- インターネットを利用してイノベーション組織の強化を図る（これを「eノベーション（e-nnovation）」という）。
- コラボレーションがバーチャルで済む場合と、物理的に同じ場で行わなければならない場合とを区別する。
●電子的なコラボレーションツールを活用して、物理的距離に関係なく、パートナー間で迅速に、より優れた作業ができるようにする。

世のイノベーション理論のなかにはアウトソーシングの必要性を強調しているものもあるが、これは正しくない。経営陣が本当に注意を向けなければならないのはパートナーシップと、その活用法である。**内部**、**外部**のパートナーシップの構築作業には、パートナリングの領域の決定、パートナーの決定、パートナーシップの運営方法の考案などがあるが、この構築過程はなおざりにされがちである。

経営陣が注力すべきことはパートナリングだけではない。競合よりも迅速、低価格で良質な価値創造ができる組織にすることも重要である。価値創造のためには、インテル、オラクル、P&Gなどが実践してきたように、組織内外にイノベーションのネットワークを張り巡らすことが必要である。こうしたネットワークがあると、イノベーションは常に適切な場所で、適切な意思決定のもとで発生するようになり、企業の基本理念に組み込まれやすくなる。イノベーション・プラットフォームを中心にして構築するこのネットワークは、インクリメンタル、セミラディカル、ラディカルの各イノベーションに、資源を適切に振り向ける役目を果たす。これによって、より迅速、低価格で良質のイノベーションが可能になるし、組織内の資源およびパートナーとの共有資源を効果的かつ積極的に管理できるようにもなる。

一つであらゆるタイプのイノベーションに対応できる、万能の構造はない。組織構造は、イノベーション戦略とポートフォリオの特徴によって変える必要がある。またイノベーションの成功のためには、創造性と価値獲得のバランスをとらなければならない。このバランスを維持するには、評価指標と報奨システム、さらには企業文化の要素を取り入れる必要がある。また、バランスをとる際には社内市場の力が働くが、その社内市場を支えるのも、やはり組織構造である。

組織の構造は、イノベーションの起き方にさまざまな面で影響を与える。まさにこの構造こそが、次の等式の「取り組み方（How）」の中心になるのである。

イノベーションの取り組み方＝イノベーションの成果

5

イノベーション・プロセスを設計する

システムとプロセスが鍵を握る

ここまで、イノベーションの発展に必要となる、イノベーション戦略と組織作りの手法について考察してきた。本章では、次の重要な要素である**システム**を取り上げる[1]。戦略が固まればイノベーション活動の焦点が明確になってくるし、組織体制を作ればそれがイノベーションの土台になる。しかしこれらがうまくいったとしても、システムが不完全ではイノベーションは失敗する。

マネジメントシステムは、イノベーションを起こすためのメカニズムといえる[2]。小規模な組織では、一般にイノベーションは少数の人々の洞察力と才能と相互作用によって自然発生的に起きる。たとえば発明家が一人で、あるいは一部の共同研究者たちだけで、強力なアイデア一つによって会社を興すこともありうる。だが、組織が大きくなると、イノベーションはなかなか自然には発生しない。人材が適切でない、情報が適切な場所に伝達されない、リスクテイク

[1] 調査、計画立案、戦略コントロールといったシステムの重要性については、以下を参照。
Barringer, Bruce R. and Allen C. Bluedorn. 1999. The relationship between corporate entrepreneurship and strategic management. *Strategic Management Journal*, 20: 421-444.

[2] イノベーションを起こすひらめきについてはこれまでさまざまに議論されてきたが、そのひらめきを価値に転換するプロセスについては、あまり研究されていない。
Woo, Carolyn Y., Urs Daellenbach, and Charlene Nicholls-Nixon. 1994. Theory building in the presence of "randomness:" The case of venture creation and performance. *Journal of Management Studies,* 31: 507-5023.

のモチベーションが低下しているといった理由からだ。ＧＥやＰ＆Ｇのような規模の大企業では、組織の縦割り構造によって社内のコミュニケーションが極端に不足し、全社あげてイノベーションに取り組むなど論外の状態になっているかもしれない。大企業にイノベーションを管理するシステムが必要とされるのはこのためである。これらの点に見向きもせず、イノベーションは放っておいても生まれると思い込んでいると、挫折や失敗を招く。大企業ではイノベーションは不可能だという主張があるのは、イノベーションは管理すべきものであって偶然の「発生」に任せるものではない、という基本的な考え方が一般に浸透していないことの表れであろう。ＩＢＭのサム・パルミサーノＣＥＯはシステマチックなマネジメントの必要性を理解しており、イノベーションの発展のためには社内にふさわしい環境を作らなければならないと言っている[3]。

イノベーション・システムは、組織全体のイノベーション・プロセスを促進する方針、手順、情報を体系的にまとめたものであり、イノベーションと各部門の業務を達成するためのメカニズムである[4]。業務の遂行手順や優先順位の決め方、評価の仕方のほか、社内のコミュニケーションのとり方など、社内の日常的な交流や意思決定のあり方もこのシステムによって決まる。製品強化に関する意思決定には、決定のプロセスや基準はもちろんだが、研究開発、製造、営業、財務など各部門間での

[6] 問題は、システムやプロセス自体にあるのではなく、それが役に立たなくなったときに変更できないことにある。システムやプロセスの能力（コンピテンシー）の陳腐化や、革新の欠如、無駄な投資の継続などを、「コンピテンシー・トラップ」という。
Levitt, Barbara and James G. March. 1988. Organizational learning. *Annual Review of Sociology*, 14: 319-340.

[7] イノベーティブな企業が組織や管理を頼りにしていることについては、たびたび取り上げられている。
Cameron, Kim S. 1986. Effectiveness as paradox: Consensus and conflict in conceptions of organizational effectiveness. *Management Science*, 32: 539-553.
Leonard-Barton, Dorothy. 1995. *Wellsprings of knowledge: Building and sustaining the sources of innovation*. Boston, MA: Harvard Business School Press.（『知識の源泉：イノベーションの構築と持続』阿部孝太郎・田畑暁生訳、2001年、ダイヤモンド社）
Miller, Danny. 1990. *The Icarus Paradox: How exceptional companies bring about their own downfall*, New York: Harper Business.

[8] マネジメントシステムの一部は、イノベーションに関連する戦略と財務の管理である。
Barringer, Bruce R. and Allen C. Bluedorn. 1999. The relationship between corporate entrepreneurship and strategic management. *Strategic Management Journal*, 20: 421-444.

コミュニケーションも必要である。また、同じ構造をした二つの組織でも、使っているシステムや一貫性の保ち方などの違いによって、イノベーションの結果は大きく異なるだろう[5]。イノベーションをうまく起こすには、イノベーションの全段階（設計から評価、報奨まで）を管理できる明確なプロセスが必要である[6]。

イノベーション・システムの五つの役割

組織やプロセスは元来、創造性とは相容れないものだと勘違いしている経営者は多い。彼らは、創造的な人間を構造的な仕組みに無理やりはめ込んでも、良い結果は出ないと考えている。だが実際には、組織は、正しく構築し利用すれば、むしろ創造性を高めることができる[7]。

イノベーション・システムには**図1**（次頁）のような、五つの重要な役割がある[8]。

まず一つ目の役割は、イノベーション・プロセスの効率アップである。優れたアイデアを迅速に、かつ最小限の資源でコンセプト段階から市場化につなげていくのがシステムの役目である。

この役割は特に、インクリメンタルなイノベーションに大きな影響を与える。インクリメンタルなイノベーションでは、明確な段階と意思

[3] Palmisano, Samual J. 2003. How the U.S. can keep its innovation edge. *Business Week*, November 17, page 34.

[4] 組織やシステムを整備しても、イノベーションの不規則的、カオス的な性質がなくなるわけではない。だが、このような不確実性のコントロールが容易にはなる。
Garud, Raghu and Andrew H. Van de Ven. 1992. An empirical evaluation of the internal corporate venturing process. *Strategic Management Journal*, 19: 1193-1201.
Polley, Douglas and Andrew H. Van de Ven. 1996. Learning by discovery during innovation development. *International Journal of Technology Management*, 11: 871-882.

[5] イノベーションはコントロール不可能な神秘的出来事として扱うのではなく、管理すべきものである、という論点については、これまでの学術論文でも取り上げられている。
Block, Zenas and Ian C. MacMillan. 1995. *Corporate venturing: Creating new businesses within the firm*. Boston, MA: Harvard Business School Press.（『コーポレート・ベンチャリング：実証研究・成長し続ける企業の条件』社内起業研究会訳、1994年、ダイヤモンド社）
Burgelman, Robert A. 1985. Managing the new venture division: Research findings and implications for strategic management. *Strategic Management Journal*, 6: 39-54.

決定ポイントがあると、市場投入までの時間を短縮でき、投資回収率を上げることができる。たとえばテトラパックでは、改良製品を早く市場に投入できるよう、製品管理にステージゲート方式を採用して、コンセプト化から初期設計、プロトタイプ設計、製品化開始までイノベーションを段階的かつ迅速に進めている。これはある面、プロセスの段階を、コスト、スピード、質によって体系化して効率アップを図る製造業のシステムの役目と似ている。ただイノベーションのシステムは、標準操作手順書に一人ひとりの動作が決められている組み立てラインと違い、それほど厳密なものではなく、構造化もされていない。効率性を最優先にしたものですら、細かい規定はなく、現場チームの裁量に任されている。

二つ目の役割は、社内外に適切なコミュニケーション・ルートを作ることである。イノベーション・チームで他部門の専門知識が必要になったときも、このシステムがあれば入手しやすくなる[9]。新製品の技術開発チームは、求められている製品や機能について把握する際にシステムを役立て、開発の指針にする。一方、製造チームは、新製品の製造では何が実用的で費用対効果が高くなるのかを開発チームに伝えなければならないし、彼ら自身も、今後製造システムのどの部分を変更するのかを把握しておく必要がある。またイノベーションの進展とその成果に関する情報は、社内および社外の関係者全般に伝えられ、そこで活用されなければならない。このような場合に、システムのコミュニケーションの機能が役立つ。

たとえば、製品開発で広く採用されているクロス・ファンクショナル・チームは、

図1　イノベーション・システムの5つの役割

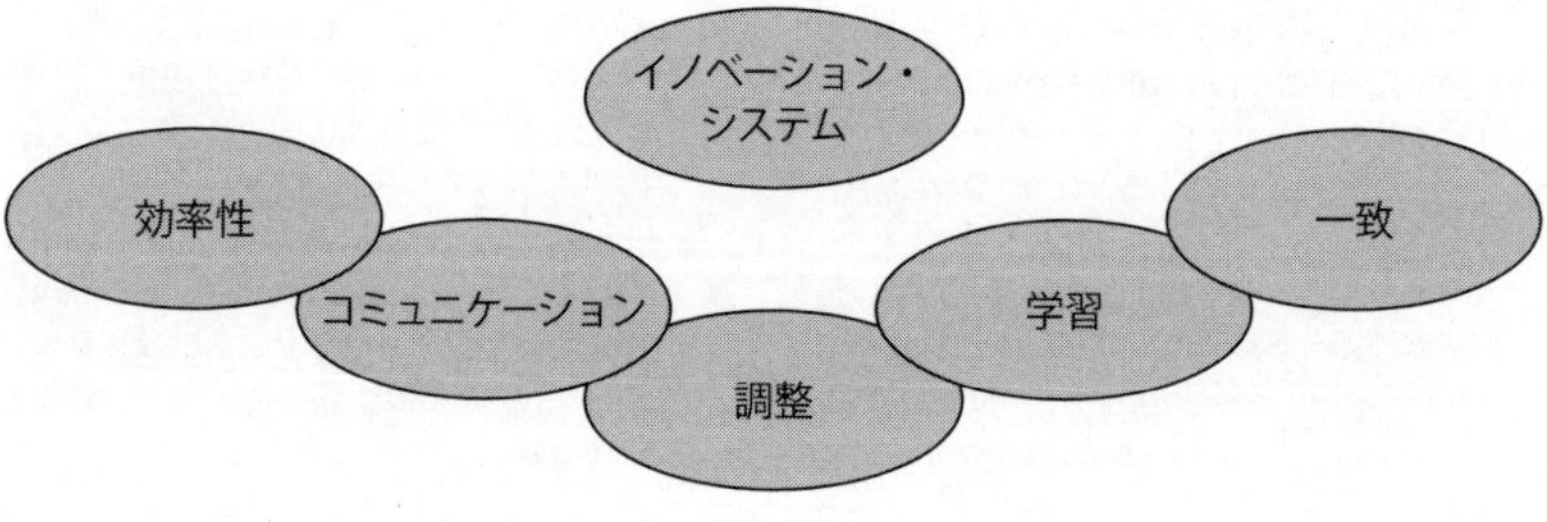

研究開発や製造、営業、流通、財務、経営管理など各部門の専門メンバーで構成される。これによって、メンバーたちのさまざまな知識や新部門の加入スケジュールなどがシステムの役目をして、コミュニケーションを容易にする。また計画会議や検討会議が定期的に組まれ、明確なマイルストーンが設定されているような形式化されたシステムも、パートナーとのコミュニケーションの促進に役立つ。マイクロソフトやコンパックも、ソフトウェア製品、ハードウェア製品の開発には、こうしたシステムを利用している。

三つ目は、複数のプロジェクトとチームをできるだけ少ない負担で運営できるよう、調整する役割である。たとえば、最小限のコミュニケーションで並行してプロジェクトの仕事を進められるようにする調整システムがそれにあたる。具体的には、カリフォルニアとロンドンとインドの三カ所のオフィスが一つのシステムを共有すると、時差を利用して他社の三倍のスピードで仕事を進めることができる。こうして世界各地で二十四時間体制のプロジェクトを遂行できるのは、システムによってコミュニケーションと統制がもたらされるからである。またこの機能には、資源がタイムリーに使えるというメリットもある。テトラパックが開発期間を四〇%短縮できたのは、マネジメントシステムの効率性アップやコラボレーションの強化、適切な人材のタイミングよい配置などが可能なシステムのおかげだった[10]。

四つ目は、学習に関する役割である。学習はイノベーションのなかでも重要な要素であるため第8章で詳しく取り上げるが、学習に関してシステムはさまざまな働きを

[9] 現行戦略の実行と長期的価値の設計とを結びつけるには戦略的柔軟性が必要だが、その柔軟性を生み出すにはシステムが必須である。
Burgelman, Robert A. and Yves L. Doz. 2001. The power of strategic integration. *Sloan Management Review*, 42 (3): 28-38
Raynor, Michael E. and Joseph L. Bower. 2001. Lead from the center: How to manage divisions dramatically. *Harvard Business Review*, 79 (5): 92-100.（「戦略本社の共創リーダーシップ」『ダイヤモンド・ハーバード・ビジネス・レビュー』誌、2001年8月号）

[10] 出典：Navigant Consulting, Inc.

見せる。まず、イノベーションで発生する知識を管理するための、ルールを設ける。そしてもう一つ、アイデア段階から製品化段階まで、イノベーション施策全体でパフォーマンスに関する情報を収集し、それをイノベーション・チームと経営陣が使える形にする。この情報は問題点と改善点を明らかにする際に役立つ。だがより重要なのは、システムによって、イノベーション・プロセスそのものの理解が深まることだろう。イノベーション・プロジェクトを実行するたびに、その改善方法がわかってくる。これは特に、毎回似たような取り組みを繰り返すインクリメンタルなプロジェクトに顕著である。イノベーション・システムはソフトウェアに似ている。新しいバージョンが定期的にリリースされ、古いバージョンに改良を加えていくのだ。これは、学習内容が取り込まれ、文書化されていくことで実現される。また、この学習機能のおかげで、現行プロジェクトの枠内では試すことのできないビジネスモデルやテクノロジー、ビジネスチャンスに関する知識も得られる。こうした知識は現在だけでなく、将来のプロジェクトにも生かせる可能性がある。たとえばダイムラー・クライスラーは、ヘッドホンのサプライヤーと提携した際、電子化した共同作業システムを採用したが、この経験からその後のプロジェクトに生かせる重要なことを学んだ——時間的制約が厳しいなかでイノベーションを管理する方法と、世界各地のパートナーと共同作業していく方法である[11]。同じように、アウディの開発チームも、プランニングという初期段階にサブシステムのサプライヤーを組み入れると有効であることを学んでいる。コンチネンタルタイヤが、業界水準のはるかに先を行く高性能タイヤを製造できることがわかったときのことだ。アウディをはじめ自動車メーカーは一斉に、タイヤメーカーを組み入れたイノベーション・システムに注目し、活用したのだった。

[11] 電子化によるコラボレーションについては、本章の「eコラボレーションを活用する」を参照（P.204）。

組織で知識を活用して競争優位を高めるためには、知識を保持しておく必要がある。「自社にどういう知識があるか認識さえしていれば、問題の多くは起きないはずだ」とよく言われるが、ナレッジマネジメントシステムは、**今持っている知識を知る**、あるいは思い出させるためのシステムといえる。

イノベーション・システムの五つ目の役割は、関係者のさまざまな目的を一致させることである。企業に関わる全ての人間は、その企業の戦略と、その戦略が実務にどう影響するかを理解している必要がある。ただ企業規模が大きくなると、インフォーマルな人間関係だけで社内に浸透させることは不可能だ。そこで、一貫したメッセージを全体に伝えるシステムが必要になる。また、組織の目的と個人の目的とを合致させるのもシステムの役割である。個人のイノベーション・パフォーマンスに関する情報を本人に伝える際には、イノベーション全体の目的と並べて提示する必要がある。これにより、社員は自分の行動が組織のイノベーションの目的にどの程度合致しているのかわかるからだ。そして両者が合致していない場合は、その不一致を引き起こした構造的な原因を分析し、戦略と実務のつながりを社員に明確に理解させる。そのほか、このイノベーション・システムには適切なインセンティブと報奨システムも組み込まれているため、個人からもグループからも最適な行動がより多く引き出され、最高のイノベーション・パフォーマンスが得られる。

適切に設計されたシステムのもとでは、適切な人材と適切な知識が結びつきやすくなる。そして、イノベーションの発生に必要なさまざまな活動が生み出されるのである。

イノベーション・システムをいかに設計するか

イノベーションは、「多数から少数へ」という一つの流れとして捉えることができる――最初に多数のアイデアが生まれるが、やがてそれらは取捨選択され、最終的にはごく少数の優秀なアイデアだけが残り、市場化の道をたどるという図である。そしてこの無数のアイデアを絞っていく過程を管理するのが、システムの役目である。このプロセスはよく漏斗のイメージで表現される――大きく開かれた筒口には多数のアイデアが吸い込まれていくが、次第に筒は細くなり、最後は小さな筒口から少数のアイデアだけが市場化に向けて排出される。**図2**はこの漏斗構造の代表的な図で、左側の筒口の広いほうがイノベーションのスタート点を示している。

プロセスの入口には無数のアイデアがあふれている。これを**創造フェーズ**といい、実際に使われるより多くのアイデアが生み出されている。これらのアイデアは漏斗を通過する過程で段階的に評価、選別されて、次第に減っていく。そして、最終的に選ばれたものだけが資源を受け取り、**実行段階**に進む[12]。その後、そのなかでも知的財産になったアイデアは**価値創造段階**に移る[13]。漏斗の口は突き当たりで再び広がるが、これは、それまでに築いてきた知的資本の価値創造作業がここで最大化すること（すなわち最低一つは製品化に成功する、あるいは特許の相互使用が実現するということ）を意味している[14]。ＩＢＭは二〇〇一年に三二八八件の特許を取得している――トップのＩＢＭと二位との取得件数には倍近い差がある――が、そのためにはどれくらいのアイデアが漏斗を通過しなければならなかったか、考えてみてほしい[15]。

すという点では非常に便利である。だがこれが完璧というわけではない。イノベーションの新しい説明図が開発されるチャンスはある。これができれば、新しい視点と、より優れたマネジメント行動が引き出され、イノベーション・マネジメントには非常に有益なものになるだろう。ただ、ここではそうした新説明図の開発の必要性は指摘するにとどめ、実際に提示はしない。我々は、イノベーション実践者や研究者が、イノベーションを説明できる新しい図やメンタルモデルを開発するきっかけになればと考え、こうした指摘をした。

[15] 出典：アメリカ特許商標庁、アメリカ商務省。

マネジメントシステムが最初に働くのは**アイデア形成**の段階で、アイデアはここで創出される。このアイデアが進む先が、第二段階の**資金割当の判定**である。ここでは、選抜されたイノベーションだけが初期資金を得てさらに先に進むことができる。そして最終段階がイノベーション・プロジェクトの**実行**（市場化）である。このイノベーションの価値創造から市場化までの段階は、製品開発の普遍的ルートをたどっている（一八九頁の**図3**の市場化の開始から製品の成熟期まで）。

イノベーション・システムはどんなタイプを選んでも、アイデア形成から市場化プロセスにいたるまで、まず有効に働く[17]。また、こうした段階は一つずつ完結しながら進んでいくように思われるかもしれないが、そうではなく、大抵はそれぞれが部分的に重なり合っていて、同時進行する部分もある。ここで重要なのは、創造性は最初のアイデア形成段階だけでなく、プロセス全体で有効であるという点だ。たとえば、製品をさらに改良

図2　イノベーション・プロセス

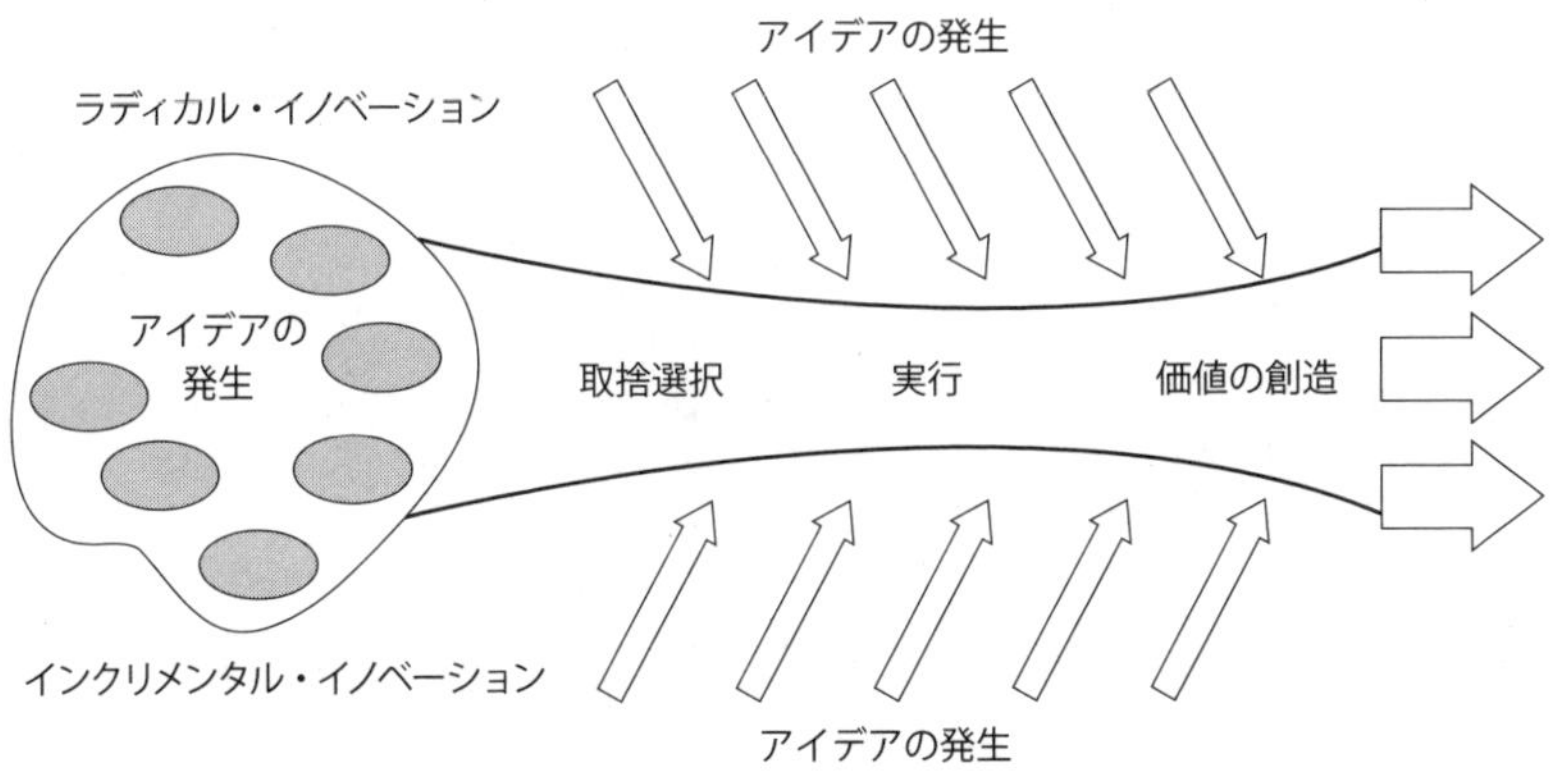

[12] 例は以下を参照。
Jolly, Vijay K. 1997. *Commercializing new technologies: Getting from mind to market*. Boston, MA: Harvard Business School Press.

[13] このプロセスは線形的に説明されているが、実際は非線形的なサイクルになる。いったん始まると終わりまでずっと続く、同心円をイメージするとわかりやすい。
Moss Kanter, Rosabeth. Swimming in newstreams: Mastering innovation dilemmas. *California Management Review*, 31 (4): 45-69.

[14] イノベーションを漏斗にたとえる説明の仕方はよく使われている。この漏斗というのは、アイデアから商品への流れを表

したり製品に新たなイノベーションを加えたりすることは、市場化段階も含め、イノベーション・プロセス中どの時点でも可能である。

アイデア形成のシステム——隙間を見つける

イノベーションの原動力はアイデアである。そのアイデアを得る第一歩は、ビジネスの隙間が存在する場所を認識、理解することである。この隙間を埋めるものは、製品の新機能や新しいビジネスモデルの一部分、改良したプロセス・テクノロジー、まったく新しいビジネスモデルなど大小さまざまだ。たとえばアップルは、音楽の入手の仕方と使い方にこの隙間を見出し、iPodとiTunesを生み出した。また、ジレットはシェービング製品の隙間に気づき、新しいタイプのカミソリ製品「マッハシンスリー」を生み出した。サウスウエスト航空はサービス料の隙間に目をつけ、余分なサービスを省いた低価格路線を実現した。イノベーションの発生には、この隙間の規模やタイプは関係ない。顧客価値を生む仕組みのどこかに何かが欠けていることに気づけるかどうかが問題である。

どんなアイデアも出発点は隙間に気づくことである。そのため、優れたアイデアを見極めるプロセスはすべて、隙間が見えてくるような仕組み作りを目的としている。この隙間は経営者が見出すこともあるし、社員個人やチームが見つけることもあるが、いずれにせよ、いったん隙間が見つかればアイデア自体は創意工夫、あるいは「幸運な偶然」から自律的に生まれるものである[18][19][20][21]。

経営者にとっての課題は、隙間に関連したアイデアが日常業務を妨げることなく量産される

[20] アイデアの潜在的源泉については、以下で紹介されている。
Drucker, Peter F. 1985. *Innovation and entrepreneurship*. New York: Harper & Row.(『イノベーションと起業家精神:その原理と方法』上田惇生訳、1997年、ダイヤモンド社)

[21] 機会の見つけ方の詳細については、以下を参照。
Colarelli O'Connor, Gina and Mark P. Rice. 2001. Opportunity recognition and breakthrough innovation in large established firms. *California Management Review*, 43 (2): 95-116.

図3　イノベーションの市場化プロセス［16］

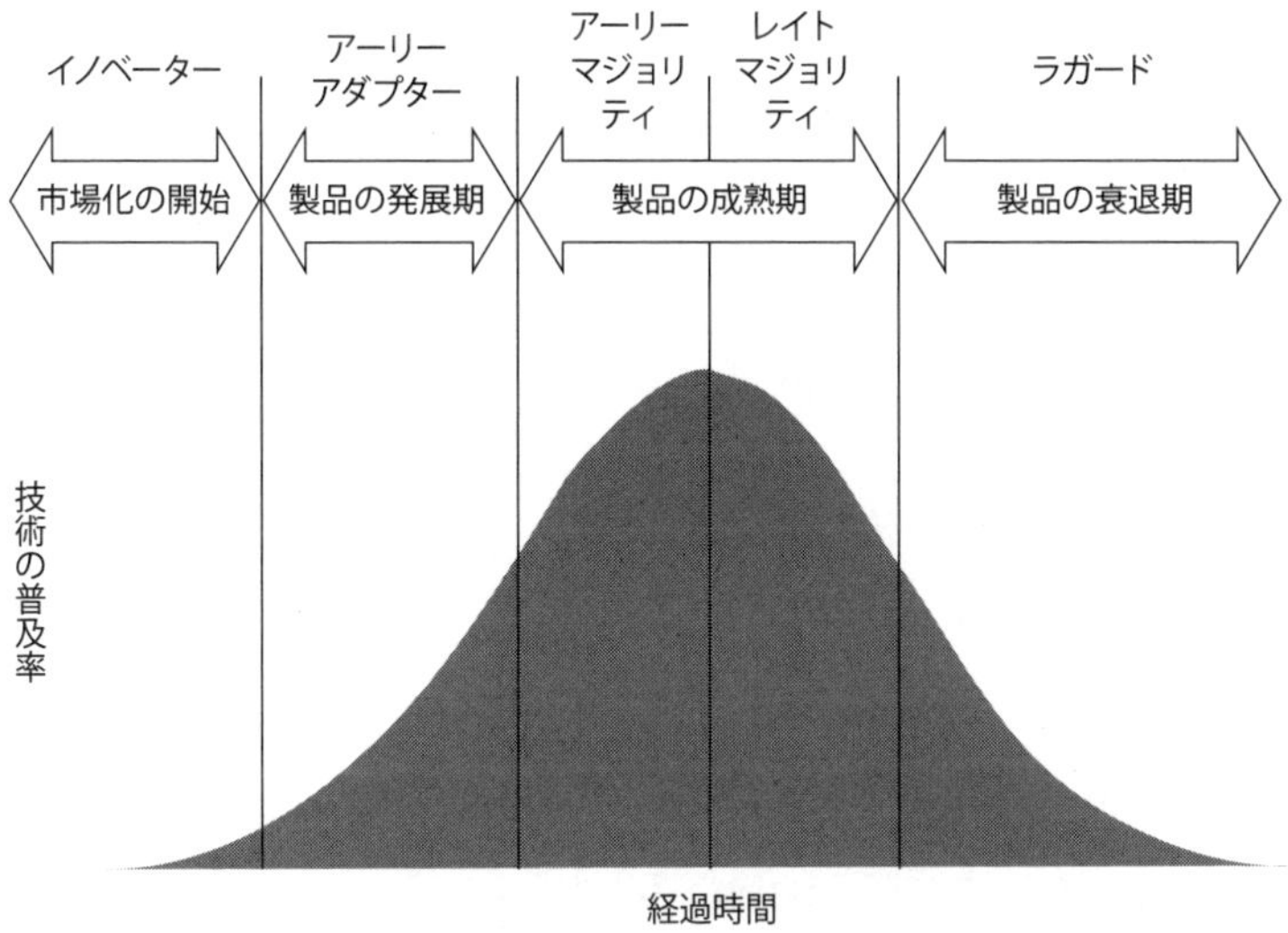

［16］サザン・カリフォルニア・エジソンとの私信および Moore, G. 1991. *Crossing the Chasm*. New York: Harper Business.（『キャズム』川又政治訳、2002年、翔泳社）から引用。

［17］イノベーション・プロセスが段階的になっているという点については一般に見解が一致しているが、段階の内容、その呼称についてはさまざまな論が出ている。我々の3段階のモデルだと全体がよりシンプルになり、主要な段階が理解しやすくなる。
Dougherty, Deborah and T. Heller. 1994. The illegitimacy of successful product innovation in established firms. *Organizational Science*, 5: 200-218.
Stopford, John M. and Charles W. F. Baden-Fuller. 1994. Creating corporate entrepreneurship. *Strategic Management Journal*, 15: 521-536.

［18］意図的なプロセスと幸運によるプロセスという発想は、戦略関係の論文では、「意図された戦略」「創発的戦略」「自律的戦略」といったキーワードで議論されている。
Mintzberg, Henry. 1987. Crafting strategy. *Harvard Business Review*, 65 (4): 66-76（「戦略クラフティング」『ダイヤモンド・ハーバード・ビジネス・レビュー』誌、2003年1月号）
Burgelman, Robert A. 1985. Managing the new venture division: Research findings and implications for strategic management. *Strategic Management Journal*. 6: 39-54.

［19］これまで戦略マネジメントの研究では、Bower, Joseph L. 1970. *Managing the resource allocation process*. Boston, MA: Harvard Business School Press をはじめとして、戦略プロセスというコンセプトのなかでこれら2つのアイデアの源泉に関する精巧なモデルが作られてきた。以下も参照のこと。
Burgelman, Robert A. 2002. *Strategy is destiny: How strategy-making shapes a company's future*. New York: The Free Press.
Burgelman, Robert A. and Andrew S. Grove. 1996. Strategic dissonance. *California Management Review*, 38 (2): 8-28.

環境を整えることと、そのアイデアをイノベーション・プロセスの次の段階に進めることである――この場合のアイデアとは、隙間を埋め、経済的価値を生み出すアイデアのことである。ところで、アイデアの量産はそれほど難しいことではない。提案したアイデアの数に応じて報酬を出せば、あっという間に集まってくる。むしろ難しいのは、商業的見込みのあるアイデアの創出を促進することや、イノベーション・プロセスでアイデアの数を絞り込んでいくことである。

体系的アイデア・マネジメント

アイデア形成のプロセスには、一般に**体系的アイデア・マネジメント**(Structured Idea Management＝ＳＩＭ)が用いられている。これは、過去二十年以上にわたってさまざまな企業や業界に成功をもたらしてきた。たとえば、一九八〇年代の初めにはキヤノンがＳＩＭを利用して九〇年代を担う新しいコンシューマ向けカメラのコンセプトを開発している。また、デザインファームのＩＤＥＯでは、デザイナー、社会学者など有益な視点を持つ多彩な人材が一部屋に集まり、問題を精査し、可能な解決策を探るというアプローチをとっているが、これもＳＩＭである。このマネージド・カオスと言われるＩＤＥＯ特有のプロセスでは、集まった優秀な十数人がデータを精査し、アイデアを出し合い、可能性のある解決策は、大判の付箋に書いて壁に貼っていく[22]。これは一見無秩序に見えるが、根本的なプロセスは高度に構造化されている。

ＳＩＭは、世に数多くあるアイデア・マネジメント・プロセスの原型といえる。その各段階(**図4**)は、特に、次の三つの最終目標が確実に達成されるように考えられている。

[22] Nussbaum, B. 2004. Design. *Business Week*, May 17: 87-94.

[23] 出典：Navigant Consulting, Inc.およびアーサー・D・リトル。

❶作業環境を統制して創造性が最大限、確保されるようにする。

❷厳格なスクリーニングのメカニズムを使い、最高のアウトプットが出せるようにする。

❸画期的コンセプトを生み出すため、「断片的アイデア」を独創的に「バンドリング」「クラスタリング」することを明確に承認し、そのためのプロトコルを持つ。

ＳＩＭでは、イノベーション・プロセスを遂行する企業が陥りがちな、二つの過ちを防ぐことができる。

● **インクリメンタルなアイデアとラディカルなアイデアとでは評価方法が違うことを理解できる。** インクリメンタルなアイデアとラディカルなアイデアとでは、本来、展開も選抜も異なるアプローチが必要なのだが、一般には、同じ検討会議で同じ基準を使って判断される傾向がある。そうすると、未解決の問題が多いアイデア（だがこういうアイデアのほうが画期的なことが多い）が最初に振り落とされ、最後には質の低いアイデアしか残らない。

図4　体系的アイデア・マネジメント・プロセス［23］

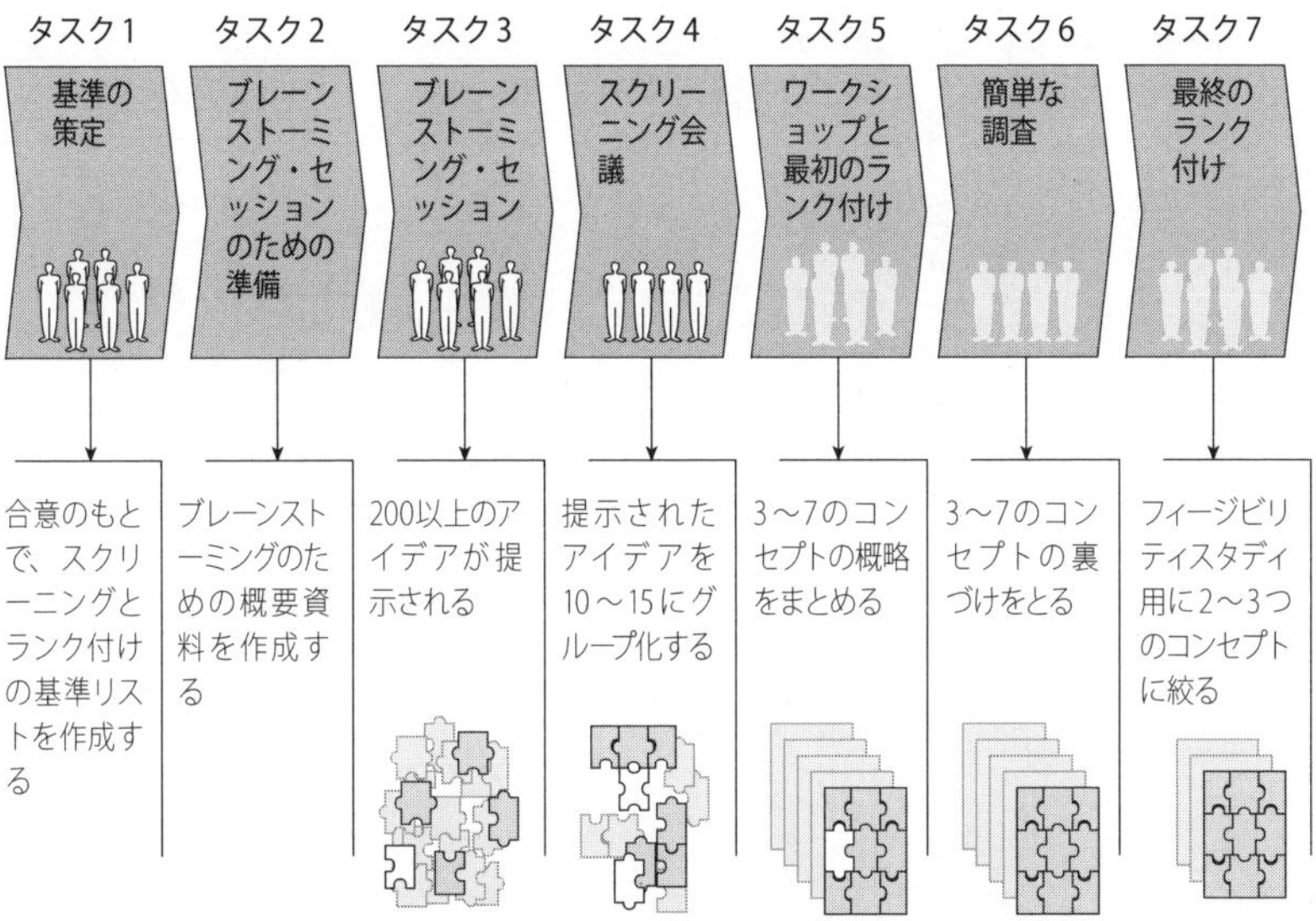

タスク1
基準の策定
合意のもとで、スクリーニングとランク付けの基準リストを作成する
タスク2
ブレーンストーミング・セッションのための準備
ブレーンストーミングのための概要資料を作成する
タスク3
ブレーンストーミング・セッション
200以上のアイデアが提示される
タスク4
スクリーニング会議
提示されたアイデアを10〜15にグループ化する
タスク5
ワークショップと最初のランク付け
3〜7のコンセプトの概略をまとめる
タスク6
簡単な調査
3〜7のコンセプトの裏づけをとる
タスク7
最終のランク付け
フィージビリティスタディ用に2〜3つのコンセプトに絞る

●**断片的アイデアの価値が認識できる。** 企業に最も多い間違いの一つが、最終的なコンセプトの決定に「ブレーンストーミング」を使うことである。断片的なアイデアも一つにまとめれば大きなブレークスルーを起こす可能性があるが、アイデアのグループ化や精査を経ずにブレーンストーミングでコンセプトを決めると、最適な「断片」が捨てられてしまう。

実験

ラディカル・イノベーションは、ブレークスルーにつながる可能性を秘めた画期的コンセプトを検証、反証、修正、確認する一連の実験の繰り返しである。たとえば宇宙輸送技術の開発コンテスト「Xプライズ」の参加者たちは、実験を繰り返すことでその輸送技術を改良していった。最終的に賞金を獲得したスケールド・コンポジットも、革新的宇宙船「スペースシップワン」の建造にあたっては、設計と資材のテスト、実証、反証、修正を頻繁に行ったという。そして毎日の実験では、目標のパフォーマンスを達成するためのより速く、安く、優れた方法――これまでとは違う素材、別の組み立て技術、新しい制御技術など――も探っていかなければならなかったという。また、イノベーション施策にはビジネスモデルの実験も重要である。GEのジャック・ウェルチのすばらしいところは、常に実験を行い、イノベーションの機会を探していたことだと言われる。ウェルチに近い人物によると、彼はいつもこう問いかけていたという。「ビジネスモデルは何だ？　どう変革すればもっとよくなるのか？」[24]

実験は、技術、経営、営業のすべての面で探究の原動力となる。構想がしっかり練られている実験では新たな洞察が得られるし、隠れていた価値も見えてくる。また問題点が明確になり、

[24] Rothenberg, R. 2004. Ram Charan: The thought leader interview. *Strategy & Business*, Fall (36): 91-96.

適切なヒントも示されるため、ラディカル・イノベーション・プロセスを改善しながら進めていける。

コンピュータ業界の動向を調べたある研究によると、「設計プロセスは繰り返し行う、徹底的に検証する、マイルストーンの間隔は短くする、強力なリーダーを置く、マルチファンクショナルなチームにする、というような経験に基づく戦略をとると、製品開発が加速される」という[25]。また実験中には、想定外の事態が起きる可能性を常に念頭に置いておくことも必要だ。3Mの撥水スプレー「スコッチガード」も、些細なアクシデントが招いた、思わぬ発見から生まれている。一九五三年、開発チームが航空燃料に触れても劣化しないゴム素材の開発に取り組んでいたところ、研究員の運動靴に液体が数滴こぼれ落ちた。だが、何を使ってもこの液体は拭い取れなかった。そのとき、冷静な研究員はこれが水も油もはじく物質であることに気がついたのである。スコッチガードを発見、開発したパッツィ・シャーマンは、「物事が予定どおりにいかなくても、心構えができていれば気づくことがある。そして観察していれば、好奇心がわいてくる」と語っている[26]。

プロトタイピング

プロトタイプの最たる例はスプレッドシートやプロセスマップ、シミュレーションだろう――シンプルな形を与えることにより、不明な部分が視覚化され、わかりやすくなる。イノベーション・チームは、こうしたプロトタイプを修正、変更、開発することで有益な洞察を得ることができなければならない。プロトタイピングをうまく進めるには、次の三つのルール

[25] Eisenhardt, Kathleen M. and Behnam N. Tabrizi. 1995. Accelerating adaptive processes: Product innovation in the global computer industry. *Administrative Science Quarterly*, 40: 84-110.

[26] Leary, W. 2002. The inquiring minds behind 200 years of inventions. *The New York Times*, October 22, D4.

（**図5**）に注意する必要がある。

プロトタイプと「プローブ・アンド・ラーン（probe-and-learn：探索と学習）」アプローチをうまく使ってラディカル・イノベーションの市場化に成功している企業はいくつかある。たとえば、ＩＢＭはこれでシリコンゲルマニウム・チップを開発しているし、チャールズ・シュワブもオンライン証券取引システムを作り上げた。アルザの元社長ハワード・ローゼンいわく、イノベーティブなものを生み出すには（特に製薬業界においては）失敗の積み重ねが必要だという。ただ、失敗はすばやく、安く済ませることが望ましい[28]。そこでプロトタイプが役立つのである。

ラディカル・イノベーションの成功例を詳しく調べると、プロトタイプを活用したケースが多いことがわかる。理想的なのは、顧客やサプライヤーなどコンセプトを提案した側で手を加えられるプロトタイプである。これだと相手の意図するものが見えてくるからだ。初期段階のプロトタイプはなるべく簡素化することと基礎部分を理解することに重点に置くべきだが、それ以降の段階のプロトタイプは、イノベーションをより全体的に捉えられるようにする。さらに先に進んだら、設計の本質的な部分に焦点を絞るべきである。また、設計者、顧客、サプライヤーすべてが継続的に改善を加えていける

図5　プロトタイピングの3ルール［27］

●ルール1 分割して考える	すべて一度に解決しようとしてはならない。不明点は重要なもの1つか2つに絞り、それらだけ明らかにするようなプロトタイプを作る。これによって、解決法だけでなく、問題の性質についても有益な情報が得られる。
●ルール2 失敗には時間も金もかけない	費用のかからない、実際的で小規模なテスト方法を考える。そして、プロトタイプを作ったらすぐにテストする。大抵の場合、主要顧客やサプライヤーなどのパートナーと共同で行い、コストもリスクも学習もすべて共有するとよい。そして結果を見て、そこからわかることは何か、またどんな新しい問題が浮かび上がってくるのかを判断し、そこでプロトタイプを修正する。
●ルール3 失敗の繰り返しが成功への一番の近道	「構え、撃て、それから狙え……この繰り返し」のアプローチを使う。「構え、狙え、狙え、狙え……」で終わってしまう昔からの癖は直さなければならない。事例も積み重なればデータになる。

プロトタイプも望ましい。プロトタイプがあると、参加者全員が展開途中にある共通のコンセプトに集中できるため、問題点も解決策もわかる強力なモデルが導き出せる。さらにプロトタイプは、イノベーションの次段階の方向性についても有力なヒントを与えてくれる。

ラディカル・イノベーション・チームはプロトタイピングをコア・コンピタンスとし、思考にも作業にも必ず用いるようにしなければならない。なお、プロトタイピングには、不完全な物事にも対処できる人材が必要になる。このように、プロトタイプの作成、テスト、反証、立証が必要不可欠な活動であるのは、プロトタイプに次のような性質が備わっているためである。

- チームに既存のメンタルモデルを見直すきっかけを与える。
- チームの学習につながるように、結果を一定のパターンとして示す。
- チームをまとめ、皆で共有できる共通のビジョンと言語を作り出す。
- 従来のやり方では不可能なレベルの刺激を生み出す。
- 最終的にラディカル・イノベーションとなる、新しい思考を生み出す。

取引

優れたアイデアを確実なイノベーションに結びつけるには、アイデアを、単なる可能性から、投資家が価値を見出せる形に変える必要がある。すばらしいアイデアが見落とされることがあるのは、アイデア提唱者がそのイノベーションの潜在的な魅力をしっかり伝えていないからである。価値は自明だろう（そんなことはめったにないのだが）と考えていたり、投資リターンの

[27] 出典：Navigant Consulting, Inc.

[28] Seikman, P. 2003. A long way from tiny time pills. *Fortune*, July 21: 126C-126H.

タイミングや規模にあまりに楽観的な予測を示して、誇大宣伝を嫌う投資家に逃げられたりしているのだ。そこでアイデア・マネジメントのプロセスには、潜在的投資家が投資の実質的価値とリスクを把握できるよう、アイデアを明確な青写真に転換する段階も必要となる。こうした「投資取引」のプロセスは、ベンチャーキャピタリストが投資を検討するプロセスとよく似ている。

この取引プロセスでは、主要な社員が売り手役と買い手役に分かれて「取引」をする。大抵の取引は、売り手とアイデア提案者が買い手に売り込み「買い付け」に持ち込むというパターンになるが、ここは駆け引きの段階である。そしてその後は、互いのビジョンに合うように、取引内容を変更、方向転換、促進、強化、抵当入れ、あるいは改善しながら進めていく。ときにはいったん取引交渉をやめて、その取引案から有益な価値だけを集めて、また改めて別の取引を進めることもある。

イノベーションの成功率は取引量が多いほど高くなる。すべての案件が成功に結びつくとは限らないからだ。たとえば取引案は複数用意してそれぞれを組み合わせられるようにしておく。また、取引交渉を頻繁に行うのも一つの手だ。交渉中にやりとりされる知識が増える上に取引案の組み合わせの種類も増えるため、より有益な取引につながるのだ。

経営者のアクション――実際に取引をしてみる

社員がイノベーションの戦略的目標に対して積極的に取り組んでいるかどうかを見極めるには、取引量をチェックするといい。

自分の取引案はベンチャーキャピタリストに売り込むことができるだろうか？　試しに一つか二つ自分で売り込んでみて、改善すべき点を判断する。

- 社員は取引を拡大しようとしているのか、あるいはプロジェクトをこなしているだけか？　社員はその違いをわかっているか？
- 取引案には、売り物になるようなビジネスモデルとテクノロジーが含まれているか？
- 専門性の高い買い手の関心がどこにあるのか、取引案作成者は理解しているか？
- 取引案は何を中心に組まれているか――買い手が欲しそうなものか、取引担当者が売りやすいものか？

「最適な」イノベーションとは

ウォルマートやGE、P&Gなどのリーディングカンパニーは、コア・コンピタンスを高められる領域にイノベーションを集中させている。つまり成功の鍵は、自社のコア・コンピタンスを知り、そこにイノベーションを集中させることだと言える。たとえば、インターネット上でさまざまな低価格サービスを展開し急成長しているイージーグループを見ると、非常に単純なビジネスモデルになっている。料金設定が高く固定的、価格弾力性が高い、インターネットで注文できるといった条件のサービスが見つかったら、同社はサービス内容をできるだけ簡素化し、選択できるものがあっても種類はごくわずかに絞って低価格で提供する。具体例で言えば、格安航空会社のイージージェットは座席クラスが一つしかないし、格安レンタカーのイージーカーも車両グレードは一種類のみ。利用後は洗車して借りた場所に返却するという条件がついている。イージーグループの元CTOフィル・ジョーンズはこう述べている。「あらゆる人にすべてのサービスを提供しようとは考えていない。ただひたすら低価格を追求するだけだ」[29]

企業は、自社に「合う」機会を非常に狭い範囲で考え、イノベーション機会の選択を自ら狭めてしまうことがある。ただ、能力的にも経験的にも関係のないビジネスに手を出すというのは、無謀でなおかつ時間も費用も無駄（そしておそらく価値破壊も起こる）であることは、過去に証明済みである。これまでにもこの類の投資が挫折に終わった例は山ほどある。たとえば、母体の水道事業をベースに多角的に事業展開をしているフランスのビベンディは、ブロンフマン一族率いるシーグラム・グループからユニバーサル・スタジオを買収したものの、結局はGEの子会社のNBCに売却している。この一連の進出・撤退劇は、ビベンディの元CEOジャンマリー・メシエの地位にも同社の株主にも、大きな痛手となった。

とはいえ、自社のコア・コンピタンスに**合う**ものをあまりに狭い範囲で考えていると、重要

[29] Kirkpatrick, D. 2003. How to erase the middleman in one easy lesson. *Fortune*, March 17: 122.

なイノベーション機会を逃しかねない。つまり、たとえば新しい魅力的なイノベーション機会には重要なテクノロジーが五つ必要だが、今はそのうち四つしか保有していないという場合に、一つ足りないからといってその機会を手放すのか、それとも五つ目も揃えて機会を追求すべきか、ということだ。

要は、いったいどの程度合えば十分なのかという問題である。現在の領域から遠すぎるのも問題だが、まったく離れないのも可能性の幅を狭めてしまい、価値創造の機会を失うことになる。たとえば、アップルが音楽ビジネスは自社のPCビジネスには合わないと判断していたら、iTunesやiPodは登場していなかっただろう。また3Mが「ポスト・イット」を、その類の商品は扱っていないといって見向きもしなかったら、いつまでもセロハンテープだけで満足していただろう。あるいは、アマゾンが自社のビジネスは書籍販売だけだと決め込んでいたらどうだったのだろう？

自社のビジネスに合いそうもないという理由で、すばらしいアイデアを捨ててしまうケースは実に多い。こうした企業は、現在の事業コンセプトには合うものの魅力はあまりないという機会に投資する。言い換えれば、本当の強みになるものは見ようとせず、事業やコア・コンピタンスのごく限られたイメージに合わせているのである。

重要なのは自社の能力をしっかり見極めることだ。ビジネスの表面ばかり見ていてはいけない。真の能力と、本当に**合う**イノベーションを判断するためには、ビジネスの奥深くを詳しく見なければならない。そして自社のビジネスと合う機会を見出したら、今度はその機会を入念に調べて、それが投資に値するものかどうかを判断しなければならない。

この好例として、デルのサーバー事業への参入を考えてみよう。デルは、インターネットベースのサプライチェーン・マネジメントをコア・コンピタンスと位置づけ、パソコン事業の領域で発展させてきたが、あるとき、サーバー事業でもこの能力が利用できることに気がついた。サーバー市場はパソコン市場とまったく同じではなく、サービスとしては高いレベルを要求される。だが、ビジネスモデル的には類似点が多く、デルがすでに習得していたインターネットベースのサプライチェーンが活用できた。デルは参入を決めた。そしてこれまでのところ、市場シェアの面でも利益成長の面でも十分な実績を残している。さらに現在は、この能力を新しい市場あるいは関連市場で同じように活用できる機会がないかと探っている。

経営者が検討すべき点

イノベーションの対象は慣れ親しんだ領域に限定しないようにする。自社に最適で、なおかつ投資価値があるのはどんなイノベーションなのかを判断する。

自社の主要なコア・コンピタンスは何か？

- ビジネスモデルの観点では――
- テクノロジーの観点では――

そのなかで、現行の事業プランの成功に最も重要なのは何か？

イノベーション戦略にとって重要なものは何か？

自社が支配している産業分野はあるか？

適切なイノベーションと投資が行われれば支配できる、という分野があるか？

どんな市場や企業が、ビジネスモデルやテクノロジーのコア・コンピタンスを活用しているか？

イノベーションを進展させる際には、どの分野に投資すべきか？

マネジメントシステムの比較

イノベーションに用いるマネジメントシステムは多種多様である――ステージゲート・プロジェクト・マネジメント、ポートフォリオ・マネジメント、体系的アイデア・マネジメント、ブレーンストーミング、プロジェクト選択プロセス（財務的と非財務的両方）、実験、プロトタイピング、新製品と新サービスの開始、市場化プロセスなど、少し挙げるだけでも実にさまざまだ。

そこでこれらのアプローチの違いと選択の幅を明確にするため、重要なマネジメントシステムについて、インクリメンタル・イノベーションとラディカル・イノベーションでの違いを比較した（**表1**、次頁）。

システム	インクリメンタル・イノベーション	ラディカル・イノベーション
戦略上の境界線	不要。目標とマイルストーンで管理する。	探索プロセスの範囲を決める際に戦略的フレームワークが関係することもある。
戦略計画	既存のビジネスモデルをもとに推定して、隙間を見つける。	新しい技術的なアプローチとビジネスモデルを探究する。
ポートフォリオ・プランニング／マネジメント	トレードオフがシンプルで明確。	複雑だが、リスクも報酬も大きい。
企業文化	緻密でクロスファンクショナルな協力態勢を重視。経験がベース。	野心と探究を重視。
学習ツール	継続的に向上、改善していくためのツール。たとえば品質ツール、サイクルタイム、リエンジニアリング、顧客からのフィードバック、最適化ツールなど。	実験ツール、プロトタイプ、学習ツール。
ナレッジマネジメント	知識を組織全体で利用できるシステムを作る。	知識はチーム内で創出し、管理する。
パートナーシップ	コラボレーションは広範なプロジェクトで展開。契約は長期的。	組織に不足している能力をパートナー企業が補足的に提供する。
外部のモニタリング	現在の競合とエコシステムをモニタリングする。	大学、研究所、新興企業などアイデア創出の場をモニタリングする。

表1　イノベーション・システムの比較
インクリメンタル・イノベーション対ラディカル・イノベーション

システム	インクリメンタル・イノベーション	ラディカル・イノベーション
報奨	報奨を頻繁に活用する。報奨はマイルストーンとアウトプット目標の達成具合と連動する。通常は金銭的報酬だが、公に高い評価を与えることで報奨とすることもある。報奨の内容は、プロジェクトの開始前に決められている。	報奨はプロジェクトの完了時点で決定される。報奨目的の取り組みよりも、継続的な協力姿勢が重要とされる。プロジェクトが成功すれば、公の評価だけでなく金銭的報酬も正当化される。
プロジェクト計画	事前の計画が多く、マイルストーンも目的も明確にされている。計画に加えられる修正は小さめ。	目標が大まかで、詳細な計画は少ないが、実験過程を重視する。計画は何度も見直される。
資源の割り当て	財務的な測定尺度をもとに決定。割り当てる資源と、その支給方法は明確に決まっている。	テクノロジーと市場の見込みが決定基準。インフォーマルに決まることもある。資源の必要量が明確になっていない。
評価指標	評価指標は明確。インプット、プロセス、アウトプットなどに分けて測定する。	評価対象はせいぜいインプットのみ。実験に関連する評価指標が用いられる。
モニタリング	マイルストーンの達成具合をチェックし、例外の場合に対処する。	実験が学習につながっているかどうかを主観的に評価する。
プロセスの形式化	高レベル。ステージゲートにもとづく。	低レベル。小規模なチーム力学にもとづく。
市場調査	従来型ツールを用いる。フォーカスグループ、コンジョイント分析、調査、プロトタイピング。	人類学的手法を用いる。観察、経験、実験。

マネジメントシステムは企業によって異なる。すべての企業に適用できるシステムなど存在しない。各プロセスの選択は、イノベーション戦略の中身と、ポートフォリオにおける各種イノベーション（ラディカル、セミラディカル、インクリメンタル）のバランスによって決めるべきである。

経営幹部はまず、システムが企業のニーズと経営スタイルに合うように、システムの開発と導入を監督すべきである。そしてその後は、システムが目的どおりに機能しているかどうかをモニタリングする。もし期待する価値が得られていなければ、システムの変更を考えてもいい。マネジメントシステムは、絶えず変化する企業のニーズに合わせて繰り返し変更、改変することができるし、またそうすべきである。

eコラボレーションを活用する

近年では、本来は一緒に働くべき人々が離れた場所にいることが増えてきた。たとえば、「パートナー企業が地理的に離れている」「事業部門は同じでもオフィスが海外にある」「アウトソーシングが増加している」「在宅勤務が労働スタイルとして一般的になりつつある」というような状況だ。こうした職場の分散の悪影響は通常、時差や文化的差異、通信技術の差によって拡大するものだが、オンライン革命のおかげで、企業は組織の境界を実質的に拡張して分散の弊害を取り除き、さらには顧客、サプライヤー、パートナーとの距離を縮めることができた[30]。この電子化による共同作業「eコラボレーション」は、イノベーション・マネジメント

[30] テクノロジーの影響とイノベーションを実行する能力については、以下を参照のこと。
O'Hara-Devereaux, Mary and Robert Johansen. 1994. *Global work: Bridging distance, culture, and time*. San Francisco, CA: Jossey-Bass.
Schrage, Michael. 2000. *Serious play: How the world's best companies simulate to innovate*. Boston, MA: Harvard Business School Press.
Thomke, Stefan. 2001. Enlightened experimentation: The new imperative for innovation. *Harvard Business Review*, 79 (2): 67-75.（「"実験技術" 革命のインパクト」『ダイヤモンド・ハーバード・ビジネス・レビュー』誌、2001年7月号）

の新しい重要な要素である。

チーム間の物理的距離を克服したモデルケースとしてボーイングの事例がある。同社は、サプライヤーとメーカー、エンジニア、さらに顧客までもが開発プロセスに携わることのできるコンピュータ設計システムを導入した。そしてCATIAとEPICという設計システム（電子的な設計コラボレーションツール）によって製品開発のプロセスを大々的に変革した。その成果が、初めてモックアップ（原寸模型）なしで設計された航空機、ボーイング777型機である。また設計と市場化のプロセスもより速く、正確に、低コストになった。これは、離れているエンジニアたちをバーチャル設計室でつなぐ、ウェブ経由のコラボレーションによって可能になった。また、第4章で紹介したオープンソースのソフトウェア開発プロジェクト（一五九頁）や研究開発専門のコミュニティサイト「イノセンティブ」（一五六頁）なども、eコラボレーションの一つである。

テトラパックは、努力の甲斐なく、アイデアの創出と製品開発に行き詰まっていた。そこで、企業文化やプロセスの問題を見直し、新製品開発のプロセスにインターネットベースのマネジメントシステムを導入したところ、開発リードタイムを四〇％削減でき、商品の成功率もアップした。この大躍進の要因は、意思決定の大幅なスピードアップにあった――まず、意思決定には適切な人材が適時に関われるよう、主要な意思決定スタッフが緊密に連携できるシステムにした。また、意思決定ツールとナレッジマネジメント・ツールを改善して、チーム全体の能力アップも図った。こうしたシステムの大幅改善が奏効し、テトラパックは決断と計画遂行が適切かつ迅速にできるようになったのである。

技術設計企業のＡＰＴＥＣ（本社フロリダ州）もｅコラボレーションツールを導入して、ダイムラー・クライスラーの新型ワイヤレスヘッドホンを記録的な早さで開発している。このとき両社の直接的な会合は一度も開かれなかったが、ツールのおかげで予算もスケジュールも計画どおり進み、ダイムラー側が求める厳しい品質要求もクリアできた。ＡＰＴＥＣにとってこの種の製品は初めてだったため、開発にはアメリカ、韓国、フィリピンなど世界各国のパートナー企業が参加した。そこでｅコラボレーションツールを活用して三次元画像による共同設計がリアルタイムでできるようにし、さらにパートナー企業がモデルを何度でも変更できるようにした。その結果、旅費が不要になり、リアルタイムで効率のよい検討会議ができたため作業コストは大幅に減り、開発時間も短縮できた。また、顧客のダイムラーも含め、あらゆるパートナー企業が設計オプションと決定事項を見直すことができた。

一方、ＧＥプラスチックスでは、製品開発の知識を社内だけでなく顧客やサプライヤーとも共有するｅコラボレーション・アプローチを採用したところ、平均一年間かかっていた新しいターゲット顧客の開拓が、わずか九十日間に短縮された。また、新サービス「デザインソリューションセンター」では、初年度に八万人以上の登録ユーザーを獲得し、新たに十五億ドルの収益が生み出せるようになった。そのほか、通常の教育セミナーでは、マネジャークラスの社員を全国に派遣するため高いコストを要していたが、これをオンラインサービスに切り替え、初年度で二五〇万ドル以上の経費節減に成功した。

経営者のアクション――eコラボレーション

eコラボレーションを使った高度なイノベーションでは、有益なコラボレーションの妨げになる組織的、地理的境界を変えられるため、ROIが大幅に改善する可能性がある。しかし、投資には新しい発想と行動の変化も必要である。これはCEOが先導しなければならない。

- 製品開発チームの一日を検証し、eコラボレーションによってイノベーション作業が改善するところを確認する。今までコラボレーションを妨げてきた仮説には、はっきりと反証を示すこと。
- コラボレーションを妨げる旧式のメンタルモデルは捨て、新しい行動を促進すること。
- 従来の対面の会議と電子会議を併用する。この併用は非常に有用で、「適切な会議」とは何かの見直しにつながる。
- 設計段階では頻繁にやり直しをする。eコラボレーションを使えば、従来では作業がほとんど処理できなかったような短い時間で、設計や修正を何百回、何千回と繰り返すことが可能だ。

ｅコラボレーションでは、サプライチェーンの上流企業と下流企業が、メーカーと緊密に連携できるようになるし、製品ライフサイクル全般に関われるようにもなる。また、製品の使用や廃棄処理などの製造に関する全般的な情報が得られるようになるため、その情報をフィードバックして設計段階の改善に生かすこともできる。

マネジメントシステムとイノベーション・ルール

いくらビジョンがあっても、いくらイノベーションの必要性を説いても、それだけでイノベーションは達成できない。システムが必要である。イノベーションにはいくつか相反する側面があるが、それを調整するのがマネジメントシステムである。たとえば、次のような二面性をうまく扱えるように、いろいろな種類のものを組み合わせる必要がある。

- テクノロジーとビジネスモデル
- ラディカル・イノベーションとインクリメンタル・イノベーション
- 創造性と価値獲得
- ネットワークとプラットフォーム

各種システムの統合に関係するのは、イノベーション戦略とポートフォリオである。そのためマネジメントシステムは、イノベーション戦略とポートフォリオのバランスの内容に合ったものを選択すべきである。たとえば、デルのイノベーション・システムとアップルのシステムとの違いを考えてみると、デルがほぼ全面的にビジネスモデルに専念していたのに対し、アップルはテクノロジーとビジネスモデルのイノベーションを組み合わせることに注目していた。アップルにとっては、テクノロジーとビジネスモデルの両イノベーションの調和を維持することが重要であり、システムの焦点もそこに合わせたが、デルの場合は、ビジネスモデルの新展開がシステムの一番の役目であり、テクノロジーのマネジメントは二の次だった。

また、マネジメントシステムは、組織内の創造性と価値獲得を同時に実現できるようなものにすべきである。特に、社内外のイノベーション関係者をネットワークでつなぎ、アイデアの創出、選択、実行の各段階をシームレスに移行できるようにすることが重要である。こうしたマネジメントシステムが適切に機能すれば、的確なプロトタイプが作成され、ビジネスモデルやテクノロジーの変革も採算の合うものになるため、イノベーション（アイデア形成からアイデアの選択と展開、効率的な実行と市場化まで）を積極的に展開できる。

6 イノベーションを測定する

測定すべきか否か

確かにイノベーションの達成は難しいことだと思う。どの企業もイノベーションを望んでいるのに、力を注ぐ先を間違えている。——「ポスト・イット」の開発者、アート・フライ[1]

ここ十年間で実績測定の議論に費やされた膨大な時間と労力を考えると、必要なことはすべて知り尽くした感があるかもしれない。ただ率直に言えば、この問題に目が向いていない企業は多い。

測定はイノベーションの成功の基本であり、必要不可欠なものである。だが、イノベーションの評価指標の議論に費やされた時間や労力を知ったところで、測定について何かわかってくるわけではない。

単純にいくつかの領域を選び、偶然にまかせて測定し、これでイノベーション・マネジメント

[1] 著者の一人R・シェルトン（R. Shelton）との私信（2004）による。

に必要な情報が得られると期待する——これではだめだ。評価指標は実に種類が多いため、なかには、思いつくものを片っ端から測定して、面倒な指標の選定作業をごまかす経営者もいる。こうした経営者は、ばらばらの指標で何十種類という測定を行い、そのどれかが有益な情報を導き出してくれるのを期待している[2]。だがこのやり方では、そもそも時間と労力の無駄遣いだし、分析に一貫性がなくなり、最終的には間違った行動を引き出すことになる。原則として、少数の的確な指標を使い、イノベーション測定と戦略とを結びつければ、パフォーマンスを明確に把握することができる。

少数の的確な評価指標を策定するというのは、指標が用紙一枚に収まればいいということではない。我々が調査したある企業では、イノベーションの評価指標を文字通り一ページきっかりに収めていた。見たところ、この一枚の紙には六十項目ほどが並んでいた。文字は読めないほど小さく、余白はぎりぎりまで詰まっていた。こんな測定方法では使い物にならないどころか、有害である。

経営者の測定ルール

- 測定できることは達成できる——したがって測定する対象には慎重にならなければならない。
- 自社のイノベーション戦略とビジネスモデルをよく理解し、この両者に結びつく

[2] より深い議論については、以下を参照。
Hertenstein, J. H., and M. B. Platt. 1997. Developing a strategic design culture. *Design Management Journal*, 8:10-19.

[3] 設計の間違ったマネジメントシステムの危険性について述べた論文で古典的なものは、以下がある。
Kerr, Stephen.1975. On the folly of rewarding A while hoping for B. *Academy of Management Journal*, 18 (4): 769-784.

イノベーション測定システムを作る。

● 組織の階層ごとに、各測定システムの目的を明確にする。目的には、「戦略と基本的なメンタルモデルを伝える」「パフォーマンスをモニタリングする」「学習する」の三つの選択肢がある。

● インクリメンタル、セミラディカル、ラディカルの各イノベーション戦略が混在した戦略に対応できる測定システムを作る。

● 戦略や組織が変化したら、測定方法も変える。

● 成功を妨げる七つの障壁を回避できるようなイノベーション測定システムにする（これについては本章後半で述べる）。

測定できることは達成できる

測定システムの必要性が論じられるときによく出てくるのが「測定できることは達成できる」という言葉である。これは確かに正しいが、測定システムに不備があっては有害無益になりかねない[3]。最近のある調査では、回答者の六〇％以上が、イノベーションは自社のミッションステートメントの要になっていると答えているが、その一方で、自社のイノベーション測定システムを不十分と評する回答も半数以上にのぼった[4]。

世界の大企業の多くは財務ベースの評価指標を用いている[5]。しかしこうした企業でも経営者の多くは、イノベーション事業の進捗状況を見たりその将来価値を予測したりする際には、

[4] Frigo, Mark L. 2002. Strategy, business execution, and performance measures. *Strategic Finance*, May: 6-8.

[5] 財務的指標は、単純なROI指標から正味現在価値（NPV）計算、高度なリアルオプション分析までさまざまである。
Amram, Martha and Nalin Kulatilaka.1999. *Real options: Managing strategic investment in an uncertain world*. Boston, MA: Harvard Business School Press.（『リアル・オプション：経営戦略の新しいアプローチ』石原雅行ほか訳、2001年、東洋経済新報社）

非財務的な指標が適切だと思っているようだ。一方で、財務より非財務的指標に比重を置いている企業もあるが、これは、そのほうが進捗状況と成功の見込みがリアルタイムで細かく評価できるからである[6]。

測定システムが適切に設計されていると劇的な効果が現れる。その好例としてモービルの小売部門を見てみよう。この年商一五〇億ドルの小売部門は、業界でも「ラガード」組に分類される不採算部門だったため、新しいマネジメントチームが投入された。この新マネジメントチームはまず、サービスと高級品を好む市場セグメントに焦点を絞り、効率性重視の戦略を打ち立てた。そして戦略の成果は、ROCE（使用総資本利益率）やターゲット・セグメントの市場シェアのほか、新製品の受容率や新製品のROIなど、イノベーション特有の指標を測定した。その後このシステムは組織の全階層に採用され、社員全員が自分の仕事の進捗状況や組織に対する貢献度を知るための明確な指標となった。こうして同社は、再び採算が合うようになり、改革からわずか一年あまりで業界ナンバーワンの地位に上り詰めた[7]。

測定は、イノベーションの成功には不可欠な要素である。逆に、測定システムが戦略に沿っていなかったり、ポートフォリオ内の各種（インクリメンタル、セミラディカル、ラディカル）イノベーションの混合比率に合っていなかったりすると、経営者は重要な情報源を失うことになり、ひいては業績の低迷、イノベーション投資のリターンの低下を招くことになる。

測定システムの三つの役割

測定システムは経営のファシリテーターであり、解決策《ソリューション》ではない。その役割は次の三つである。

[6] 製品開発の分野の記述統計学は、以下に示されている。
Hertenstein, Julie H. and Marjorie B. Platt. 2000. Performance measures and management control in new product development. *Accounting Horizons*, 14 (3): 303-323.

[7] モービルの黒字転換についての詳細は、以下を参照。
Kaplan, Robert S. 1997. Mobil USM&R (A1) and (A2), Harvard Business School Cases numbers 197120 and 197121.

●**計画——戦略を明確にし、組織全体に伝える役割。**価値の源泉についての考えを明確にし、目的とする戦略を選択する。そしてその戦略の期待成果を組織全体に伝える。

●**モニタリングの役割。**イノベーション計画の遂行状況を確認して、環境の変化を見極め、業績を評価する。結果によっては経営者が介入する。

●**学習——新しい機会を見出す役割。**目標を達成するための新しい解決策、つまりビジネスやテクノロジーの新しい機会を見出す。

■計画——戦略を明確にし、組織全体に伝える役割

イノベーション戦略のロジックに従った測定システムを使うと、「何が重要か」「日々の活動がどう価値を高めるのか」「社員一人ひとりがどうミッションに貢献するのか」について、考え方が組織内で統一される。測定システムによって戦略が明確になると、次のようなメリットがある。

●基本となる考え方やメンタルモデルについて議論できるようになり、それにともない、戦略についての見解が組織内で統一される。

●戦略とその実行についてのコミュニケーションが活発になり、コミュニケーションによって期待される内容が明確になってくる。また、価値を高める行動とそうでない行動の区別を、組織全体が理解するようになる。

●組織の進展と戦略の進捗状況が観察できるようになる。イノベーション事業は長期にわたることが多いが、測定システムを使うと「目標に向かう道筋を間違えていないか」「イノベーション戦略が機能しているか」などがわかるようになる。

成功を手にしたある技術系新興企業の経営者は、計画の重要性についてこんなふうに言い表している。「戦略計画や資金繰り計画を立てずに事業を進めるというのは、目を閉じたまま歩こうとするようなもので、非常に危険だと思う」[8]

■モニタリング

二つ目は、進捗をモニタリングする役目である。測定システムと聞いてまず思い浮かべるのはこの働きだろう[9]。たとえば製品開発プロセスの進捗状況を見る際には一般に、製品リリース日、開発予算、技術や品質に関する規格、顧客満足度の目標など、パフォーマンスを基準にして測定をする。

測定システムをモニタリング機能として使うと、経営陣の介入が必要となるような、計画とのズレが発見できる。この場合の測定システムは、議論の促進やビジネスモデルの明確化の目的ではなく、例外的事態を利用した注意喚起の目的で使われている。これによって、経営陣はプロセスを常時監督する必要がなくなるのだ。

の概念で特に重視されている。
Leonard-Barton, Dorothy. 1995. *Wellsprings of knowledge: Building and sustaining the sources of innovation*. Boston: Harvard Business School Press.（『知識の源泉：イノベーションの構築と持続』阿部孝太郎・田畑暁生訳、2001年、ダイヤモンド社）

[11] 詳細については、以下を参照。以下で著者は、学習の役割については「双方向型システム」という語を使っている。
Simons, Robert. 1995. *Levers of control: How managers use innovative control systems to drive strategic renewal*. Boston, MA: Harvard Business School Press.（『ハーバード流「21世紀経営」4つのコントロール・レバー』中村元一・黒田哲彦・浦島史恵、1998年、産能大学出版部）

■学習——新しい機会を見出す役割

「意見交換をする」「意見の違いを議論する」「思わぬ新しい解決策を見つける」といったアイデアのやりとりは、イノベーションを大きく左右する[10]。これが測定システムの三つ目の役割で、組織内の議論を促進し、より優れたイノベーションと実行につなげる役目をする。たとえば、アメリカ国内大手の『USAトゥデイ』紙は常に紙面を革新していくために、発行部数と広告事業を毎週詳細に報告するシステムを導入した。そしてこの報告を詳しく分析、議論して、新しいアイデアの効果を把握し、新しい方向性を打ち出していった。また同じくペプシも、コカ・コーラ対抗策として、郡別・市別の週間市場シェアを毎週報告する仕組みを取り入れている[11]。そのほか、シーメンスの医療機器部門では、プロジェクトのスケジュール管理によってイノベーションを活性化させた。マイルストーンや締切に対するプレッシャーは、議論や創造的活動を刺激し活発化させるし、また行動志向も引き出すからである。これら三つの役割を**図1**にまとめた。

図1　測定システムの3つの役割

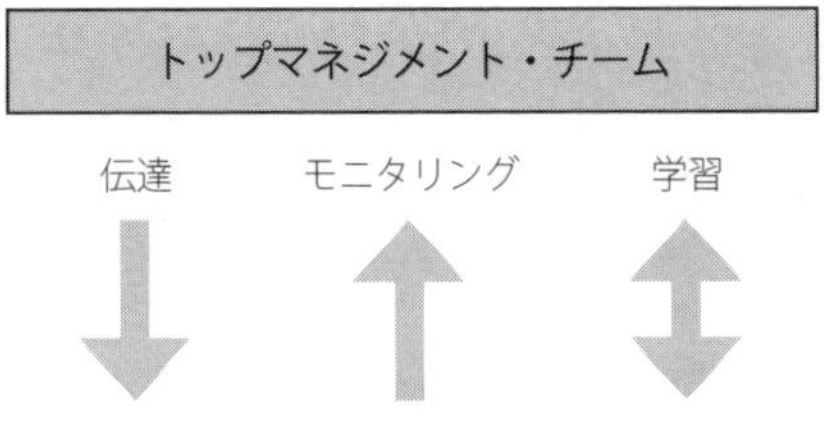

[8] 著者との私信（2004）による。

[9] モニタリングは、測定システムの役割としては定番といえる。なかでも非常に厳密なのは財務面の測定で、予算などは実際との差異をもとに細かくモニタリングされる。
Merchant, Kenneth A. 1997. *Modern management control systems: Text and cases*. Upper Saddle River, NJ: Prentice Hall.
製品開発のステージゲート・システムは、実際の値が予測値から乖離した場合にのみ対策がとられるため、測定システムに大きく依存している。
McGrath, Michael E. 1995. *Product strategy for high-technology companies*. New York: Richard Irwin, Inc.

[10] この相互作用の重要性は、「創造的摩擦」

バランスト・スコアカードを活用する

イノベーションの測定システムの設計には、イノベーションの管理方法と、アイデアを創造、評価、選択し価値に転換する方法を示したモデルが重要になる。これが明確であれば、アイデア創出から実行、価値獲得に至る各段階の「インプット」「プロセス」「アウトプット」「成果」がわかる。こうしたイノベーション・マネジメントのモデルは、イノベーションの測定システムに変換することができる。**図2**はその過程を示したものだ。

イノベーションの土台となるビジネスモデル

バランスト・スコアカード（ＢＳＣ）は、測定システムのコンセプトのなかでも特に有効なフレームワークである。これはもともと経営戦略の立案実行を目的に考え出されたものだが、その趣旨は、イノベーション・マネジメントを含め、あらゆるビジネスプロセスに応用できる[12]。

測定システムの効果は土台のビジネスモデル次第、というのがＢＳＣの基本的な考え方である。ビジネスモデルには、企業のイノベーション志向の度合いや、イノベーションから価値創出に至るまでの道筋が示されているからだ。

ＢＳＣを活用するとイノベーション・プロセスの理解が深まるため、よりよい

図2　ビジネスモデルと測定システム

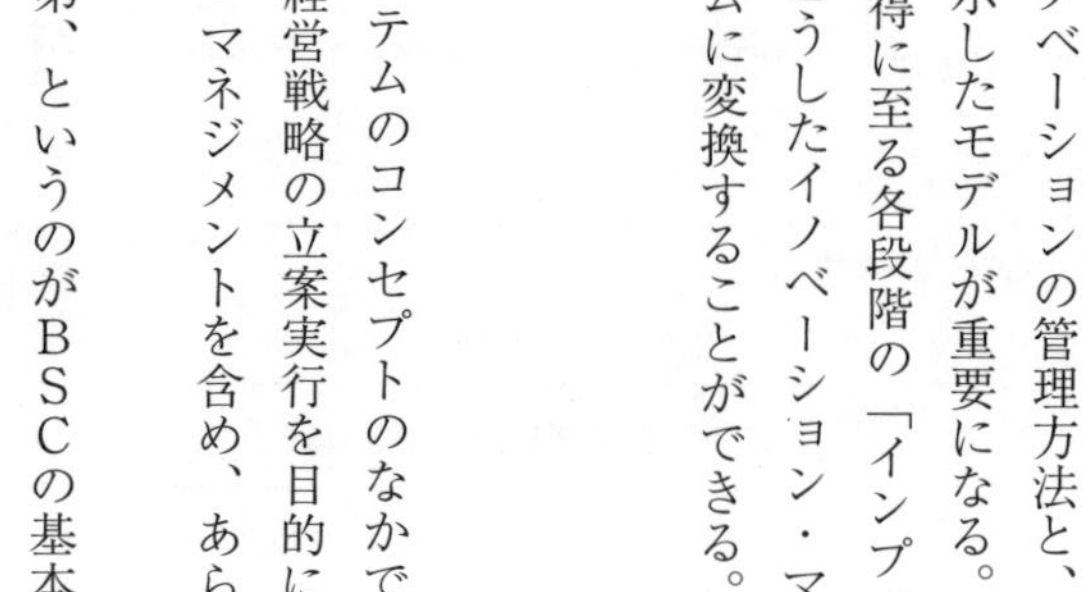

ビジネスモデルが作れるし、BSCをもとにした測定システムを使えばより多くの情報を手にした上でイノベーションを管理できる。これがBSCの強みである。また、経営者はイノベーション投資のビジネスケースを作成すると、イノベーションの効果を経営戦略に組み込むことができる。これは、ひいては前述のイノベーション・ルールの二つ目「イノベーションを会社の基本精神に組み込む」の実現につながることになる。

インプット、プロセス、アウトプット、成果

測定システムの設計では、おそらく、イノベーションのビジネスモデルをまとめる作業が最大の難関となる[13]。ビジネスモデルは、イノベーションの進め方についての方針が明確にされていて、なおかつイノベーション・モデルに一致しているものにしなければならない。

図3のフレームワークは、イノベーション・モデルの各要素間の動きを的確に説明している。この図では、事業部門レベルのみならず、組織内のあらゆる階層のイノベーションを表すことができる[14]。

図3　イノベーションのビジネスモデル

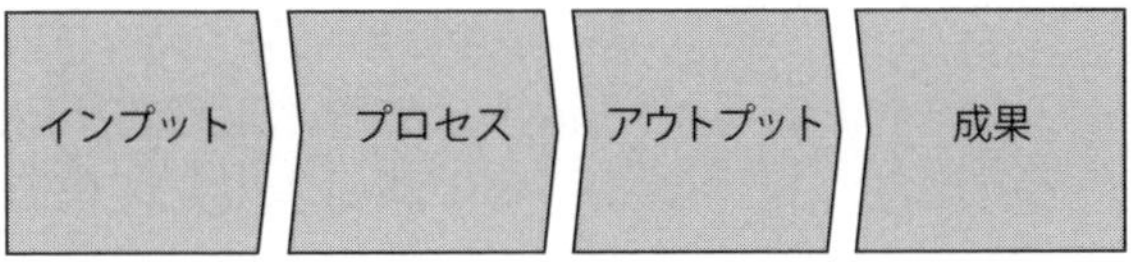

[12] バランスト・スコアカードはロバート・キャプランとデビッド・ノートンが考案、発展させた。関連文献は非常に多いが、重要なものは、以下である。
Kaplan, R. S. and Norton, D. P. 2001. *The strategy-focused organization: How Balanced Scorecard companies thrive in the new business environment*. Boston, MA: Harvard Business School Press.（『キャプランとノートンの戦略バランスト・スコアカード』櫻井通晴監訳、2001年、東洋経済新報社）

[13] これらの簡略化されたマップの関連性については、以下を参照。
Kaplan, Robert S. and David P. Norton. 2003. *Strategy maps: Converting intangible assets into tangible outcomes*. Boston, MA: Harvard Business School Press.（『戦略マップ：バランスト・スコアカードの新・戦略実行フレームワーク』櫻井通晴・伊藤和憲・長谷川恵一監訳、2005年、ランダムハウス講談社）

[14] このコンセプトの詳細については、以下を参照。
Epstein, Marc J. and Robert A. Westbrook. 2001. Linking actions to profits in strategic decision-making. *MIT Sloan Management Review*, Spring: 39-49.

インプットは、イノベーション事業に投下される資源である。インプットには、人材、資金、設備、オフィス、時間など有形のものだけでなく、モチベーションや企業文化など無形のものも含まれる。成功のためにはまずインプットの測定が必要である。たとえばシアーズ・ローバックの企業再建のケースでは、社員（成功のための重要なインプットである）の質と量を入念に測定したことが成功の決め手になった。このときの測定システムは、人材採用と研修への投資のモニタリングと、変革やアイデア創出に対する社員の取り組み方のモニタリングを中心にしたものだった[15]。

ビジネスモデルのインプット部分を検討する際には、次のような各種インプットをチェックする。

- **有形の資源**……資本、時間、ソフトウェア、物理的なインフラなど。
- **無形の資源**……才能、モチベーション、企業文化、知識、ブランドなど。
- **イノベーションのための組織構造**……利害グループ、コーポレートベンチャーキャピタルなど。
- **イノベーション戦略**……イノベーション・プラットフォーム、イノベーション・マトリクスにおける位置決めなど。
- **外部ネットワーク**……パートナー企業、主要顧客、主要サプライヤーなど。
- **イノベーション・システム**……人材採用、研修、継続的学習、実行、価値創造のシステムなど。

[15] Rucci, Anthony J., Steven P. Kirn, and Richard T. Quinn. 1998. The employee-customer-profit chain at Sears, *Harvard Business Review*, 76 (1): 82-98.（「従業員一顧客一株主の満足を連動させるプロフィット・モデル」『ハーバード・ビジネス・レビュー』誌、1998年9月号）

こうした各インプットを結合して、それらを次段階のアウトプットに変換するのが**プロセス**である。これは進行中の活動を測る「リアルタイム」の指標で、アウトプット創出の進捗状況を見る。このような同時進行型の指標は、進路や実行内容の変更が必要なときにそれを警告することもできるため、非常に重要である。

- **創造プロセス**……アイデアの質、アイデアを探索する力、プロジェクトや価値へのアイデアの変換率を測定する。
- **プロジェクトの実行**……時間、コスト、技術パフォーマンス、利益予測に照らし合わせて、プロジェクトの進捗を確認する。
- **実行内容の統合**……プロジェクト全体としてのパフォーマンスを評価する。
- **バランスのとれたイノベーション・ポートフォリオ**……イノベーション・マトリクスにおける各種プロジェクトの比率、およびその比率と戦略との整合性を見る。

アウトプットは、イノベーション事業の成果である。アウトプットの測定では、イノベーション事業でどのような成果が得られたのかを見る。つまりこれはすでに完了した事柄を測る、遅行型の指標になる。この測定でわかるのは、たとえば開発で重要な成果を得られたのか、効率的に顧客を獲得できたのか、または顧客ロイヤリティが向上したのか、というような重要な事柄ばかりである。

●**技術面でのリーダーシップ**……取得特許数、引用された文献数、開講セミナー数、技術ライセンス数、ビジネスモデルに取り込まれた技術の数で評価する。

●**プロジェクトの完了度**……期待目標や競合との比較で、実行度を評価する。

●**新製品の導入**……成功した製品の数、競合との比較における製品受容性、市場シェア、売上の観点で評価する。

●**ビジネスプロセスの改善**……ビジネスプロセスの改善度を、プロセス測定用の基準を用いて測る。

●**市場でのリーダーシップ**……顧客獲得、顧客シェア、顧客ロイヤルティなどを評価する。

アウトプットが質、量、適時性における成果を表すのに対し、**成果**は価値創造の成果を表す。成果の測定では、イノベーション事業がどのくらいのアウトプットを価値に変換できたのかと、その価値の正味の貢献度がわかる。イノベーション・プロジェクトのアウトプットが市場で成功し収益をあげていれば、その後の成果も良好な結果になる。しかし似たようなプロジェクトでも、質、量ともに同等のアウトプットを出しながら、価値の創造に結びつかないことがある。これは市場の機会を逃したせいかもしれないし、イノベーションが予測ほど消費者を魅了しなかったからかもしれない。この場合の成果は、少なくとも採算性の点ではネガティブな結果といえる。ただ、コストはかかったものの、おそらく学習という有益な成果は得られただろう。

価値を正確に測定する方法については、いろいろ問題がある。価値の創造は、効率的市場仮説に従えば、株価の変動に反映されているはずである。しかしこの指標は、株式公開企業にしか適用できないし、株式市場の騰落しか判断材料がない。そのため、非公開企業や企業内の事業部門、特定の商品に対しては、新しい指標が開発されている。一般にEVA[★1]と呼ばれているこの指標は、金額ベース（ROIなど従来の指標で算出される「比率」ではない）で収益性やキャッシュフローと投資との関連性を見る価値創造の新しい指標であり、コカ・コーラやAT&T、FMC、ペプシコ、ボーイングをはじめ多くの企業が採用している。

EVA＝税引き後営業利益－投下資本×加重平均資本コスト

- **プロジェクトの収益性**……製品ライフサイクルで創出された価値を、期待目標や同等プロジェクトとの比較において評価する。
- **顧客と製品の収益性**……市場と製品の観点からイノベーションの全体的価値を測る。
- **投資収益率**……組織の現在の収益性を測る。
- **長期的価値**……製品または製品群のライフサイクルを通じて得られた価値を測定する。

ビジネスモデルから測定システムへ

イノベーションのビジネスモデルは、イノベーションの種類、ビジネスプロセスの種類によって異なる。たとえば、製造プロセスにおけるインクリメンタル・イノベーション[16]の測定システムを作るには、次の点が明確なビジネスモデルが必要である。

[16] 多くの企業で広く使われている総合的品質管理（TQM）は、インクリメンタル・イノベーションに対する組織的アプローチである。デミング賞やマルコム・ボルドリッジ賞も、ボーイングやNTTなどの企業がインクリメンタル・イノベーションの組織的アプローチとしてTQM活動を利用していることを評価している。

★1 Economic Value Added：経済的付加価値などと訳される。なお、「EVA」は米スターン・スチュワート社の登録商標。

●社員や外部のコンサルティング企業、また同類の問題を抱えた他社からは、どんな資源を得るのか。

●イノベーションを創出するために、これらの資源をどう組み合わせてどんな方法を使うのか。方法としては、たとえば作業グループを作る、分析法や行動計画を練る、などが考えられる。

●質の向上、サイクルタイムの短縮、在庫品の削減などを実施しながら、イノベーションをどのようにビジネス価値に転換するのか。

図4は、事業部門レベルでのイノベーション・モデルを表したものである。「インプット」では、マネジメントのインフラ――戦略、組織とシステム、社員のコミットメント、新しい人材――をチェックする。ここで測定するのは、社員やパートナー企業の戦略の方向性についての理解度、構造とシステムのチェック、資金提供されたアイデアの数、新規採用者の多様性やその経歴などである。次の「プロセス」では、イノベーション・ポートフォリオ、イノベーション・パイプラインの質、パートナー企業の付加価値、プロジェクトの効果的な実行について包括的視点があるかといった点を見る。さらにその次の「アウトプット」では、（競合製品との比較における）製品とプロセスのパフォーマンス、既存顧客による売上増加、新規顧客による市場シェアの増大、開発技術の質をチェックし、そして最後の「成果」では、短期の財務実績として売上成長と利益成長を評価するとともに、株価を業界全体との相対比較で見ることで企業の価値創出力を測る。

図4　測定システムの土台となる、イノベーション・ビジネスモデルの例

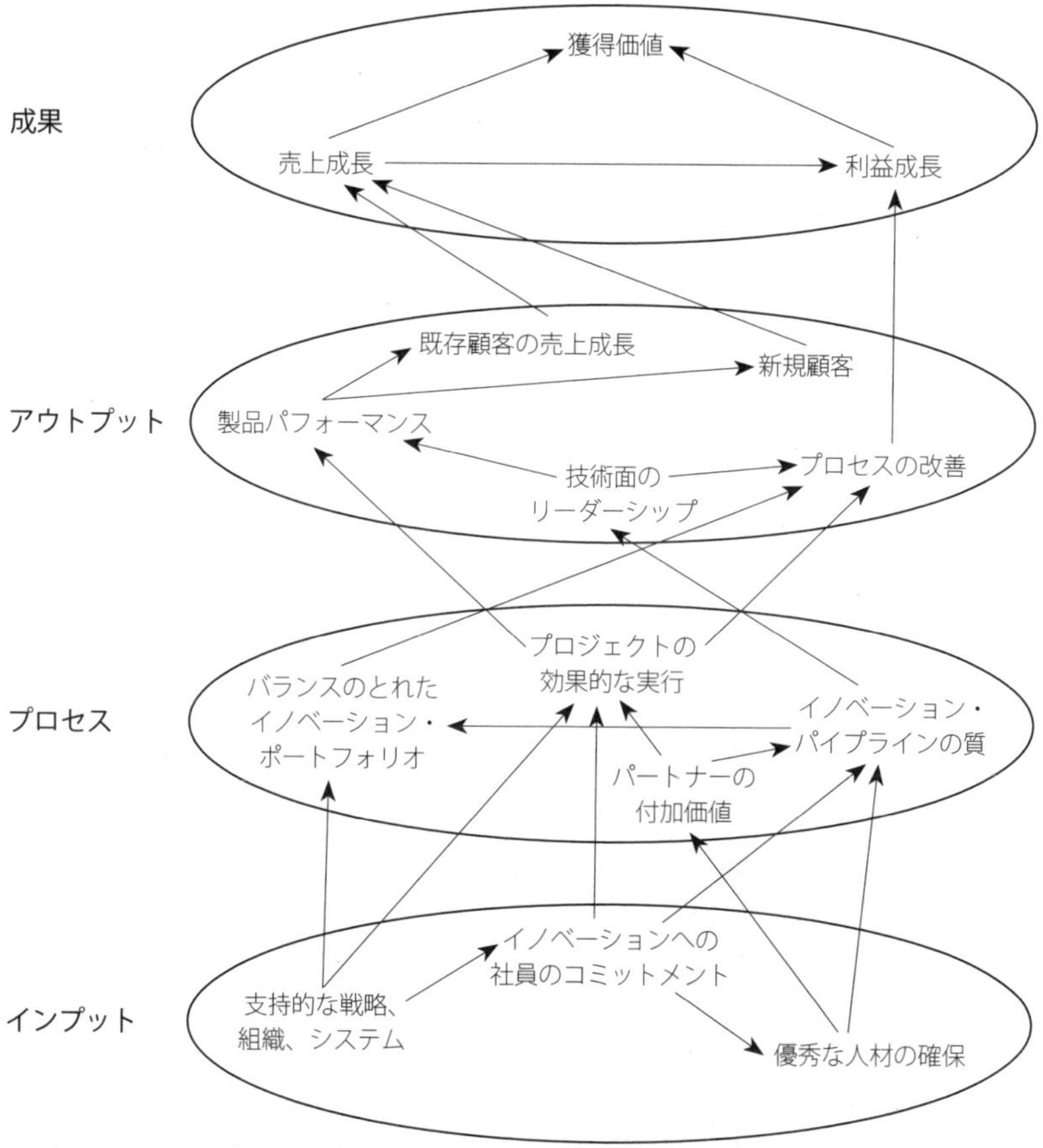

ビジネスモデルを構築したら、次はそのビジネスモデルの内容を記述するための評価指標を決める。この指標は通常、「インプット」「プロセス」「アウトプット」「成果」などのように四～七の観点にまとめ、その観点一つあたりの指標は、多くても五～七つが目安である。そうすれば指標の総数はせいぜい十五～二十個になり、膨大な量の報告で収集がつかなくなるようなことはない。また、組織の各階層では、事業部門レベルのモデルと評価指標をブレークダウンしたものを使う。組織全体に適切な測定ツールを普及させるには、このようにレベルごとに指標を絞っていく必要がある。組織のトップで適切な指標が使われていても、それは、測定システム全体のごく一部分が完成しているにすぎない。

客観的な評価指標は簡単に見つかる場合もあるが、よくわからないこともある。そうした場合は主観的指標を使う。何もないよりはましである。CRM市場を拡張し、年間売上十億ドルをマイクロソフトやオラクルよりも早く達成したシーベル・システムズは、基本サービスやイノベーションといった重要な無形の要素を、主観的な指標を使って把握していた。たとえば、四半期ごとの社員調査でその満足度を多角的に測定したり、顧客との日常のやりとり――これもCRMシステムに細かく記録していた――に、外部委託の顧客満足度調査の結果を活用するといった具合だ。これによって同社は、事業の進展状況を顧客と社員の視点から把握することができた。

調査研究

1 選択決定に主観的測定を使ったケース

我々が調査したある医療機器メーカーでは、測定をベースにした組織的アプローチを用いて新しい研究開発のビジネスチャンスを選定していた。この企業では経営陣が月二回、現プロジェクトの進捗状況を評価し新製品の可能性を探る会議を開いていたが、会議の前には必ず新しいビジネスチャンスが検討された。

この事前分析では、客観的評価だけでなく主観的評価も使われた。前者は、正味現在価値（NPV）やROIなどの財務的指標、つまり新しいビジネスチャンスと、戦略やテクノロジーや市場リスクとの適合性を見るための従来型の方法だった。一方、後者では、研究開発、マーケティング、事業開発の各部門のマネジャーが、質問シートに回答しながら新しいビジネスチャンスを多角的に検討する方法と、既存プロジェクトの内容や他プロジェクトの機会との比較で新しいビジネスチャンスを評価する方法がとられた。後者の方法を取り入れたのは、客観的な指標で捉えられない部分を把握し、バランスのとれた視点で評価するためだった。

図5（次頁）は、**図4**のビジネスモデルの具体的な測定内容を示したものである。

図5　図4のビジネスモデルの測定項目

付加価値

獲得価値……その部門のEVA

売上成長………前年同期比での売上の変化

利益成長………前年同期比での利益の変化

パフォーマンス

既存顧客の売上成長……前年同期比での売上の変化

新規顧客……四半期に新規で獲得した顧客数

プロセスの改善……前年同期比における、オンタイムデリバリー面の改善とコスト低減の実現

製品パフォーマンス……競合との比較における製品評価

技術面のリーダーシップ……特許取得後3年以内の製品の割合

実行

バランスのとれたイノベーション・ポートフォリオ……各種イノベーションに対する投資の予定額と実績

プロジェクトの効果的な実行……事前の期待目標と実際の進捗状況

イノベーション・パイプラインの質……検討中のアイデアがもたらすと見込まれるインパクト

パートナーの付加価値……パートナーの出資比率と、チームのパートナーに対する満足度

資源

社員のイノベーションへのコミットメント……社員からのイノベーションに関するフィードバック

優秀な人材の確保……新卒者の質とパートナーシップの質

支援インフラ……ナレッジマネジメントシステムの質と、社員の意識

測定システムの設計と運用

イノベーションを測る手法は、組織をどこまで掘り下げて見るかによって変わる。プロジェクトレベルで見るのと、戦略レベルで見るのとでは、まったく違ってくる。

図6は、測定システムを事業部門レベルから個々の作業レベルにブレークダウンしていく様子を概念化した図で、社内、社外を含めてバリューチェーン全体を対象とする。横軸はビジネスモデルとバリューチェーンの観点を、縦軸は組織の観点を表している。測定システムは、各プロジェクトから事業レベルに拡大する入れ子構造になっており、各測定段階では、複数の指標が統合されて、そこに新しい指標が加わる仕組みになっている。

たとえば、ある大手ハイテク企業のベンチャーキャピタル部門では、「アイデア形成」は案件の質と量で測定し、「ポートフォリオの選定」の良し悪しは、部門が投資先に選んだ企業と、会社が戦略上重要と判断した市場とが一致しているかどうかで評価している。また「実行プロセス」は、新しい投資ラウンドで投資先企業に資本投入された回数、売上成長、開発された知的資本の優良性などで評価され、この部門での「持続可能な価値創出」は、ＲＯＩ、ポートフォリオ内の投資先が他社に買収された数、既存部門にもたらした新規事業などで測定される。

図6 イノベーション測定のフレームワーク

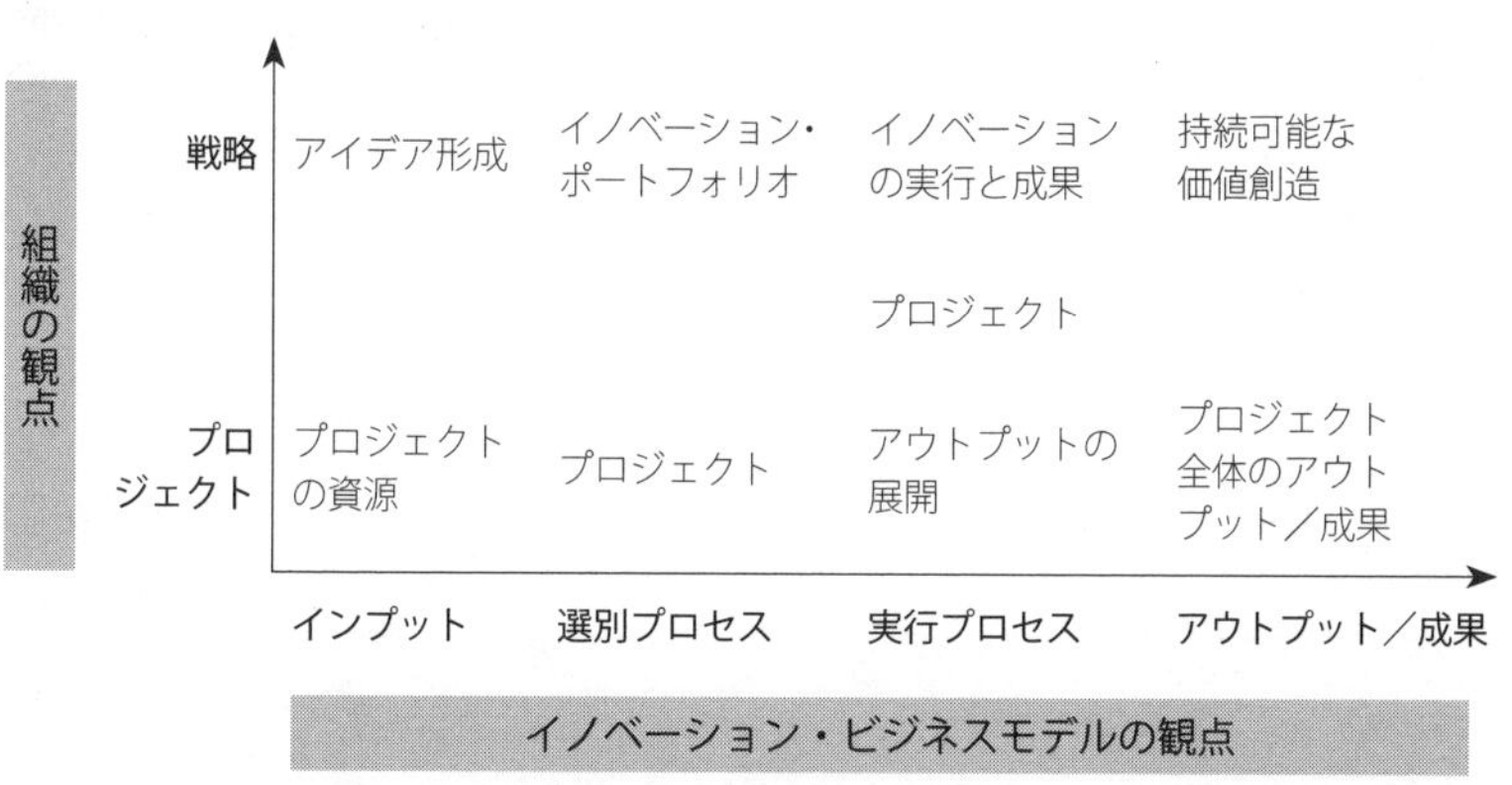

一方、ポートフォリオ内の投資先企業を個別に測定するシステムは、このような事業部門の測定システムとはまったく違う。「プロジェクトの資源」は、投資先の新興企業に投じられた金額のほか、社内の投資管理チームとこの新興企業の経営陣とのやりとりの内容と頻度、支援を行う社内のさまざまな部署の人材などで測定する。また「プロジェクトの実行」は、新興企業のビジネスプランとの比較における成長実績や、戦略の変化、財務的指標を評価する。そして「プロジェクトのアウトプットと成果」は、投資回収（イグジット）の際に最終的な結果を評価する。ここでは、自社にとっての新事業の価値のほか、ＲＯＩ、知的資本も測定対象になる。

ここから、測定システムの構築について、戦略的、組織的レベルで詳しく見ていこう。

アイデア形成の測定

イノベーションにつながるアイデアの産出は、組織の人的資本を活用できるか否かにかかっている。そのため測定システムは、次のような人的資本の変数を取り入れる必要がある。

- 企業文化
- イノベーションの刺激に触れること
- イノベーション戦略の理解
- アイデア形成を管理するインフラ

業績評価や退職者面接、外部監査など、日常使われている企業の人事システムには、その企業のイノベーション文化を表す定性的情報がかなり含まれている。また社員意識調査も、イノベーション文化の理解を深めるには有用である。したがってこれらを組み合わせれば、組織のイノベーションに対する文化や風土が鮮明に見えてくる[17]。

また、離職率、一ポジションあたりの志願者数、イノベーション施策への社員の関与度など客観的に測れる指標もある。ただし客観的な測定でも結果は慎重に見なければならない。たとえばテクノロジー業界専門誌『レッド・ヘリング』は、業務の要件を満たし企業文化にも合う編集長を見つけるまでに三回、人を入れ替えた。適切な人材を見つけるには「試し」が必要だとの考えからだ。この場合、離職はマイナス要因ではなくプラス要因だったのである。

アイデア形成につながる二つ目のポイントは、組織がイノベーションの刺激に触れることである。販売プロセスでは売上の質と量がマーケティングの幅広さと深さで決まるが、それと同じく、アイデアの質と量も、組織が内外のイノベーションにどれだけ接したかにかかっている[18]。イノベーション活動に十分な資源を提供しているかどうか、活動が成功かどうかは、QCグループ、ブレーンストーミング、研修会など、内部のイノベーション活動の効果を測定するとわかる。イノベーション活動は回数でも測れるし、社員の満足度と効果を調べれば定量化もできる。ブリティッシュ・ペトロリアム（BP）では、社内の次のような取り組みを奨励し、測定もしている。

- **ピア・アシスト**……ある部門の問題の解決を、他部門のマネジャーたちが手伝う。
- **ピア・グループ**……さまざまな部門のマネジャーたちが定期的に集まり、互いにサポート

[17] 人的資源の測定に関する詳細は、以下を参照。
Becker, Brian E., Mark A. Huselid, and Dave Ulrich. 2001. *The HR scorecard: Linking people, strategy, and performance*. Boston, MA: Harvard Business School Press.（『HRスコアカード』菊田良治訳、2002年、日経BP出版センター）

[18] 社内の緻密なネットワークの重要性は各章で述べてきたが、以下も参照のこと。
Chesbrough, Henry. 2003. *Open innovation: The new imperative for creating and profiting from technology*. Boston, MA: Harvard Business School Press.（『Open innovation：ハーバード流イノベーション戦略のすべて』大前恵一朗訳、2004年、産業能率大学出版部）

しあったり知識を伝えあったりする。

● **連合グループ**……複数のプロジェクトが集まってグループを構成し、さまざまな部門にまたがる問題を解決する。

一方、サプライヤー、顧客、パートナー企業、インフラ提供企業、専門家などから得られる外部の刺激の測定も重要である。外部とのやりとりは一つひとつに、インプット（コラボレーションの潜在的価値を最大化するために必要）、プロセス（戦略を実行するためのもの）、アウトプット（創出アイデアの質や量など）から成る実行モデルがあるため、測定が可能である。たとえばＩＢＭは大学との共同プロジェクトにおいて、関係スタッフの質、開催会議、プロジェクト全体の成果、創出したアイデアの質、フォローアップ作業を測定している。

アイデア形成プロセスを有効にする第三のポイントは、明確な戦略とその戦略の理解（イノベーション創出の原動力になる）である。戦略の目的の一つは、企業の業務領域と一致している、すなわち追求すべきイノベーション事業は何なのかを明確にすることである。企業はこうして境界をはっきり認識すると、創造性の焦点を絞ることができ、活動も活性化できるようになる[19]。組織がイノベーションの戦略的フレームワークを理解し、それをアイデア創出に活用しているかどうかを判断するには、アイデアとプロジェクトのタイプを調べると同時に、社員意識調査も行うと、よい判断材料になる。たとえばクライスラーは、イノベーション事業の状態をより明確に把握する際、イノベーション事業全般をチェックするとともに、社員の態度と彼らの戦略的フレームワークの理解度も測定している。

[19] 境界の概念を幅広く、詳細に取り上げたものとしては、以下がある。
Simons, Robert. 1995. Control in an age of empowerment. *Harvard Business Review*, 73 (2): 80-89.

そして有用なアイデアを創出する第四のポイントは、次に挙げるような資源とプロセスが適切に配備されていることである。これをチェックするにはインフラ面の測定システムを使う。

- **人材**……採用、研修、配属のレベルと有効性を測る。
- **資金**……予算決定プロセスからアイデア形成に配分される資金と、自由裁量の共同出資金から回される資金を測定する。
- **知識**……効果的なナレッジマネジメント・プラットフォームを構築、活用し、社内外のグループを支援できているかを見る。
- **マネジメントシステム**……情報の質、プランニング（戦略的プランニングのメカニズムなど）、資源配分、アイデアに報奨を与えるインセンティブシステムを調べる。このインセンティブシステムには、組織に「摩擦」を引き起こし創造性を誘発する効果がある。
- **コミュニケーション**……イノベーションの必要性や方向性に関する、プランニングと建設的話し合いのレベルと有効性を測定する。

シーベル・システムズは社内ナレッジマネジメント・ソフトウェアを開発し、社員が各自で持っている情報を全体で共有し、研修で利用できるようにした（これはのちに「エンプロイー・リレーションシップ・マネジメントシステムズ（Employee Relationship Management Systems）」として商品化された）。この結果、社内の人的ネットワークと研修プロセスの機能状況が把握できるようになった。

そのほか、アイデア形成の測定には、**表1**（次頁）に挙げたような指標が用いられる。

アウトプット	成果
●開発研究員の離職率 ●社員の提案 ●社員のコミットメント ●外部機関による人事監査 ●コア・コンピタンスの変化	●過失のコスト ●社員1人あたりの売上の変化
●資金提供されたアイデアの優良性 ●さらなるアイデア開発のための提携 ●新プロジェクトへの投資 ●他社の研究開発部門から提起されたアイデアの数 ●行使された取引オプション	●企業提携による売上の占める割合 ●社外のアイデアが売上に占める割合
●競合のイノベーション投資の査定 ●市場導入が近いイノベーションのマップ ●企業戦略の理解 ●イノベーションによる成長が占める割合	●競合との比較におけるインクリメンタル・イノベーションの売上見込 ●競合との比較におけるラディカル・イノベーションの売上見込
●イノベーションに投下される資金 ●プランニング・システムの有効性 ●知識資本の改善	●インフラ構築と維持のコスト ●プランニングとナレッジマネジメントにかかるコストの予算と実費

表1　アイデア形成の評価指標

	インプット	プロセス
企業文化	●ポジションに適任者が配置されている比率 ●多様な経歴の持ち主の混在 ●新人の質 ●スタッフのモチベーション	●研修会 ●コミュニケーション活動 ●プランニング作業で生まれたアイデアの数
相互作用	●パートナー企業との研究契約 ●社外用研究開発予算の占める割合 ●インタレストグループを支援する高度なITインフラ ●各個人のネットワーク作りのスキル	●イノベーションと創造性に関するワークショップ ●アイデア見本市 ●カンファレンスへの出席 ●インタレストグループ ●ステージゲート・プロセスへのサプライヤーの参加 ●パートナー企業とのコンタクト回数 ●ディールマネジャーのチーム管理能力
戦略の理解	●利用可能な資金 ●知識の深さ	●コミュニケーション・ワークショップ ●競争力のある情報 ●開発パイプラインの質
プロセスとシステム	●資源配分プロセスの健全性 ●人材採用プロセスの健全性 ●モチベーションシステムの有効性 ●エンパワーメント（権限付与と支援）	●研修プログラムの質 ●ワークショップの質 ●外部協力者の優良性 ●プランニング・システムの質

イノベーション・ポートフォリオの測定

ポートフォリオ測定システムは、種々のイノベーション事業のバランスを複数の観点から測定しようというものである[20]。その代表的なツールが**図7**のような図で、縦軸と横軸は二つの次元を、また各プロジェクトを示す円のサイズと色はもう二つの次元を表している。**図7**はあるエネルギー企業の例で、それぞれのイノベーションを、「リスク」「期間」「投資規模」「事業」の四つの観点で表現している。これを見ると、この企業はリスクが中程度以上のプロジェクトに重点を置いている、つまり、大きく飛躍するには相応のリスクテイクが必要という主旨のイノベーション戦略なのだとわかる。

ポートフォリオ測定では一般に、次のような指標が使われる。

●**価値創出までの時間**……イノベーションは本質的に将来に関することであるため、ポートフォリオ測定にも時間の要素が入ってくる。この場合の「時間」とは、リリースやキャッシュフローの黒字化などに関連する重要なマイルストーンを達成するまでの時間である。ポートフォリオの観点では、この指標が開発パイプラインの状態を知る目安になる。たとえば、ハイテク企業で広く使われている指標「損益分岐点到達期間」(break-even time)は、プロジェクトの開始から投資回収までにかかる時間を示すものである。

[20] ポートフォリオは、リスクの最小化には重要なアプローチである。最近開発されたポートフォリオ・マネジメントについては、以下を参照。
Cooper, Robert G. and Scott J. Edgett. 1999. New product portfolio management: Practices and performance. *Journal of Product Innovation Management*,16 (4): 333-352.
Cooper, Robert G., Scott J. Edgett, and Elko J. Kleinschmidt. 2001. Portfolio management for new product development: Results of an industry practices study. *R&D Management*, 31(4): 361-381.
Chen-Fu, Chien. 2002. A portfolio evaluation framework for selecting R&D projects. *R&D Management*, 32 (4): 359-369.
ポートフォリオのランク付けシステムをやみくもに適用することの問題点については、以下を参照。著者は、足がかりを得るためには、プライオリティの低いプロジェクトにもある程度は出資すべきだと主張している。
Souder, William E. 1987. *Managing new product innovations*. Lexington, KY: Lexington Books.

●**リスク**……リスクといえば、テクノロジーやビジネスモデル、プロジェクトの実行などのリスクを連想するかもしれない。リスクは、過去の経験や個人の知識から主観的に評価されるのが一般的である。戦略のリスクが高い場合は大抵、シナリオ分析や、より複雑な確率分布、選択肢の評価、コンティンジェンシープランなど、リスク面を重視した測定になる。ポートフォリオは、イノベーションの戦略と実行に内在するリスクを理解し、管理する際の手がかりとなる。

●**価値**……ポートフォリオ測定では、各プロジェクトの経済的側面も評価できる。この指標は、プロジェクト予算の測定に限定することもできるし、いったん構成要素を分解して他の評価指標と組み合わせることもできる。価値の測定の具体的な指標としては、期待利益や期待付加価値（利益から、イノベーションの開発や推進に使う経費を差し引いたもの）のほか、ＲＯＩや資産収益率（ＲＯＡ）がよく使われる。また、より高度なものとして、オプション価値を評価する方法もある。これは、現事業の期待利益だけでなく、そこで生まれた能力によって将来もたらされ

図7　イノベーション・ポートフォリオ概念図

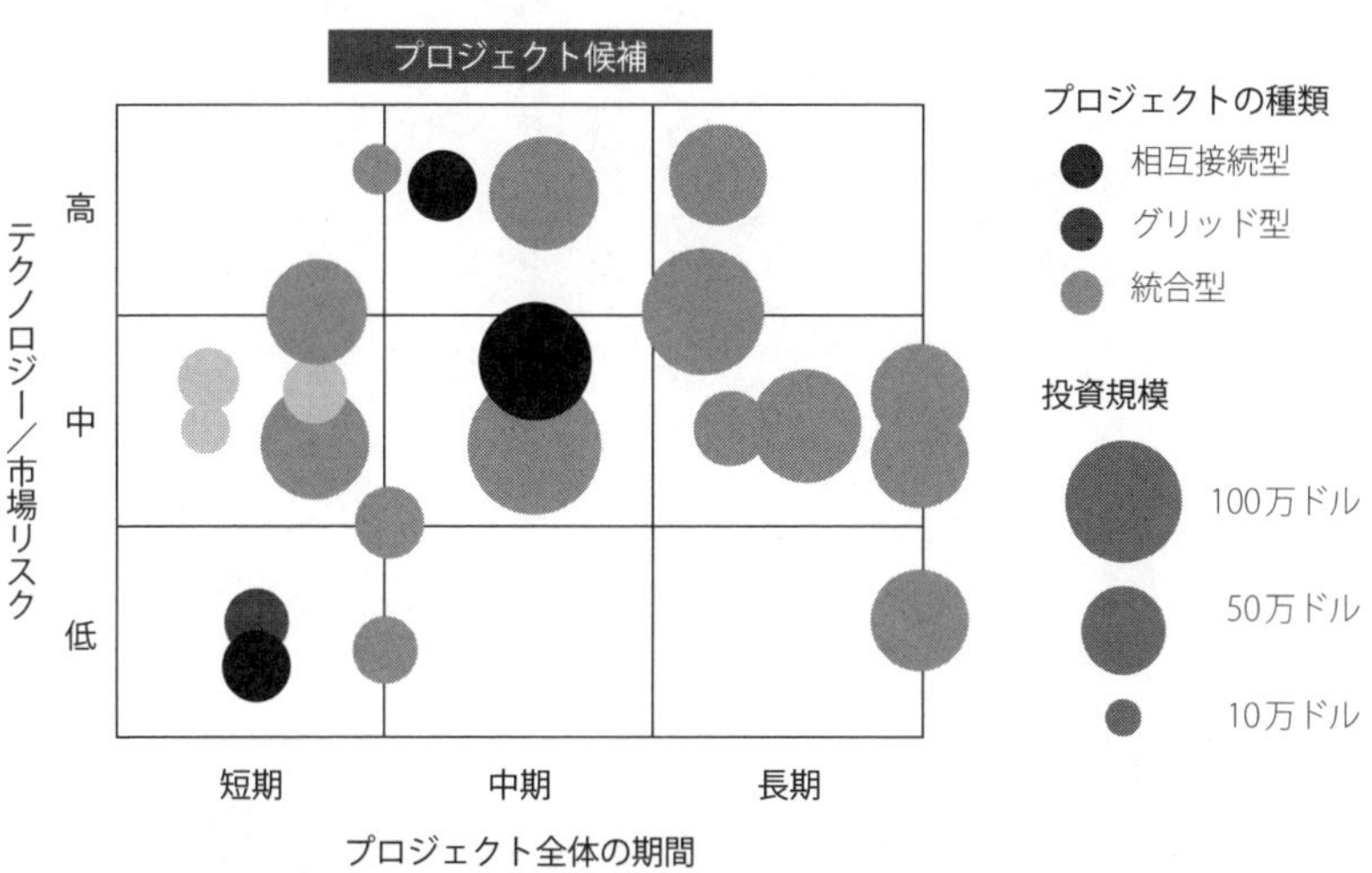

る利益も考慮する、というものだ。この測定法は特に、将来の派生製品はもちろん、プラットフォーム自体から利益が生まれるタイプの製品にも適している。

●**イノベーションのタイプ**……インクリメンタル、セミラディカル、ラディカルの各プロジェクトのバランスも、指標の一つである。この測定によるメリットは、イノベーション戦略に沿った投資ができるようになることである。

●**実行段階**……開発パイプライン中のプロジェクトを評価するためには、各プロジェクトの開発段階を見るとわかりやすい。開発の段階としては、基礎研究、開発、実証試験、商品化などが一般的である。開発パイプラインの理想は、さまざまな段階にあるプロジェクトが並行して進むことだが、普通は商品化よりも研究開発段階にあるプロジェクトが多くなるものである。

そしてもう一つ、ポートフォリオの動的な側面に適した指標もある。この指標では、計画や戦略に変更が生じた場合に、組織がどれくらい迅速にポートフォリオを対応させられるかが測れる。

ポートフォリオの評価指標と概念図は精巧な分析ツールであるが、やはりツールはツールでしかないため、決定は必ず経営者がしなければならない。よく「完璧な測定システムは存在するし、また策定することもできる」と誤解している人がいるが、こうした人は分析ツールに意思決定を委ねてしまいがちだ。これは大きな危険性をはらんでいる。どんな測定システムにも必ず限界はあるし、人に代わって適確な決断を下せるシステムなど存在しない。

イノベーションのバランスを見る方法としては、ポートフォリオ図のほかに、もう一つ**イノベーション・ロードマップ**がある。ポートフォリオ図との違いは、現在と将来のイノベーション・プロジェクトを表せることと、種々のプロジェクトを結びつけて、その相互関係を表せることである。たとえば、アメリカの停電問題の解消につながる新しい送電技術の開発は、配電技術の開発過程や需要反応関連の技術、電力会社の新しいビジネスモデル、連邦政府の政策などの影響を受けるが、こうした関係をマッピングすると戦略上重要なコンテクストが見えてくる。またロードマップを使うと、収益性のないイノベーション事業に、将来的な価値を生み出す可能性を見出せることがある。たとえば、ある大手医療機器メーカーは、社内外の技術の一般的な発展状況を示したイノベーション・ロードマップを利用している。これをもとに、将来市場が成熟した場合を想定したサービスや製品への投資をコントロールし、またプロジェクトもそれに合わせて計画、評価、改善している。

調査研究

2

ある家電メーカーのイノベーション測定

我々が調査したある大手家電メーカーでは、イノベーションに関係するさまざまな評価指標を使っていた。まずプロジェクトの実行レベルに関しては、コンセプトの立ち上げから製品の発売までのサイクルタイムを測定する。また、製品品質は発売一年目に、消費者からかかってきた電話をもとに評価し、プロジェクトの有効性は、市場シェア、ブランド指数（市場シェアを表す金額を出荷台数で割った数）、ブランド認知などの指標で測定した。さらに最近では、製品開発の目的がばらばらでも対応できる、プロセスとシステムの世界標準化を実現した。その結果、設計図の再利用についても入念に測定するようになった。

一方、機能レベルの測定では、現在のコンピテンシーとその将来図とのギャップに対するマネジャーたちの見解、研修、プロジェクト環境のパフォーマンス、技術変更の数、ソフトウェアの欠陥密度、新製品化率（製品化資金調達前のプロジェクト数をもとに算出）、品質改善チームの参加状況などが評価指標になった。

そしてもう一つ、ロードマップ――技術、特性と機能、製品、市場に関するロードマップ――に対する実際の進捗状況も詳しく測定している。たとえば、新しい製品ファミリーの技術的プラットフォームを開発する場合には、テクノロジーのロードマップが重要視された。

イノベーションの実行と成果の測定

事業部門単位にしろ企業単位にしろ、通常はさまざまなイノベーション事業が同時進行している。たとえば、まだ探索段階のアイデアを抱えながら、その一方でインクリメンタル・イノベーションと、現戦略から少しそれたテクノロジーやビジネスモデルを模索するセミラディカル・イノベーションと、破壊的イノベーションの可能性を探るラディカルなプロジェクトとが同時に進行している、というように。

優秀な測定システムでは、こうしたさまざまなイノベーションのパフォーマンスを総合的に測定できる。そのようなシステムには次の四つの特徴がある。

- 各種プロジェクトの進捗状況が明確に見えてくる。
- 各プロジェクト相互の関連性についての情報が得られる。
- 設備（資源）稼働率がわかる。
- 製品プラットフォームを測定できる。

まず一つ目の、すべてのイノベーション事業の状況が明確になるという特徴は、測定システムを支えるITインフラによるところが大きい[21]。経営者は、いざというときには、測定システムを掘り下げて個々のイノベーション事業の進展を把握できるようにしておかねばならない。優れた経営者は、普段はこの測定システムを利用して開発状況を把握し、必要であれば

[21] 情報化時代は、測定システムに強大な力をもたらした。現在、さまざまなパッケージ・ソフトウェアが利用可能である。Applegate, Lynda M., Robert D. Austin, and F. Warren McFarlan. 2003. *Corporate information strategy and management: Text and cases*, 6th edition. New York: McGraw-Hill/Irwin.

疑問を呈したり行動を起こしたりしているが、組織の微細なことまでは管理しないものである。

二つ目の特徴は、組織全体のイノベーション状態を明確にすることである。この場合測定システムは、プロジェクトレベルの情報を集めてから、それを総合して全体像を提示するという手順をとる。たとえば、オンタイムで実行できた個々の業績を集めれば、企業全体のオンタイム面の管理能力が診断できる。現在の情報技術は柔軟性があるため、情報をさまざまな方法で集めたり、業績を多角的に分析したりすることが可能である。

三つ目の特徴は、多種多様な資源を常にプロジェクトのニーズに合わせて配備していけば、プロジェクトはより効率的に進められるようになることである。しっかり作られた測定システムでは、必要とされる資源の種類、資源の利用可能量、プロジェクトへの資源配分が明確にわかる。このように設備（資源）稼働率がわかると、出し控えている（あるいは過剰供給になっている）資源が明らかになり、プランニングも可能になる――これは特に、開拓に時間がかかる資源の場合に重要になる。

ある大手の外部電源装置メーカーでは、これらの点をふまえて測定システムを開発し、製品開発プロジェクトを測定した。その結果、スケジュールや予算、エンジニアの生産性、プロジェクトの変更など豊富な情報が幹部に定期的に報告され、幹部は会社全体のパフォーマンスが把握できるようになった。また、完了したプロジェクトについても、開発期間、費用、市場受容性などの情報が集められた。こうした情報は経時的に追跡され、研究開発の効率性や有効性の傾向を把握するのに役立てられた。

[22] Meyer, Mark H., Peter Tertzakian, and James M. Utterback. 1997. Metrics for managing research and development in the context of the product family. *Management Science*, 43(1): 88-111.

[23] 先行型・遅行型測定の構造化に有用なフレームワークについては、以下を参照。Epstein, Marc J. and Robert A. Westbrook. 2001. Linking actions to profits in strategic decision-making. *MIT Sloan Management Review*, Spring: 39-49.

[24] Hauser, John R. Research, development, and engineering metrics. *Management Science*, 44 (12): 1670-1689.

四つ目の特徴は、製品プラットフォームの測定である[22]。具体的には、製品プラットフォームの有効性と効率性を測ることになる。このうち有効性は、**数式1**のように表される。

製品プラットフォームが優れていると、短時間かつ少ない投資で派生開発ができる。したがってこの有効率の値が小さく、レバレッジ効果が大きいと、開発グループは製品プラットフォームから派生開発に移行する。一方、この式の値が大きくなりはじめたら、新たな別の製品プラットフォームへ移行すべきか検討しなければならない。

持続可能な価値創造の測定

イノベーション事業の最終目標は**価値創造**である[23]。営利目的の組織の場合、価値創造は財務実績で測る。そして通常、その価値創造がイノベーションかどうかの判断は財務的指標で行う。一方、政府系の研究開発機関など非営利組織では、価値創造は特定のミッションの内容次第で決まる。たとえば、カリフォルニア州エネルギー委員会（ＣＥＣ）では、送電や配電に関する研究プロジェクトの価値創造については、特定のプログラムのミッションと目標を基準に判断している。

インクリメンタル・イノベーションのプロジェクトの場合、財務実績の測定は比較的簡単である[24]。こうしたプロジェクトでは、創出価値が価値獲得につながりやすい。そのため、創出した価値は、創出による収益の増加分から、コスト変化分と投下資源を引けば算出できる。これは具体的には、ＲＯＩやＥＶＡ（経済的付加価値）で表すことが

数式1

$$有効性 = \frac{派生開発のコスト（または開発時間）}{製品プラットフォームの開発コスト（または開発時間）}$$

できる[25]。

EVAは、比率で表すROIと違い、絶対的な値で表されるという利点がある（**数式2**）。ROI指標には次のような欠点がある。これはEVAには見られない。

- **投資の絶対的規模を考慮していない。**二つのプロジェクトの投資収益率がともに一〇％でも、一方の投資額が百ドル、もう片方が百万ドルであれば、両者はまったく違うものになる。
- **過小投資を招く可能性がある。**ROIが二五％の事業部門の場合、それ以下の二〇％のプロジェクトは——たとえ資本コスト（これがリファレンスポイントになる）が一〇％であっても——採用しないだろう。
- **過剰投資を招く可能性がある。**同じく、ROIが五％の事業部門では、ROIがそれを上回る七％のプロジェクトは——資本コスト（同じくリファレンスポイント）がたとえ一〇％であっても——最終的にROIが増加するため採用する可能性がある。

図8は、プロジェクトのキャッシュフローを経時的に説明した

数式2

ROI ＝ （売上ーコスト）÷ 投資

EVA★1 ＝ （売上ーコスト）ー 資本コスト × 投資

★1 厳密な式は、P.223参照。

[25] 経済的付加価値の公式の原型については、以下を参照。
Stewart, G. Bennett. 1991. *The quest for value*. New York: Harper Business.
また応用法については、以下を参照。
Epstein, Marc J. and S. David Young. 1998. Improving corporate environmental performance through economic value added. *Environmental Quality Management*, 7 (4): 1-8.
Zimmerman, Jerold L. 1997. EVA and divisional performance: Capturing synergies and other issues. *Bank of America Journal of Applied Corporate Finance*, Summer: 98-108.

[26] Smith, Fred. 2002. How I delivered the goods. *Fortune Small Business*, October.

図で、個々のプロジェクトでも全体レベルでも重要な意味を持つ。ここで表しているのは、プロジェクトの財務的リスク（全体レベルの場合は、借入の必要が生じる可能性）、投資を回収できる時点（同、損益分岐点）、創出された価値（同、製品ライフサイクルの終点におけるキャッシュフローの累計）である。

では次に、ラディカル・イノベーションのプロジェクトの場合を考えてみる。この場合は価値創造の測定が困難になる。まず、創出された価値が価値獲得に結びつくまでに何年もかかることがある。アマゾンのネット販売事業というコンセプトには価値を生み出す可能性はあったが、それが価値獲得に転じる（キャッシュフローの黒字化）までには相当な時間がかかった。また、フェデックスは一九七一年の創業時にラディカル・イノベーションを仕掛け、ベンチャーキャピタルから九〇〇〇万ドルという、当時では前代未聞の額の資金を調達したものの、二年二カ月で二九〇〇万ドルの損失を抱え、キャッシュフローの黒字化はできなかった[26]。

また、イノベーションが直接の要因になった価値と、戦略を着実に実行した成果として生まれた価値とを区別するのも難しい。つまり、たとえばグーグルの価値のうち、どれくらいが独自の検索プログラムによるものなのか、どれくらいがその技術革新を軸にしたビジネスモデルをうまく実行できた成果なのかは、わかりにくいということだ。

さらに、ラディカルなプロジェクトの場合、開発されたケイパビリティは、将来開発を進めるとさらに発展していく可能性がある。これも問題である。たとえば、

図8　経時的に見たプロジェクトのキャッシュフロー

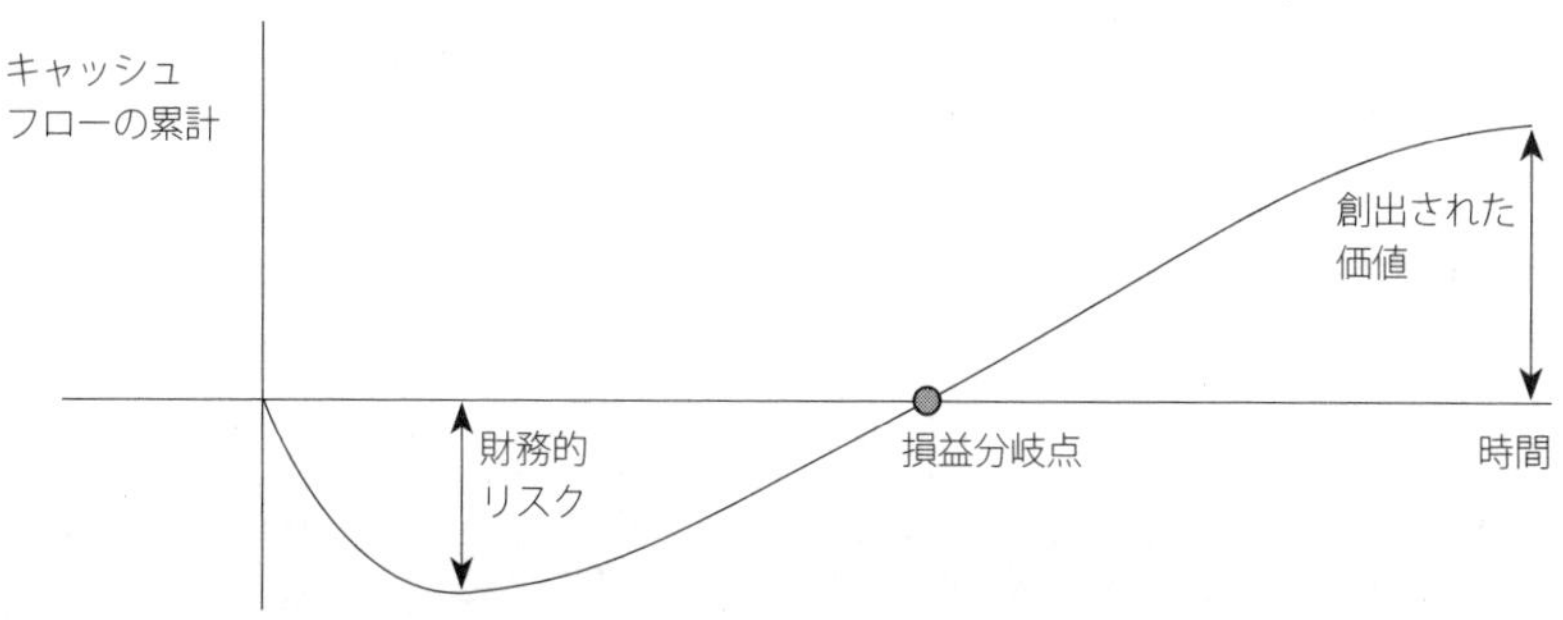

ミニバンのコンセプトの開発と初代ダッジ・キャラバンは、クライスラーを瀕死の状態から救っただけでなく、自動車業界全体にも非常に有益な製品ラインをもたらした。このラインはその後も進化しつづけている。では、初代キャラバンの開発ではどのくらいの金銭的リターンが得られたのか？　莫大であることはわかるが、具体的な数字では表せない。

そして、価値創造が測定しにくいもう一つの理由は、失敗のリスクが非常に高いことである。したがって、価値創造はプロジェクトレベルだけでなくポートフォリオ（全体）レベルでも見る必要がある。これはむしろ後者のほうが重要である。世界最大規模の製薬企業イーライ・リリーは、一九九〇年代初めに医療機器関連の新興企業を次々と買収した。そのうち一部は失敗に終わったが、ほかは十年後に同社から独立しガイダント・コーポレーションを設立した。このガイダントの株式公開時の時価総額は十億ドルだったが、三年後には九十億ドルに成長した。

ほかに、専門家による評価、開発マイルストーン、知的財産の創出、特許件数などの価値創造の評価指標があるが、これらは特に、ラディカルなプロジェクトの初期段階に適している。この段階は不確定要素が最も多く、期間も長いからである。

表2（二四九頁）に測定項目の例をリストアップした。ただしこれらは役立つ可能性があるものであって、ベストというわけではない[27]。会社の現状に合うものと、そうでないものとがあるはずだ。また測定中に、ここにない項目を思いつくこともあるかもしれない。読者には、自分の会社に最も合う指標を選択、開発してほしい。

レビュー・ブックス）』DIAMONDハーバードビジネスレビュー編集部訳、2001年、ダイヤモンド社）

Meyer, Mark H. and James M. Utterback. 1993. The product family and the dynamics of core capability. *MIT Sloan Management Review*, 34 (3): 29-48.

Werner, B. M. and W. E. Souder. 1997. Measuring R&D performance-U.S. and German practices. *Research Technology Management*; Hauser, John R. Research, development, and engineering metrics. *Management Science*, 44 (12): 1670-1689.

経営者の健全度チェック
――イノベーション測定の四つのカテゴリーの有効度を見る

それぞれのカテゴリーで、測定システムが得意な点、不得意な点を見極める。一つでも測定効果が薄いものがあると、システム全体の有効性が減退する。

- アイデア形成
- ポートフォリオ
- 実行と成果
- 価値創造

[27] イノベーション測定法の改良方法について、最近では次のような論文が出ている。Meyer, C. 1994. How the right measures help teams excel. *Harvard Business Review*, May-June: 95-103.（「チームを活性化させる業績評価システム」『業績評価マネジメント（ハーバード・ビジネス・

	●時間、予算、製品パフォーマンスの目標が達成できているか ●研究開発部門の生産性 ●年間の取得特許数 ●ステージゲート・プロセスで中止が決定した案件数 ●実験の進度と質 ●製品とサービスのコスト、開発時間、納期、量、価格 ●製品とプロセスの品質スコア
■インプット	
イノベーションへのコミットメントと注力度	●イノベーションにかける時間 ●全予算に占めるイノベーション事業予算の割合 ●イノベーションの成功に関連づけて算出する業績ベースの報酬 ●選択プロセスと実行プロセスを通過したアイデアの最終的な成功率 ●研修への投資
社内外のネットワークに広がるバランスのとれたイノベーション	●どの程度まで、事業部門や機能を超えてイノベーションを統合するか ●イノベーションのさまざまな源泉の混合 ●イノベーション・プロジェクトのうちアウトソーシングしたものの割合 ●戦略的提携の数 ●経験豊富なイノベーションチーム・メンバーの数 ●サプライヤーの能力の評価
一貫性と整合性のあるイノベーション戦略	●イノベーション・プロジェクトから生まれた新製品の数、コスト、価格、認知度 ●イノベーション・プロジェクトから生まれた新サービスの数、コスト、価格、認知度 ●ブランド認知度 ●イノベーション業務の収益性 ●イノベーション活動の目的が経営幹部にも社員にも明確に伝えられているか ●業界内での競争力 ●競合、顧客、パートナー、サプライヤーの数、複雑性、規模
イノベーションの効果的な推進に必要なマネジメント・インフラ	●全実績測定と全報酬のうちイノベーション活動に関連したものが占める割合 ●ITインフラの質 ●イノベーションの情報の質 ●市場とテクノロジーの研究資源 ●イノベーションに関連して集めた顧客データの量と質 ●イノベーションに使える資金の額 ●研究開発スタッフに認められた自由研究時間 ●製品と売上の（地理的要因による）多様性 ●戦略事業単位（SBU）と業務マネジャーへの権限付与のレベル ●クロスファンクショナルな施策

表2　評価指標の例

目的	評価指標
■成果	
長期的な企業利益	●株価 ●予測売上成長 ●予測EVA
短期的な企業利益	●EVAの増加 ●売上成長 ●株主資本利益率（ROE） ●売上に占める新製品の割合
■アウトプット	
顧客獲得	●イノベーションで獲得した新規顧客 ●既存顧客のうち新商品（新サービス）を購入する人の数 ●新商品（新サービス）で獲得した新規顧客のうち、既存商品（サービス）も購入する人の数 ●市場シェア
顧客ロイヤルティ	●顧客のリピート率 ●顧客1人あたりの年間売上平均 ●イノベーションに対する顧客満足度 ●顧客の自然減の割合 ●新規顧客とリピーターの比率
価値獲得	●製品とサービスの利益率 ●顧客の支払代金の平均 ●導入された新商品（新サービス）ラインの数 ●イノベーション業務の収益性 ●イノベーション事業によって生じた売上（総売上、イノベーション売上、イノベーション顧客1人あたりの売上） ●顧客収益性
■プロセス	
ポートフォリオ	●イノベーション事業における各種イノベーション（ラディカル、セミラディカル、インクリメンタル）の比率 ●時間、リターン、リスク、テクノロジーのバランスがとれたポートフォリオかどうか ●イノベーション戦略と資源割当の整合性
実行	●製品プラットフォームの有効性 ●新製品（新プロセス）開発の時間とコストの削減 ●売上（利益）目標の達成

パフォーマンス測定を機能させるには

測定システムが適切な場面で使われていなかったり、十分に機能していないときには、次のような七つの基本的要因が考えられる。

❶**組織の基本的ビジネスモデルに欠陥がある。こうした組織は価値創造の要因を誤ったり、イノベーション中に間違った変数を測定したりする。**マイクロソフトはこれまで、ビジネスモデルを観察、学習、変革して、市場とテクノロジーの変化に適応することを繰り返してきた。

❷**誤った指標を測定している。**ある企業では、財務面は事細かに調べていたが、非財務的指標については重要なものも測定できていなかった。たとえば、戦略と価値創造の提供には「先行者の優位性」が鍵であると考えて実行モデルを作る場合は、市場投入までの時間を測ることが重要になる。しかし、低コスト戦略を採用している場合は、市場投入までの時間は二の次で、時間よりもコストを減らすことを重視したイノベーションになる[28]。

❸**客観的指標は魅力的だが、効果が限られることが多い。**主観的指標では無形のものが測定できるし、またその情報はイノベーション事業の個々の事象にも応用できる[29]。シティ

[28] 事例については、以下を参照。
Davila, Tony. 2000. An empirical study on the drivers of management control systems' design in NPD. *Accounting, Organizations and Society*, 25: 383-409.

[29] 主観的評価の弱点（窃盗行為、評価の圧縮、レントシーキングなど）に関する詳細な説明は、以下を参照。
Prendergast, Canice. 1999. The provision of incentives in firms. *Journal of Economic Literature*, 37 (1): 7-64.

バンクは、客観的指標はいっさい用いずに、企業戦略に対する各支店長のモチベーションやコミットメントなどの主観的指標を測定した。

❹ **ＩＴの力を有効に使いきれていない。これはコスト的に大きなマイナスである。**情報の吟味や伝達にかかるコストはすでにかなり減ってきている。情報の質がよくなれば、マネジメントだけでなくデータマイニングの能力も向上し、新しい機会の発見につながる。一般に考えられているより、ＩＴはずっと強力である。ボーイングが７７７型機の設計でＩＴを活用し、従来の設計アプローチに比べ格段に速く安く、高品質な設計が可能になったのも、ＩＴの力を示す一例である。

❺ **反対に、ＩＴを実際よりも強力だと信じ込む。**経営者に代わって分析や判断をしてくれるような測定システムは存在しない。測定システムは、測定で得られた情報に人の注意を向けたり、問題を提起したり、思考プロセスを形成したりはするが、答えを出すわけではない。それは経営者の仕事である。

❻ **マネジメントシステムの使い方が間違っている。**たとえば、システムを学習ではなくモニタリングの目的で使うと損失につながる。よく知られたところでは、経営陣が絶えず売上をモニタリングしていた、あるベビーフード・メーカーの例がある。この企業のフロリダ州の営業所は売上目標を常に達成し、しかもそれが何年間も続いていた。これに気づいた

幹部が営業所まで視察に行ったところ、フロリダでは、食べやすいという理由で高齢者にもベビーフードがよく売れていたのである。この企業では測定システムをモニタリングだけに利用していたために、本来ならこのイノベーションを即座に本部に伝えて全社に恩恵をもたらしたはずのコミュニケーションと学習の機能を活用できなかったのである。

❼間違ったデータを使っている。ガベージ・イン、ガベージ・アウト現象[★1]は製造業務でよく悩みの種になっているが、これはイノベーションにもいえることである。

経営幹部は、自社のイノベーション測定システムを入念に点検し、これらの障壁のなかで、「現在どれか該当するものはないか」「将来問題になりそうなものはどれか」を的確に見極めなければならない。適切なイノベーション測定システムを作り、そのシステムをうまく稼動させるのは、経営陣の責任だ。会社の将来はこのシステムにかかっているのである。

★1 garbage in garbage out：屑データからは屑の結果しか出てこない。

経営者のアクション——効果的な業績測定を妨げる七つの障壁

次の七つの障壁のうち、どれが今の測定システムの有効性を妨げているかを考える。

- 実行モデルが間違っている。
- 評価指標が間違っている。
- 主観的指標をあまり利用していない。
- ＩＴの力を活用しきれていない。
- 「事実」に依存しすぎて「学習」を重視していない。
- システムの役割をとらえ間違えている。
- 間違ったデータをシステムに投入している。

それがわかったら、次はその障壁が存在している理由を突き止める——そして原因を追求する。

測定とイノベーション・ルール

管理と測定は切っても切れない関係にある。トーマス・エジソンは、毎週開発されるイノベーションの数で研究チームを管理していた。すなわち、週単位では週に一つ小さなイノベーションを生み出し、年単位では半年に一度大きなイノベーションを生み出すという目標を設定したのである。この産出ペースは驚くべきものであり、実際チームのメンバーは自らを「不眠症隊」と称していた[30]。

このやり方は非常に強引でやや安直にも思われるが、エジソンは間違っていなかった。イノベーションを成功に導くには、経営陣もチームも、少数でよいから端的で効果の高い評価指標が必要なのである。

イノベーション測定システムを設計、実行する際に重要なポイントを整理しておこう。

- **イノベーション測定の結果をイノベーションの戦略とビジネスモデルに直結させる。**調査結果によると、グローバル企業の大半は、イノベーションの戦略的価値をしっかり測定できていないという認識を持っている[31]。
- **柔軟性を持つ。測定を効果的なものにするために、可変的な測定システムにする。**測定システムは、イノベーション・プロセスや組織の階層によって異なる。必要な評価指標とは、

[30] *The New York Times*. 2002. Living on Internet time, in an earlier age. April 4, E7.

[31] Navigant Consulting, Inc.の調査、および2001年のアーサー・D・リトルの調査より。

事業部門の指標と一貫性があり、なおかつプロジェクト固有のイノベーション特性も測れるようなものである。また時間とともに変化することもある。プロジェクト開始時には適していた評価指標が、後に使えなくなることもありうる。

● **測定システム一つひとつの目的を確認する。目的が多すぎても虻蜂《あぶはち》取らずに終わるだけである。** 測定システムそのものを細かく検討して、プランニング、モニタリング、学習すべての機能がバランスよく働くシステムにする。

● **とにかくシンプルに。評価指標が多すぎると、助けになるどころか混乱を招くだけである。** 戦略やイノベーション・ビジネスモデルに関する指標は単純なものが五種類あれば十分で、二十も三十も必要ない。指標を増やせば全体像がより正確に把握できるが、意思決定者をまどわす要因にもなる。この場合、量は質の敵である。

● **最終決断は自分で。** 測定システムの限界は認識しておく。適切なマネジメントのサポートはしてくれるが、代行はしてくれない。

測定はイノベーションの成功には欠かせない要素の一つだ。だが皮肉なことに、多くの企業ではほとんど関心が向けられていないのが実情である。

7

イノベーションを促進する

インセンティブと報奨の重要性

インセンティブと報奨も強力なマネジメントツールである。モービルでは、新しいビジネスモデルの導入に合わせて評価基準を変更した。まず、全正社員のボーナスの三割に評価結果が反映されるようにした。そして評価は、ビジネスモデルの実行方法を学習、改善できているかのチェックに重点を置いた。たとえば全社レベルでは、非ガソリン事業の伸びなどを指標としてインクリメンタルな改善の効果を評価し、部門レベルでは、新製品の定着率とROIを評価した。この結果、モービルは業界のトップに躍り出た。

しかし、どんな行動を報奨の対象にするかは慎重に考えなければならない。さもないと痛い目に遭う。大手製薬企業に買収されたある新興企業（仮にATHテクノロジーズとしておこう）は、アーンアウト条件[★1]に関連する売上・利益目標を達成しなければならなかったが、社員のモチベーション向上策に苦慮していた。それまでの主観的評価によるボーナス、経営陣の激励、業績

★1　企業買収における、買収代金の支払条件。買い手が売り手との間でいくつかの条件を設定し、それが一定期間内に満たされた場合のみ支払われる。

重視の社風ではうまくいかなかったのである。そこで経営陣はインセンティブ制度を改め、売上・利益目標が達成できた社員には給与の三〇％分の特別賞与と二人分のハワイ旅行をプレゼントすることにした。金銭的目標に結びつけたこの制度は効果絶大で、会社全体の目標も達成された。だがその後、ＦＤＡ（米食品医薬品局）から出荷製品の品質に重大な問題があると指摘され、ＡＴＨは閉鎖寸前まで追い込まれた。評価もインセンティブも効果的ではあるが、設計の仕方や、リスクマネジメントなど他のマネジメントツールとのバランスは、慎重に考えなければならない。

モチベーション

人が何か活動に取り組むときには、次の四つの理由がある。

- その活動によって報奨金が期待できるから。
- その活動自体に対して熱意があるから。
- 適正な評価をしてくれるという信頼があるから。
- 活動の目的を明確に示すビジョンがあるから。

イノベーションの促進に適した報奨制度にするには、この四つを考慮する必要がある（**図1**）。

図1　モチベーションを支える4つの要素

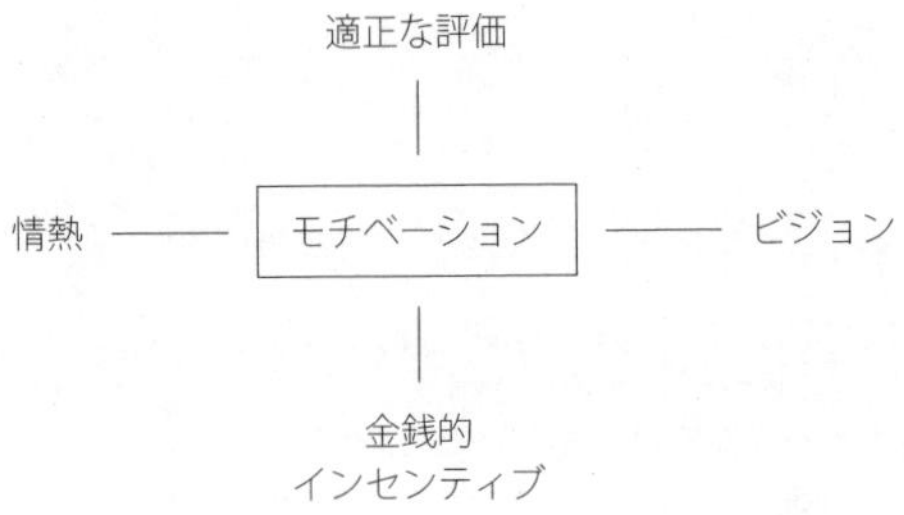

一方、こうした制度的な報奨とは違うタイプの報奨も重要である[1]。社内の人間関係から生まれる報奨だ。たとえば、休憩時間のくつろいだ会話のなかで上司が部下の仕事を褒めるとか、仕事を楽しみながらプロジェクトに打ち込み、好結果を出し、人としても成長した部下たちの姿に、チームリーダーが喜ぶ。あるいは、成功はしなくてもリスクの大きいプロジェクトに取り組んだ努力をボスが評価するとか、努力の成果が現れたことに個人が満足感を得るなどは、社内制度や金銭が直接絡まない報奨である[2]。あるマネジャーはこう明言している。「技術畑の人間について一つ言えるのは、彼らには金も重要だが、食事はもっと重要だということだ」

十人十色

インセンティブは、イノベーション活動が始まる前にあらかじめ内容を決めておくもので、実績評価の結果を報奨につなげる役目をする[3]。オランダの家電メーカーのフィリップスでは、製品開発チームのボーナス

[1] イノベーション活動に関わる機会費用が高くないかぎり、金銭的報酬が主な動機にならない実証例は数多くある。
Busenitz, Lowell W. 1999. Entrepreneurial risk and strategic decision-making: It's a matter of perspective. *Journal of Applied Behavioral Science*, 35 (3): 325-340.
Nonaka, Ikujiro and Hirotaka Takeuchi. 1995. *The knowledge-creating company: How Japanese companies create the dynamics of innovation*. New York: Oxford University Press.（『知識創造企業』梅本勝博訳、1996年、東洋経済新報社）
Shane, Scott and S. Venkataraman. 2000. The promise of entrepreneurship as a field of research. *Academy of Management Review*, 25 (1): 217-226.

[2] 事例は、以下を参照。
Judge, William Q., Gerald E. Fryxell, and Robert S. Dooley. 1997. The new task of R&D management: Creating goal-directed communities for innovation. *California Management Review*, 39 (3): 72-85.
Krueger, Jr., Norris F. and Deborah V. Brazeal. 1994. Entrepreneurship potential and potential entrepreneurs. *Entrepreneurship Theory and Practice*, 18 (3): 91-104.

[3] したがって、これはこれまでも多方面で注目されてきている。トップマネジメント・レベルについては、以下を参照。
Tosi, H. L., and L. R. Gomez-Mejia. 1994. CEO compensation monitoring and firm performance. *Academy of Management Journal* 37 (4): 1002-1016.
Ittner, Christopher D., David F. Larcker, and Madhav V. Rajan. 1997. The choice of performance measures in annual bonus contract. *Accounting Review*, 72: 231-273.
部門レベルについては、以下を参照。
Keating, A. S. 1997. Determinants of divisional performance evaluation practices. *Journal of Accounting and Economics*, 24 (3): 243-273.
営業部門に関しては、以下を参照。
Bartol, K. M. 1999. Reframing salesforce compensation systems: an agency theory-based performance management perspective. *Journal of Personal Selling and Sales Management*. 29 (3): 1-16.

は、新製品のリリースが、事前に決めた目標日に間に合ったかどうかで決めている。この場合、ボーナスの額は目標日と実際のリリース日の日数差で決まる。またフォルクスワーゲンは、設計チームの昇進をスケジュールや予算のマイルストーンの達成などの実績と連動させている。

これに対し、**功績の認定**（recognition）は、プロジェクトの成果が出た後に発生する報奨で、業績との関係を事前に明示しておく必要はない。そして判断も、創出された価値の主観的評価が基準になる。たとえば、事前に取り決めたわけではないものの、プロジェクトを成功させた開発チームをホッケーの試合に招待する、というのもこの類の報奨である。またプロジェクトマネジャーの場合も、重要プロジェクトを任せるとか、ただ同僚から認められたというだけでも「功績の認定」の報奨になることがある。

脳外科手術で血管の仮留めに使うクリップは金属製で、磁気共鳴映像法（ＭＲＩ）でスキャンすると磁気の影響で動いてしまう。そこで、あるヨーロッパ企業では、磁場に反応しない新素材のクリップを開発しようと、何年も研究を続けている。研究チームの責任者は、「長期にわたる研究を続けていくためのポイントは、チームに問題解決に対する意欲があることと、経営者が強い関心を示すことだ」という。

なかには、イノベーションに取り組むのはイノベーションそのものに対する情熱からであり、報奨のためではないという人もいる。このように仕事そのものにのめりこんでいる人は、内発的なモチベーションが強く、外部の要因にはあまり影響されない[4]。ある大手自動車メーカーの開発チームでは、メンバーの自動車技術に対する強い興味と、優れたアイデアを形にして市場に出したいという熱意が、強いモチベーションになっているという。

［4］ Amabile, Teresa. 1998. How to kill creativity. *Harvard Business Review*, September – October.（「あなたは組織の創造性を殺していないか」『ダイヤモンド・ハーバード・ビジネス・レビュー』誌、1999年4-5月号）

制度化された報奨システムは、工場の効率性アップとかQCサークルでの品質改善といった、インクリメンタルなイノベーションに適している。こうしたイノベーションのプロジェクトには必ず、解決すべき明確な問題があるので、問題の解決が目標や報奨を決める際の目安になる。たとえば、製品価格が高いという問題は、製品構造を漸進的に修正してコストを三〇%減らせば解決する。このような具体的な目標は直接報奨に結びつくため、問題解決の強力な動機になる。

一方でインセンティブ報奨は、ラディカル・イノベーションやセミラディカル・イノベーションにはあまり向いていない。この二つはそもそも目標が明確でなく、またその目標がプロジェクトの途中で頻繁に変わるからである。ラディカル・イノベーションでは、功績の評価のほうが報奨になりやすい。たとえばアート・フライの場合、ポスト・イットの発明者として認められたことが、長いあいだ報奨として大きな意味を持った。このように功績の評価をラディカル・イノベーションの報奨として使えれば、プロジェクト、チーム、個人それぞれに合った報奨を与えることができる。

インセンティブ報奨が多用されるようになった一つの要因は、ドットコムバブルである。起業家たちは、IPO（新規株式公開）を成功させて資金を調達することしか頭になく、セミラディカルやラディカルなイノベーションがもたらす価値や興奮は眼中になかった[5]。開発チームの原動力になったのは新しいものを作りたいという情熱ではなかった。結果的に得られる金銭的報酬だった。しかしバブルがはじけた今、ベンチャーキャピタルはもう一度原点に戻り、イノベーションに熱心な個人やチームが作り出す新しいテクノロジーやビジネスモデルに投資するようになっている。

[5] インセンティブ報酬を重視し過ぎる危険性に関しては、以下を参照。
Amabile, Teresa M. 1997. Motivating creativity in organizations: On doing what you love and loving what you do. *California Management Review*, 40 (1): 39-58.
Csikszentmihalyi, Mihaly. 1996. *Creativity: Flow and the psychology of discovery and invention*. New York: Harper Collins.

インセンティブシステム策定のためのフレームワーク

インセンティブシステムは、「勝つための戦略」と「負けないための戦略」のどちらにせよ、イノベーション戦略を支援強化するものでなければならない。重要なのは、社員が会社の目標に向かって一丸となれるようなインセンティブ制度を作ることである。たとえばニコンは、次期製品の設計チームにきわめて明快な目標を設定している。発売日、製品サイズ、画質もあるが、最も重視されているのはコストだ。ニコンでは、このコスト目標とインセンティブ制度を利用して収益性を確保している。**図2**は、インセンティブシステムの策定にあたって重要になる要素を示したものである。

イノベーションがラディカルになればなるほど、目標は具体的でなくなる。コンピュータ・マウスなどパソコン周辺機器のリーディングカンパニー、ロジテックの例を見てみよう。同社はかつて売上が四億ドルで頭打ち状態となり、行き詰まっていた。そこで新CEOのゲリーノ・デ・ルーカは、売上の増大を目標にし、新しいビジネスモデルと新しいテクノロジーの導入を進めた。そして就任から七年の間に、主力商品のマウス(というよりこれしかなかった)を補うべく、キーボード、ウェブカメラ、コードレス周辺機器、ジョイスティックなどの新製品を次々と投入した。これにより、それまでOEMメーカー同然だった同社の名は一般消費者にも知られるようになり、営業活動も世界規模に拡大された。またそれと並行して小規模な企業買収や社内改革も進めた結果、二〇〇

図2　インセンティブシステム策定のためのフレームワーク

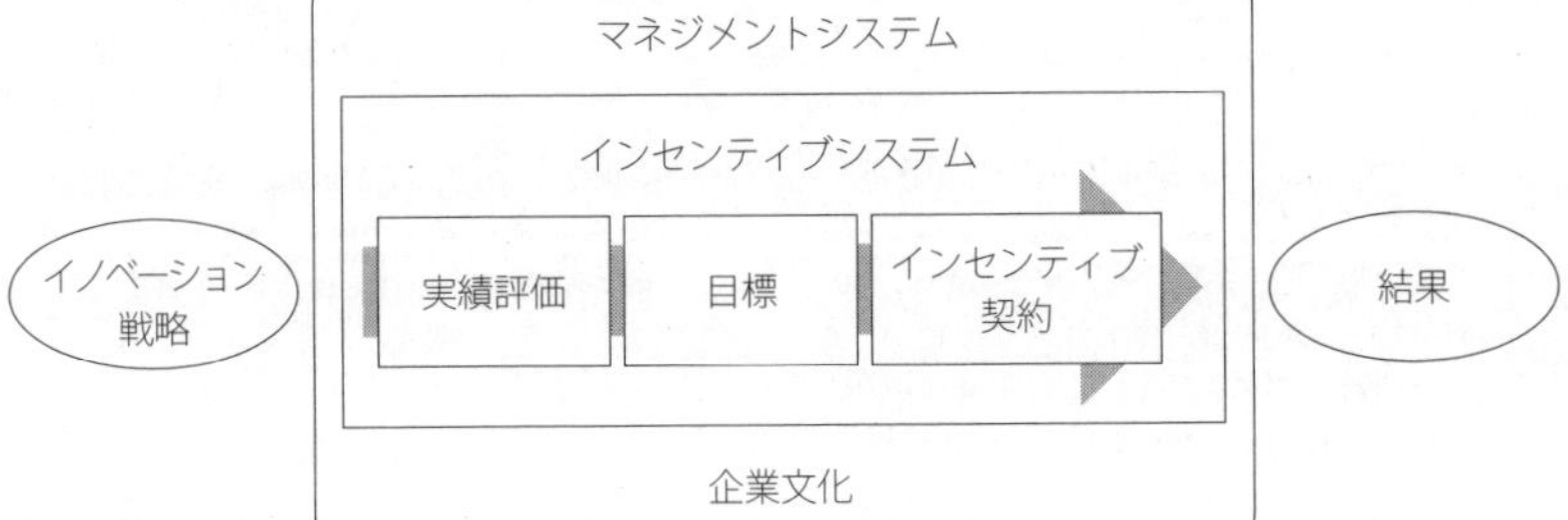

三会計年度末には一二億六〇〇〇万ドルの売上を達成した。

目標は、企業やプロジェクトによってまったく異なってくる。たとえばアプライド・マテリアルズの作る半導体製造装置には、現在の素粒子物理学のなかでも最先端の技術が使われている。そのため主要取引先のインテルは、完璧な製造ライン、つまり以前に設置したものと寸分たがわぬ装置を要求している。これは、土台となる物理学の理論がまだ完全に解明されていないため、ほんのわずかな変化が生産性に大打撃を与えかねないからである。したがってアプライド・マテリアルズの場合、一番重要なのは性能であって、コストはほとんど問われない。これは、コスト優先のニコンとは正反対である。

目標が決まると、チームや個人のインセンティブ契約が確定し、実績と報奨の連動性が規定される。このインセンティブ契約は、目標と実績との比較から支払い額を算出する数式がベースになっている。たとえば、スケジュールを守れたらチームメンバー一人あたり一〇〇〇ドルのボーナスが支給される、といった具合だ。しかし目標と実績の比較は、主観的な実績評価にもよく使われる。ジョンソン・エンド・ジョンソン・メディカルデバイス・ダイアグノスティックスの場合、製品開発のリーダーは、他の部署から選ばれた者が兼任することになっている。そして年度末には、彼らの監督者が集まって一人ひとりの評価と報奨額の決定を行う。開発チームリーダーとしての成績は評価の一インプットにすぎず、成績全体に対してどう重み付けをするのかは評価委員会の判断に委ねられている。

主観的な実績評価の利点は、評価結果に解釈が加えられることと、具体的数字では表しきれない事象も加味できることである。数式ベースのインセンティブシステムは、たとえば重要な技術サプライヤーが予期せず破綻した場合のマイナス影響までは考慮できない。だが、主観的なインセンティブシステムなら、それも計算に入れて、より公正な報奨を与えられる。

具体的な報奨額を決めるのは、インセンティブシステム策定の最終段階である。報奨にも、ボーナス、報奨金、ストックオプション、昇進などいろいろある。また特別報奨についても、大企業は現金支給が多いのに対し、新興企業は株式が主である。いずれもメリット、デメリットはあり、どれをいつ使うべきかという絶対のルールはない。ただいくつかを併用するときは、適切な組み合わせ方を考える必要がある[6]。

インセンティブシステムは単独では機能しない。企業独自の文化やマネジメントシステムとの関係のなかで力を発揮する。したがって、効果を得るには、それらと協調するものにしなければならない。シリコンバレーのある新興企業は製品の市場投入を急ぎ、競合のインセンティブシステムをそのまま流用した。だが、企業の文化にも業務スタイルにも合っていなかったため社内に不公平感を生み、社員の猛反発を招いた。結局、この企業は最初からシステムを作り直すはめになったのである。

目標をどう設定するか

明確な目標がないと、進捗状況を何に対して評価すればよいかもわからない。これでは、インセンティブの効果が半減してしまう。

目標には次のようなさまざまな種類がある。

[6] こうしたさまざまな報酬の形態については、多くの著作で取り上げられている。Flannery, Thomas P. 1996. *People, performance, and pay: Dynamics compensation for changing organizations*. New York: Free Press.

●具体的な目標と大まかな目標
●定量的な目標と定性的な目標
●ストレッチ目標と現実的目標
●成功追求型の目標と損失回避型の目標

具体的な目標と大まかな目標

目標は、「製品コストを七％カットする」といった具体的なものと「より優れた製品を作る」といった大まかなものとがある。もちろん両方ともそれぞれにふさわしい使い方がある。たとえばニコンが新製品のコストを事前に設定したように、インクリメンタル・イノベーションのプロジェクトなら具体的な目標にすべきである。

明確で具体的な目標があるインクリメンタルなプロジェクトは、計画からの逸脱など例外の発生を利用した管理が可能になる。この場合、経営者は逸脱が激しいときだけ介入する。良くも悪くも、計画とのズレが生じると、原因究明のためにさまざまなチェックが行われ、過小評価していたリスクや手際の悪さが見えてくることがある。これを管理の手がかりにするのである。

こうした逸脱は必ずしも「問題」になるとはかぎらない。むしろ、より大きなイノベーションの機会につながる可能性もある。そして機会が見出せたら、現行のプロジェクト内で展開することもできるし、あるいはそのために別途プロジェクトを立ち上げることもできる（実際は後者のケースが多い）。ポスト・イットも、思いがけない発見が想定外のイノベーションを生んだ例である。当時３Ｍの開発者たちは超強力な接着剤を開発しようとしていたが、試作品はどれも満足なものではなかった。これは材料開発の世界ではよくあることで、正解を得るまでには満足できない試作品を数多く生み出さなければならない。そのとき、この「満足できない」接着剤の一つがアート・フライの目に留まった。彼はこのころ、何度も貼ったり剥がしたりでき、しかも貼った跡が残らない接着剤を探していた。合唱の楽譜にはさむ栞《しおり》が落ちたときに、楽譜を汚さずに貼り付けられる栞が欲しいと思ったことがきっかけだった。そして試してみると、この新しい接着剤は栞として予想以上のすばらしい働きをした。不満足な接着剤と、合唱の楽譜に栞を挟むというアイデアとの出会いが、ポスト・イットの始まりだったのである。

製品開発が高リスクでラディカルなイノベーションになっていくと、目標は必然的により大まかなものになり、具体的な項目はあまり盛り込まれない。ラディカル・イノベーションには実験や試行錯誤、新しいアイデアを受け入れる姿勢、知識の交流などが求められるが、マネジャーたちが柔軟に動ける大まかな目標になっていないと、このような自由度の高い動きはできないのである。前述のロジテックの例を考えるとわかりやすいだろう。

目標が大まかだと、プロジェクトチームやパートナー企業、社内のグループ、経営陣の間で建設的な議論が活発になる。こうした議論がなされれば、チームは経営陣の戦略的意向を理解しやすくなるし、経営陣としても、大まかな目標を決めただけのプロセス初期段階ではわからなかった、新たな戦略的機会が見えてくる。この好例は、ロジテックのデジタルペン「ロジテックｉｏ」の開発だろう。これは、書いた軌跡を読み取って記憶するペンで、記録データはパソコンに転送し保存することができる。ロジテックの経営者は、自社製品を人とテクノロジーをつなぐ「ラストインチ」のインターフェイスと位置づけた。そこで、この大ざっぱな定義を与えられた営業部門と開発部門は、世界中をめぐり、サプライヤーや顧客などさまざまな人と接触した。そして、ヨーロッパのある展示会でデジタルペンのベースになる技術に出会ったのである。当時この技術はまったく別の製品に使われていたが、ロジテックの開発チームは、応用すれば「ラストインチ」製品になると考えた。同社ではグループ間の交流が常に活発であったため、製品コンセプトを練り、その製品に合わせたビジネスモデルを作り、さらに、「ラストインチ」などという大ざっぱな目標——最初は漠然としていたにもかかわらず——にも明確な具体例を提示することが可能になったのである。

定量的な目標と定性的な目標

目標は定量的なものと定性的なものとに分けることもできる。インクリメンタル・イノベーションは多くの場合、市場投入までの時間や資源消費率、製品パフォーマンスの漸進的変化といった、定量化が容易な目標のほうが達成しやすい。イノベーションの定量的目標には通常、具体的な計画期間（「液晶テレビを二〇〇二年までに開発する」など）が盛り込まれるものである。

ラディカル、セミラディカルなイノベーションの場合は、その不確実性ゆえに、定性的な目標が多くなる。逆に定量的な目標に偏りすぎると、イノベーション事業の範囲が狭まり、必要な実験の機会も奪われてしまうだろう。たとえば、現在進行している「エイズの治療薬の開発」や「政府の助成金に依存しない、太陽光発電の実用的ビジネスモデルの考案」なども定性的目標の例である[7]。

[7] 太陽光発電商品化のビジネスモデルに関する研究は、Navigant Consulting, Inc.の協力を得て、カリフォルニア州エネルギー委員会が進めている。

ストレッチ目標と現実的目標

目標の設定は、要求の程度によっても違いが出る。インクリメンタル・イノベーションのプロジェクトでは、現実的で、明らかに達成できる目標を設定する。たとえば、シティバンクが支店長に初めて目標を課した際、実際に提示したのは理想の八〇％程度の目標だった。この数字は、簡単には達成できないが達成不可能ではないという判断から決められた。もしこれを一〇〇％とか九五％にしていたら、ハードルが高すぎて、モチベーションの低下を招いていただろう――目標を無視するか、過剰投資してまで達成しようとするか、どちらかだ。

一方、ラディカル・イノベーションのプロジェクトでは、相手が簡単に達成できそうだとか現実的（見当がつきやすい、期待がしやすいという意味）だと思うレベルより、少しレベルを高めに設定する**ストレッチ目標**にすべきである。マイクロソフトが「一家に一台のパソコン」という独創的ビジョンを掲げたときも、近々達成できると考えていたわけではない。本当の目的は、PCの重要性と、誰もがPCを使えるようになるにはどうするべきかという問題を社員、さらには顧客や社会全体にも考えさせることにあった。

ラディカル・イノベーションの目標は、心に何か訴えるものがなければならない。また、チームまたは組織の一人ひとりが、あたかも前人未到の偉業の一端を担っているように感じられるもので、なおかつ、普段の業務では感じることのできない、成功へのやる気を起こさせるものでなくてはならない。ストレッチ目標に関しては、議論や探索、実験、アイデアの交流を促進するために使う。そして、人が「この目標はどう考えるのが正しいのだろう」とか「どんな実験をすればこの目標の解決法が見えてくるのだろうか」と考えざるをえないようなものが望ましい[8]。

成功追求型の目標と損失回避型の目標

そして最後が、**成功追求型の目標と損失回避型の目標**である。アプライド・マテリアルズは、六五ナノメートル半導体の製造機器を設計する際、六五ナノメートルというパフォーマンスレベルを、要求どおりの質で、なおかつオンタイムで製造できることを「成功」と定めた。これが成功追求型の目標である（何を成功とするかは目標で決まるということ）。こうした目標は、市場投入までの時間、製品コスト、製品パフォーマンスといった、成功のキードライバーをベースに組み立てる。

さらにまたアプライド・マテリアルズは、採算が合うように、開発予算と製品コストも一定の範囲に収まるようにしなければならなかった。これが損失回避型の目標である。この目標は、結果が目標値内に収まっているときはそれほど重要でもないが、製品コストなど、何か一つでも閾値を超えるものがあるとプロジェクトはたちまち危険域に突入する。したがって、成功追求型の目標は達成できたが、損失回避型の閾値を一つ超えたばかりに失敗に終わるケースも起こりうる。

通常、損失回避型の目標は、インクリメンタル・イノベーションでは厳しく設定される。プロジェクトを立て直すゆとりがあまりないからだ。これに対して、ラディカル・イノベーションでは緩く設定される。不確実性が高く、成功した際のリターンが大きいからだ。

[8] ストレッチ目標は、通常の目標と違い、インセンティブ目的で使ってはならない。ストレッチ目標の効力が失われるからだ。ただ、だからといって報酬を与えないわけではなく、むしろ努力や業績はしっかり評価しなければならない。

要するにラディカル・イノベーションの目標は一般に、大まかで定性的で、なおかつストレッチ型（普通の努力では達成できそうもないレベルを目指す）で「成功」が原動力になるものといえる。

以上のラディカル・イノベーション、インクリメンタル・イノベーションの特徴的な目標を、**図3**にまとめた。

調査研究

1

インクリメンタル・イノベーションと ラディカル・イノベーションの違いをどう見るか

ある経営者は、ラディカル・イノベーションの難しさを次のように述べている。

「イノベーションには四つのリスクがある。昔からあるのはテクノロジーと市場のリスクだ。この二つは、インクリメンタルなイノベーションのリスクになることが多い。そしてもう二つは、資金調達と人材のリスクだ。資金が調達できるかとか、適切な人材が集まるかといったことは、インクリメンタルな場合はあまり関係ないが、ブレークスルーとなる事業には重要な問題だ。資金と適切な人材が確保できれば、テクノロジーや市場について把握できる。シスコのような企業は、テクノロジーと市場の今後の方向性を把握するため、内外に巨大なネットワークを張り巡らせている。彼らは、機会の探究ができる人材が社内にいなければ、外から引っ張って

図3　両イノベーションに特徴的な目標

ラディカル・イノベーション	←→	インクリメンタル・イノベーション
大まか	←→	具体的
定性的	←→	定量的
ストレッチ型	←→	現実的
成功追求型	←→	損失回避型

くる。ベンチャーキャピタルは資金と人材に目が向いているが、企業のプロジェクトマネジャーはテクノロジーと市場のことしか見ていない。ブレークスルー事業の鍵は、プロジェクトをうまく回すことではなく、革新的なテクノロジーとビジネスモデルを編み出すことだ。つまりハードルレートではなく知的資本の創造が、またパイプラインの充足ではなく取引とリスクマネジメントに取り組むことが、重要なのだ――いったい誰が私のリスクを共有してくれるというのか。自分でリスクを負うしかない。ラディカル・イノベーションは、プロジェクト中心の考え方を打ち破ってこそ生まれるものだ」[9]

実績評価とインセンティブ

プロジェクト実行時も完了時も、実績を評価する際には、目標が比較対象になる。実績を評価するにあたっては、次のような点を考えなければならない。

- チームと個人の実績評価指標のバランス
- 実績の主観的評価と客観的評価
- 実績の相対的評価と絶対的評価

[9] 出典：Navigant Consulting, Inc.

チームと個人の実績評価指標のバランス

イノベーション・プロジェクトはチーム活動である。チームは、最初に決めた共通の目標に向かって、互いに協力、サポートし合っていかねばならないが、そのためにはインセンティブが必要である。だが多くの企業では、インセンティブが不十分で、チームを有効に活用できていない[10]。一方、チーム内の個人に、実績にもとづいた報奨が必要になることもある。実績評価システムは、個人の重要な実績を無視するわけにはいかない。さもないと、社員の間にシステムが不十分だという不満が募り、イノベーションそのものに悪影響が出る[11]。

一部のメンバーが仕事の大部分を背負い、他はほとんど働いていないという状況では、チームの努力と熱意が低減する可能性がある。あるマネジャーのこんな体験談がある。「一週間ほぼ毎日、一日十五時間以上働いていた。すべてのプロジェクトのパフォーマンス一つひとつを、私一人で分析していた。それなのに褒められるのは全員。納得がいかず、転職を決めた」

「フリーライダー」(分担された仕事をしないチームメンバー)が出てこないようにするには、チームリーダーがメンバーを選べるようにすべきである。あるいは少なくとも、貢献していないと思われるメンバーをチームリーダーの権限で異動させられるシステムにしておくべきである。また、チームの評価結果に個人用の評価やインセンティブを加算するのも、フリーライダー防止策になる。しかし実績評価の客観的指標は大抵、チームワーク用で――たとえば、プロジェクトの進捗状況を予定や予算、規格準拠などを指標に測る――、チームメンバー個人を測るものはほとんどない。そのため、個人の実績は主観的評価に頼らざるをえない。これは、チームリーダーがメンバー一人ひとりを評価することもあるし、上司に限らずさまざまな人から評価が

[10] 米国製品開発経営協会(PDMA)が1994年に会員を対象に行った調査より。

[11] 学術研究の結果によると、地位、ポジションにもとづく個人評価および個人の報酬は、チームメンバーの高い満足感と相関関係にあるという。この相関関係はチーム一律の報酬では見られない。調査内容の詳細は、以下を参照。
Sarin, Shikhar and Vijay Mahajan. 2001. The effect of reward structures on performance of cross-functional product development teams. *Journal of Marketing*, 65: 35-53.

得られる「三六〇度評価」が使われる場合もある。こうした個人評価は、フリーライダーの抑制につながるだろう。

インクリメンタル・イノベーションでは、数式ベースのチーム・インセンティブを、個人の実績評価やインセンティブで補うのが一般的だ。たとえば、新しいエネルギー技術を開発するあるチームでは、プロジェクトの成功にともない、チームとしてボーナスが現金支給され、さらにメンバー個人に対して年次評価の結果を反映したボーナスや昇給、場合によっては昇進が与えられた。

また、報奨の付与の仕方にプロフィット・シェアリングやゲイン・シェアリングを使う方法もある。事業部門全体が一つのプロジェクトチームでもある場合は、**プロフィット・シェアリング**が使われる。これによって部門内の協力が強まるが、部門の規模が大きくなってチームが増えると、チームのモチベーション向上という、プロフィット・シェアリングの効果は薄まる。一部に優秀なチームがあっても、他の成績の悪いチームのせいで部門全体の業績が上がらず、優秀なチームの報奨に結びつかないことがあるからだ。ここで二〇〇〇年初めに著しい業績改善を見せたマークス・アンド・スペンサーの例を考えてみよう。このときもしボーナスを決める評価指標が企業業績だけだったら、経営者の報奨はどのくらいになっていただろう？それ以前の低迷を考えたら、この一時期の目覚しい業績だけを反映した額にはできなかったはずだ。このような業績と報奨とのズレは、株式による報奨制度を利用している大企業でよく見られる。マークス・アンド・スペンサーの社員は社内の結束感のようなものは感じているだろうが、正当な報奨を受け取っているとは思っていない。

ゲイン・シェアリングは、プロジェクトが生んだ価値とチームの報奨を連動させるもので、通常は（価値が創出されているかぎり）何年にもわたって報奨がもたらされる。タイムスパンが長いゲイン・シェアリングを使うと、実際に創出された価値を測れるというメリットがある。それは通常の評価指標にはない特長である。その一方で、分配する報奨はイノベーション・チームの努力だけでなく、個人の努力にも左右される。また長期にわたると、時間とともに他の要因が入り込んできて、創出価値の効力が目減りしてしまう可能性もある。

価値創造について測定するには、製品が期限内、予算内で設計できたかどうかよりも、製品の収益性を見たほうがいい。製品開発チームの報奨は、リリース予定日に間に合ったかどうかが判断基準になることが多いが、本当は、製品の長期的な収益性をもとに判断したほうが効果的だろう。ただ、収益性を基準に報奨を決めるとなると、商業的観点からイノベーションを管理する営業部門と、イノベーション開発チームとの協力態勢の強化が必要になる。これが問題である。こうした連携の強化は、開発と市場化のプロセスがスムーズにつながるようになるため、企業のためにはプラスになる。だが開発チームとしては、自分たちの力だけで報奨が決まるわけではなく、営業活動の良し悪しにも左右されてしまうのである。

調査研究

2

チームと部門のインセンティブ

あるハイテク企業の製品開発部門の報奨システムでは、部門内の協力の促進に興味深いアプローチが使われていた。マイルストーンや予算、品質や性能といった通常の評価指標のほかに、開発の最重要過程にあるプロジェクトからマイルストーンを一つ選び出し、その達成度も判断基準に加えた。四半期ごとのボーナスに対して、部門の全員に、そのマイルストーンの達成度を反映させたのである。これについて、あるマネジャーは次のように語った。「そのプロジェクトに直接関わりがなく、何の責任もなかったとしても、自発的に手伝うように心がける。しかし、次の四半期では、自分のプロジェクトが選ばれるかもしれない」。一風変わったこの報奨システムは、非常に面白いが、これで望ましい結果が出るかどうかはまだ結論が出ていない。

実績の主観的評価と客観的評価

客観的評価はインセンティブシステムには必須であるが、いくつか欠点がある。

● **重要なビジネスチャンスを見逃してしまう**。本田技研工業のアメリカ進出時に現地チームが残した一番の功績は、大型バイクの販売を始めたことではなく、小型バイクという有力な市場セグメントを見つけてきたことだった。これは日本の本社では完全に見落とされていたことだった。

●**客観的評価で判断すればするほど、コントロール不可能な要因が増え、結果が歪められてしまう。**効率的市場仮説にもとづけば、株価が唯一、すべての創出価値を反映する指標ということになる。しかし株価には、金利から、政治的、経済的、社会的事象まで、企業の力ではどうにもならない要因も多く含まれている。また部門担当マネジャーの立場でいえば、株価には他の部門が生み出す価値（自分たちではコントロールできないもの）も反映されていることになる。

業績の客観的評価は、主観的評価で補足すべきである。主観的評価は、マネジャーにとって次のようなメリットがある。

●プロジェクト開始前には予見できなかった情報が得られる。
●評価対象となる人物の行動と意思決定を観察できる。
●定量化しにくく、有益なのかどうかの判断が難しい課題も、評価できるようになる。
●コントロール不可能な事象の影響を差し引くことができる。
●イノベーション活動のプライオリティが変わった場合、評価指標と観察事項

[12] 主観的な評価指標は客観的な評価指標の代用にできる。特に、報酬契約における主観的指標の重要性が増してくるのは、あまり重要でない客観的指標が増えて混乱しているときや（Ittner, Christopher D., David F. Larcker, and Madhav V. Rajan. 1997. The choice of performance measures in annual bonus contracts, *Accounting Review*, 72: 231-255）、客観的指標の適合性に限界が出てきたときである（Hayes, Rachel M. and Scott Schaefe. 2000. Implicit contracts and the explanatory power of top executive compensation for future performance. *RAND Journal of Economics*, 31(3): 273-293）。動的な状況では、主観的指標は客観的指標の代用にもなるし、補完することもできる（Baker, G., R. Gibbons, K. J. Murphy. 1994. Subjective performance measures in optimal incentive contracts. *Quarterly Journal of Economics*, 109, 1125-1156）。

[13] 主観的評価の弱点（窃盗行為、評価の圧縮、レントシーキングなど）に関する詳細な説明は、以下を参照。
Prendergast, Candice. 1999. The provision of incentives in firms. *Journal of Economic Literature*, 37 (1): 7-64.

のプライオリティもそれに合わせて変えられる。

● メンバーたちとしばらくやりとりしていると、相手についてさまざまなことがわかってくる。その知識を使えば、より適切な実績評価ができるようになる[12]。

ただし、主観的評価にもいくつか弱点がある。まず情報が手に入るか入らないかに影響されるし、評価担当者の能力、知識、努力にも左右される。また、主観的評価は、評価者に公正な評価を下そうという意欲があることが前提になる。問題はその意欲がいつもあるとはかぎらないことで、実際は、部下に不満が生じないよう、実績にかかわらず良い評価がつけられることが多い[13]。大学の成績のかさ上げもこの類の問題だ。悪い成績をつければ、学生との不愉快なやりとりが生じ、事務手続きも長引く可能性がある。そんななかで、教授としてはわざわざ悪く評価する理由がない。そこで実際より良い成績をつけるのである。これは大学にかぎった話ではない。ある人事部マネジャーによると、その企業では、五段階評価のシステムであるにもかかわらず、結局、社員の九五%は上位の二ランクに振り分けられているという。

主観的評価でおそらく最も深刻な問題は、評価担当者の信望や公平性、判断能力が評価を左右することである。信頼のない評価者の評価では、部下全員に最高の評価を与えないかぎり部下は満足しないだろう。こうした状況では、主観的評価は客観的評価以下の効果しかなくなる。この点をまとめたのが**図4**である。主観的評価は、評価者が有能で信頼でき、熱心な人物である場合、最良の評価システムになりうるし、これらの条件を一つでも満たしていない場合、最悪の評価システムにもなりうる。

図4　実績評価における主観的要素の役割

最も良いのは、客観的指標と主観的指標をブレンドして使うことである。どちらかに偏ると、インセンティブは間違ったものになるし、行動も正しく評価できなくなる。

実績の相対的評価と絶対的評価

目標は、他のプロジェクトや施策（どちらも組織の内外を問わない）の実績との相対関係で決めることもできる。こうした相対的目標はわかりやすい上、絶対的目標ほど「固定」的でないとされる。また、プロジェクトとその目標に影響する、コントロール不可能な事象も排除できる。モービルでは、新しい評価システムを導入した際、競合との比較で目標を設定し、ＲＯＣＥ（使用総資本利益率）やＥＰＳ（一株あたりの利益）などの財務実績を競合の上位七社との比較で評価するようにした。そして個人のボーナスは非財務的評価にもとづいて算出し、モービルの業界ランクにも連動させた。

ただし、社内の相対比較で実績評価を行うと、破壊的競争を引き起こす。ある大手ソフトウェアメーカーの南米部門は、各国の現地法人どうしの競争で大変な目に遭った。南米部門のトップには財務実績のいい現地法人の経営者が就くことになっていたため、各国の社長が争いはじめたのである。この競争のおかげで各企業の業績は向上したが、南米部門全体としては、顧客が複数国にまたがる取引をいくつかだめにしてしまった。そのため、たとえ取引途中に複数の法人が関与していても、売上は、最終的に取引が成立した国の法人の業績とすることになった。

相対的な実績評価は、比較する他のプロジェクトからも大きな影響を受ける。これはインクリメンタルなプロジェクトでありがちなことだが、業績や目標の設定に、他のプロジェクトの実績が直接的に影響するのである。こうしたことはラディカルなプロジェクトでは、まず起こらない。

インセンティブ契約

企業は、種々の金銭的報酬を適切に組み合わせなければならない。金銭的報酬にはさまざまな選択肢があるが、効果が大きいのはボーナス、昇給、持株制度、ストックオプション制度、そして昇進である。

これらの報酬は四つの要素から成り立っている。

- 報酬の期待レベル
- 業績給の形態
- 支給タイミング
- 支給方法

報酬の期待レベル

報酬の期待レベルとは、その職種の「市場価格」のことである。人材コンサルティング会社は、産業別や地域別の「市場価格」参照表を作っており、企業はそれを見て賃金レベルを決めている。こうした「市場価格」は、必要とされる技能、知識、コンピテンシーなど職業の特性で決まる。企業によっては、個人に職務要件以外の特性がある場合に、その特性に応じて報酬を上乗せするところもある。個人特性が賃金の基準になるときも、賃金レベルは技能、知識、コンピテンシーにもとづいて決められる。

業績給の形態

報奨の二つ目の特性は、業績給にいくつかパターンがあることである。シティバンクの場合は、賃金レベルを標準以下、標準、標準以上と三段階に分けている（**図5**）。こうした階段状の昇給パターンは、直線的なパターンに比べると難点がある。たとえば、標準レベルにはあと少しで到達するという場合でも、標準以上の達成は無理だとわかってしまうと、そこで努力をやめてしまうかもしれない。その点、直線的な昇給パターンだと、わずかな向上でも報奨に反映されるため、こういった行動は起きなくなる。

報奨システムの大部分は直線的かそれに近い形である。直線的だと、報奨もペナルティも業績に比例するため、常に業績アップを促す刺激になる。たとえば、配達の遅れが問題になっていたある電子部品の配送会社は、注文の九五％を二十四時間以内に配達するという改善目標を掲げ、チーム一丸となって取り組んだ。報酬については、目標が達成できたら給与の一〇％分のボーナスを支給することになったが、このボーナス額は目標の達成率に合わせて一％刻みで上下した。チームは業務プロセスを明確化し、遅れの原因を、注文管理から梱包、ロジスティクス、在庫管理まで、さまざまな角度から調べた。そして、ほぼ完璧なサービスを実現するた

図5　問題のある業績給の形態

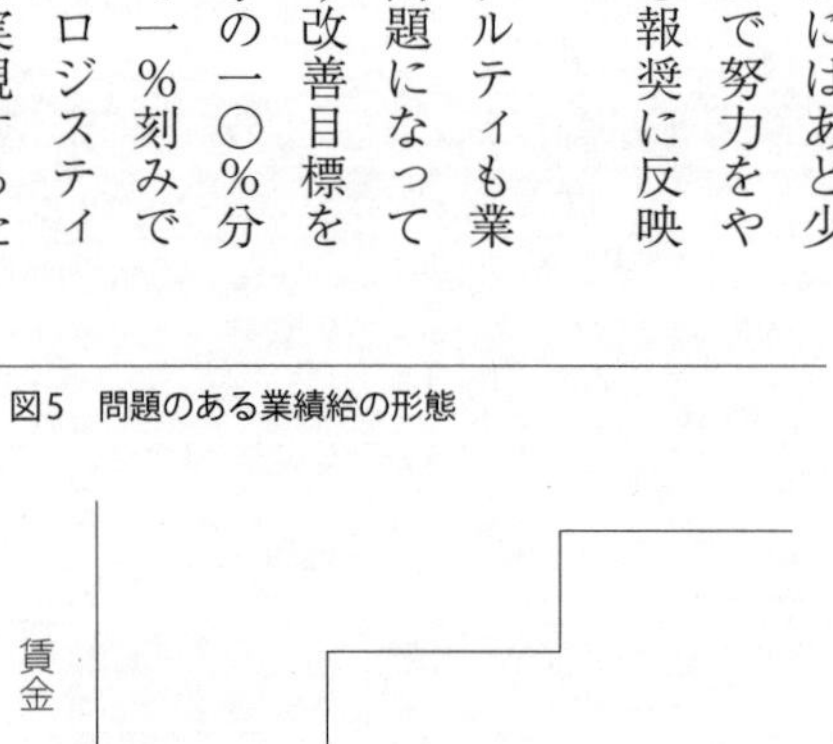

めの提案書を、経営陣に提出した。

この企業は、ボーナスの取り決めのなかで、目標達成率が八五％に満たない場合はボーナスゼロという下限条件を設けていた。極端に悪い成績が出ないようにするためである。またこうした下限があれば、マネジャーは、自分の責任の範疇を超えるような、ひどい業績悪化の責任は問われなくなる（ただし責任があれば解任される）。逆に場合によっては、報酬額の上昇を抑えるために上限条件を設けることもある。こうすれば、業績の向上がマネジャーの力と関係ない場合には報酬を上げる必要がない。カナダのある製薬会社は、この上限がなかったために問題に直面した。この会社の一部門は、別の競合一社と並んで市場のトップを走っていたが、両者の激しい競争により利益の低迷が続いていた。そんなとき、ＦＤＡが競合の製造工場を閉鎖した。状況は一変し、この部門はほとんど無競争のなかで独走状態に入った。利益は一年で四〇〇％増と急増した。ただ、こういう事態は、既存の競合や新規参入企業が生産能力を追加投入してきたら一年でもとに戻るものだ。一方、部門マネジャーのボーナスは、いつもは給料の約三〇％だったのに、この年は一気に三五〇％に増えた（他部門のマネジャーもこれと同等の増加率だった）。さらに厄介なことに、翌年の目標は「利益」になった。これで、部門の上層部は翌年のボーナスはゼロだと確信してしまった。その年のボーナスは、競合が消えたために転がり込んできた「たなぼた」であり、部門の力とはほぼ無関係だったからだ。

業績給には上昇のパターンのほかに、傾きも関係してくる。上昇の傾きが急だと業績達成を促す刺激は強まる。一方、業績給の比重が大きくなると、マネジャーのリスク負担が増えるため、リスク回避の意思決定につながる。基礎科学の研究者は非金銭的な評価を好み、上昇率の大きいインセンティブシステムのもとで研究することは少ない。基礎研究は不確実性、予測不可能性が非常に高いからである。むしろ普通は反対で、研究契約は**コストプラス方式**をとる——これは、プロジェクト遂行に要した研究費用を後からクライアント側（政府など）が返す仕組みで、これだと経済的インセンティブが排除できるため、研究チームが創造的側面だけに集中できる。また、報酬の上昇勾配が急だと、マネジャーも数式に現れる業績だけに注目してしまい、他の事柄が目に入らなくなる。前述のＡＴＨテクノロジーズでは、画像処理システムの質はそっちのけで、売上と利益の目標達成を優先してしまった。この例からも明らかだが、増加勾配が急な報酬システムは、それにふさわしい企業文化のもとで、企業利益を損なうイノベーションを抑制するためにリスクマネジメント・システムと併用していかねばならない。

支給タイミング

報奨のもう一つの特性は支給タイミングである。これには二つの問題が関係している。一つは主力社員のつなぎとめで、対策としては繰延給与や長期報奨制度が有効である。この手の手段の一つ、ストックオプションの利点は、権利が確定するまで一定期間（通常五年）が必要なことである。実際シリコンバレーの集まりでは、「まだストックオプションがすべて権利確定していないので、今の会社から離れられない」と話すマネジャーたちをよく見かける。もう一つの問題は、イノベーションが創出する価値——特にラディカル・イノベーションの場合——は長期的な展望で見なければならないという点である。ヴァージンギャラクティックの宇宙旅行業のようなラディカル・イノベーションの価値は、初年度の売上や開発が予定どおりかといった観点では測れないが、今後五年間もしくは十年間に与える影響という点では判断できる。

ストックオプション制度や譲渡制限付き株式の持株制度では、主力社員をつなぎとめることと、インセンティブを企業の長期的業績に結びつけるという二つの目的から、権利行使日を数年先に設定する。またボーナスも、将来達成する業績分を加味して算出することができる。たとえば、プロセス改善プロジェクトの途中にあるときは、ボーナスは、コスト削減目標全体の何割かを実績とみなして計算する。時間調整機能をこのように使えば、インセンティブ報奨が価値創造により貢献することになるし、社員のつなぎとめにもつながる。

最後に、より高度な仕組みを紹介しよう。業績が良い年のボーナスはそのときに全部支払うのではなく、一部をいったん社員の「預金口座」に入れておく。そしてその後も期待以上の業績が続いたら、その残り分を随時支払っていくというものだ。逆にもし業績が落ち込んだ年があったら、給与をカットするのではなく、その「預金口座」から給与を支払うのである。

支給方法

報酬の支給方法は、ボーナスによる現金支給と株式を用いる方法の二種類が一般的である。現金支給は、マイルストーンの達成など短期間で結果が出る行動の報酬として向いており、ストックオプションや（制限付き）株式の付与は、意思決定において長期的視点を持たせたいときや、判断にある程度時間が必要な技術的成功などに報酬を出す場合に向いている。

株式付与に関してもう一つ重要なのは、大企業でこの方法を使うのは果たして適切かどうかという問題である。大企業では、マネジャー一人の活動が株価に影響する可能性はないに等しい。そのため、経済的目的の点では、株式による報酬は個人のパフォーマンスに影響しない。フォーチュン500に入る企業の一営業所の一経理部長が会社の株価にどれほどの影響を与えられるだろう？　この場合、金銭が目的なら、別のフォーチュン500企業の株を持ち、転職したほうがいいかもしれない。個人の仕事が会社の株価に反映されることはほとんどないからだ。大企業で株式を付与する唯一のメリットは、社員が「株主である」と思える心理的効果だろう。このように株価への影響が少ないのは、特にインクリメンタル・イノベーションの場合である。一方、ラディカル・イノベーションの場合は影響が大きくなるだろう。逆に、影響が大きくないようなイノベーション事業は、より小さい企業に分離される可能性もある。

経営者健全度チェック

社内で最も優秀なイノベーション・チームの意見を聞き、報奨システムの主要素が、行動や業績の促進にどの程度つながっているか把握しておく。

- 報酬の期待レベル
- 業績給の形態
- 支給タイミング
- 支給方法

おそらく、このうちのいくつかはうまく機能しておらず、社員に不満がたまっているだろう。高レベルのイノベーションを達成するには、専任チームを作って、この四要素を調整しなければならない。

インセンティブの落とし穴

イノベーションのインセンティブシステムは、しばしば間違った行動に報奨を与え、本来必要な行動を抑制してしまうという問題を抱えている。その上、金銭的報奨の力が強いと、組織の目的に反した危険な力を活性化してしまう。ある清涼飲料水メーカーは、イノベーションを刺激するため、提案が出されるたびに小額の現金を支給することにした。当然反響は大きく、多くの意見が出されたが、どれも使い物にならなかった。間違ったインセンティブシステムだったら何もないほうがましだというのが、インセンティブ反対派の言い分である[14]。

乱用の危険性

インセンティブシステムの乱用は失敗のもとになる。この危険性を考慮せずに業績給ばかり強調していると、マネジャーたちがリスクを避けるようになる。結果、イノベーションはインクリメンタルなものばかり増えて、ラディカルなものが減ってしまう。

[14] Kohn, Alfred. 1993. Why incentive plans cannot work. *Harvard Business Review*, 71(5), 54-61.

3 経済的インセンティブ——過少の影響、過多の影響

我々は、製品開発における経済的報奨の重要性を調査した際、医療機器メーカーの製品開発部門のマネジャーを対象に、会社のインセンティブ制度について調べ、併せて担当プロジェクトの業績の印象も尋ねた。我々は、経済的インセンティブがプラスに働くなら、業績給と実際の業績は正比例の関係になると予測した。だが一方、経済的インセンティブが内発的動機づけ——エンジニアにイノベーションの気を起こさせる内的好奇心——を抑制し、業績が下がることも考えられた。経済的インセンティブのプラス面とマイナス面は、どちらの力が強く働くのだろう？[15]

図6に、この調査で判明した報奨と業績の関係を示した。縦軸は業績を、横軸は報奨全体における変動給の割合を表している。これを見ると、業績給というのは変動給の割合が低いと好業績を引き出すことがわかる。だが、変動給の割合が増えるにつれてこの傾向は弱まる。そして実際、一八%を境に業績は悪化している。

業績ピーク時の数値そのものはあまり重要な情報ではない。業界やプロジェクトの種類、人のタイプなどによって変わるからだ。むしろ重要なのは、いくら企業に合ったインセンティブシステムでも、インセンティブが強まることで業績が下がる可能性があるという点である。この図は、適度なインセンティブはプラスに働くが、過剰になると業績の低下を招くことを示している。

[15] Davila A. 2003. Short-term economic incentives in new product development. *Research Policy*, 32: 1397-1420.

[16] 研究では、金銭的報酬があるグループ、ないグループの2グループが詩を書く課題を与えられた。その後、詩を書く理由を尋ねたところ、前者からは報酬のためだという回答が、後者からは詩が好きだからとの回答が得られた。

内発的動機づけを低下させる要因

インセンティブシステムのもう一つの難点は、内発的動機づけにマイナスに働く可能性があることである。**内発的動機づけ**とは、人が純粋にこうしたいという熱意から何かに取り組むときに持つ意欲のことである。これはすべてのイノベーションに共通の要素だが、とりわけセミラディカルとラディカルなイノベーションに強い。前述の例でいえば、磁場に反応しない脳外科用クリップの開発をしているチームマネジャーは、それがプロジェクトの課題であるということと、何か新しいものを作りたいという熱意から取り組んでいるのであり、将来の経済的報奨のために励んでいるのではない。ときには、仕事に取り組むという行為自体が、一番重要な報奨になることもある。

社会心理学の分野では、外的報奨が内発的動機づけを低下させることが、早くも一九五〇年代に明らかにされている[16]。これは、イノベーションにおける内発的動機づけを調べた研究でも、同様の結果が出ている。ある企業幹部はこう話す。「研究部門の社員は往々にして、ボーナスには大して感激しない。それよりも、同僚に認められることのほうが嬉しいようだ」。それどころか、外的報奨に

図6　業績と経済的インセンティブの関係

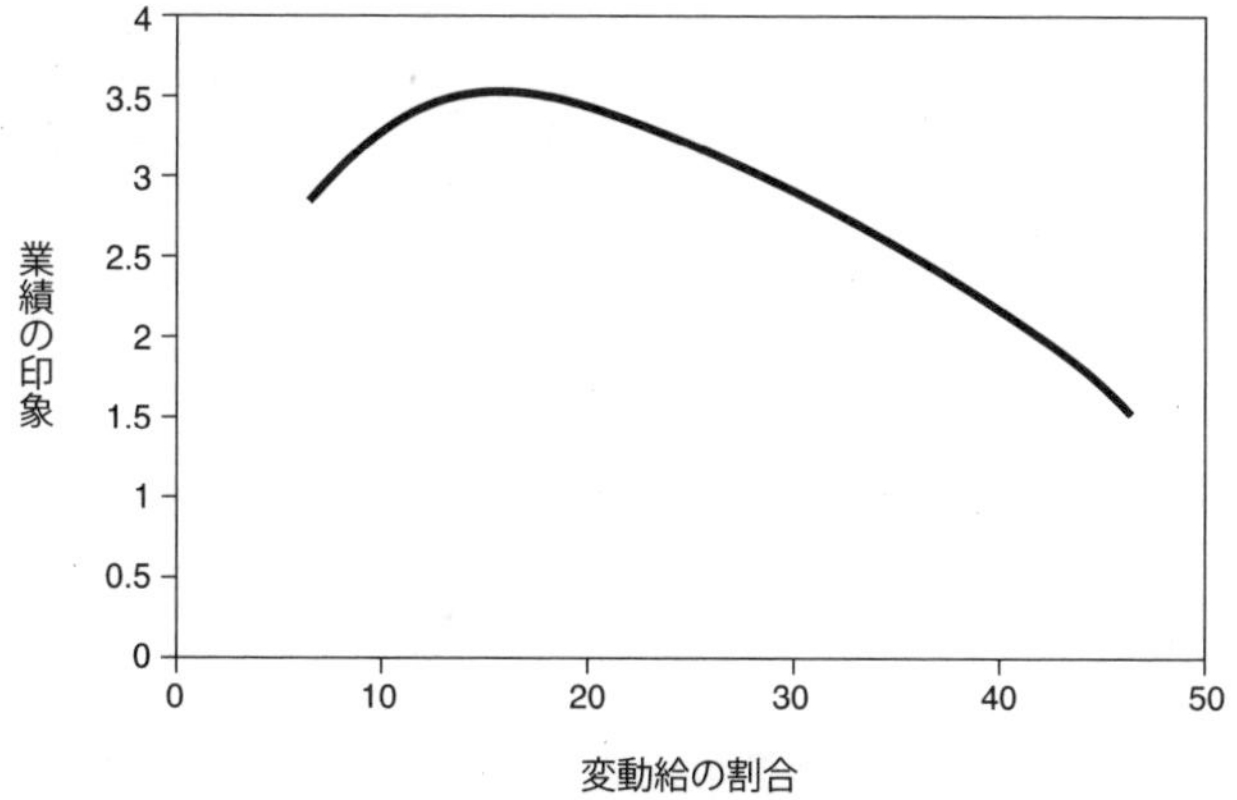

よって内発的動機づけが消えてしまうこともある[17]。これは、報奨システムに、製品開発マネジャーの注意を重要な問題からそらす作用があるということかもしれない。「スケジュール達成を目的とするプランニングと報奨は、実行ペースを加速する手段としては有効でない」[18]

目標を達成したら金銭的報奨を与えると約束しても、創造的活動にはあまり意味がない[19]。また、それで仕事そのものが面白くなるわけではないし、場合によっては、エサで釣っているというネガティブな印象を生むこともある。普通は仕事に対する純粋な興味が創造性を生むのだということを、理解しておかねばならない[20]。スティーブ・ジョブズとスティーブ・ウォズニアックが、自ら主催するホームブリュー・コンピュータ・クラブでパソコンの一号機を開発し、そしてついにはアップルコンピュータの設立まで至ったのも、新しいテクノロジーを使って何かすばらしいことをするということに強い興味があったからである。

恐れ、失敗、公正さ

評価と報奨の問題のほかに、もう一つ考えなければならないのは、企業はどの程度のリスクをとることを推奨するのかという問題である。リスクをとることはイノベーションの成功には不可欠だが、失敗した際に経済的、社会的制裁が加えられることが予想されると、敬遠される恐れがある。

ある企業での施策は明らかに失敗だった。担当のイノベーション・チームは他の社員の面前で経営者に叱責され、昇進はなしだなどと脅された。これで社員全員が、イノベーションは「失敗したら全員の前で屈辱を受け、罰せられるもの」と思い込んでしまった。この認識は、

Accelerating adaptive processes: product innovation in the global computer industry. *Administrative Science Quarterly*, 40: 84-110.

[19] Amabile, Teresa M. Motivating creativity in organizations: On doing what you love and loving what you do. *California Management Review*, 40 (1): 39-58.

[20] Amabile, Teresa M., R. Conti, H. Coon, J. Lazenby, and M. Herron. 1996. Assessing the work environment for creativity. *Academy of Management Journal*, 39: 1154-1184.

その後いくら金銭的報奨を積んでも消すことができず、結果、組織全体が無気力状態に陥り、イノベーション事業も行き詰まってしまった。また、事業が下降しはじめたときにイノベーション部門を縮小することも、会社のリスクテイクに対する消極的姿勢を社内に示すことになり、同様の結果を招くだろう。

経営者アクションプラン——よくある間違いを避けるために

- 目標や評価指標の選択を誤ると、必ず破綻する。
- インセンティブシステムの乱用は、報酬の効果を減退させる上、反動も生む。
- 報酬の与え方を間違うと、真に創造的な人材の内発的動機づけもだめにしてしまう。
- 社員はリスクをとることでプロジェクトが失敗し、自分のキャリアが傷つくことを恐れている。そして公正に扱われることを望んでいる。報奨システムは、そうした社員のさまざまな思いに対処できるように作らなければならない。

[17] Amabile, T. M., R. Conti, H. Coon, J. Lazenby, and M. Herron. 1996. Assessing the work environment for creativity. *Academy of Management Journal*, 39: 1154-1184.
Deci, E. L., R. M. Ryan. 1985. *Intrinsic motivation and self-determination in human behavior*. New York: Plenum.
Skaggs, K. J., A. M. Dickinson, and K. A. O'Connor. 1992. The use of concurrent schedules to evaluate the effects of extrinsic rewards on "intrinsic motivation:" a replication. *Journal of Organizational Behavior Management*, 12: 45-83.
[18] Eisenhardt, K. M., and B. N.Tabrizi. 1995.

イノベーションの促進とイノベーション・ルール

本書はここまで、イノベーションはプラスに働く力だという前提で進めてきた。企業がイノベーションをよりいっそう進めたいのも、価値創造につながるからである。しかしイノベーションにも負の側面がある。価値の破壊である（**図7**）。

イノベーションは、目標とインセンティブを原動力にして、価値を高め、企業成長を促すものである。だが、野放しでバランスのとれていないイノベーションは、企業を危険にさらす恐れがある。その当時最も古い投資銀行だったキダーピーボディ証券も、過度のイノベーションが原因で失敗した例である。非常にイノベーティブな一人の社員が巧妙に架空の利益を作り出したのが発端だった。彼自身はこれで莫大な報酬を得た。警告信号はいくつもあったのだが、あいにく会社側はそれを見過ごしていた。結果、損失が累積し、その長い歴史を閉じるはめになったのである。こうした事態は、厳格な倫理規範があれば対処できるのかもしれない。だが、厳しい社内チェックを行い、バランスを確保するには、リスクマネジメントのシステムも必要である。

図7　イノベーションのプラスの側面、マイナスの側面

価値を破壊する

価値拡大の

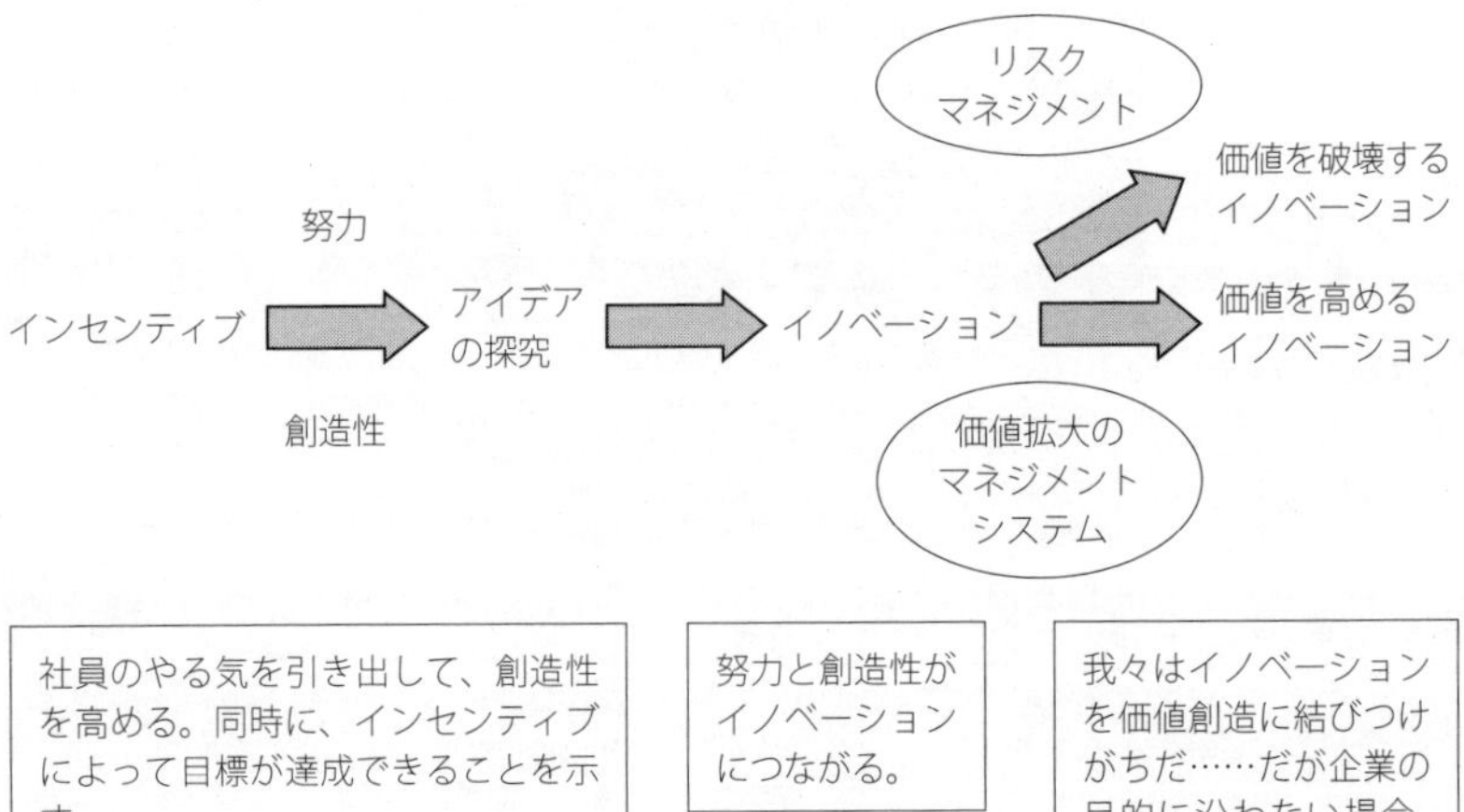
社員のやる気を引き出して、創造性を高める。同時に、インセンティブによって目標が達成できることを示す。
我々はイノベーションを価値創造に結びつけがちだ……だが企業の目的に沿わない場合、価値の破壊につながることもある。

現金支給式のインセンティブシステムでは、主に数式ベースの実績評価指標を使う。このシステムが適しているのは、イノベーション施策が、「短期間で結果が現れる」「組織全体に与える影響が少ない」「評価が簡単」「期待成果が記述しやすい」という場合である。ラディカル・イノベーションの割合が多いイノベーション施策では、長期報酬（株式ベースのインセンティブシステム）と主観的評価を軸にしたインセンティブシステムにすべきである。

ラディカル・イノベーションとインクリメンタル・イノベーションのインセンティブシステムを策定する際には、両者の相違点を考慮しなければならない。**図8**にその主なものをまとめた。

ラディカル・イノベーション施策では、功績に対する周りからの評価が大きな意味を持つ。特にこうしたプロジェクトのマネジャーの場合は、たとえプロジェクトが成功しなくても、リスクテイク行動が報われたと思えることが必要である。一方成功したときは、プロジェクトが生んだ価値の応分の対価を受け取ったと実感できることが必要である。努力やリスクテイク、プロジェクトが創出した価値などの公正な評価は、プロジェクト終了時にしかできないため、こうした成果への報奨としては、インセンティブシステムよりも報奨システムのほうが向いている。

図8　インクリメンタル・イノベーションとラディカル・イノベーションそれぞれに適した報奨システム

インクリメンタル・イノベーションのプロジェクト ←→	ラディカル・イノベーションのプロジェクト
インセンティブシステムに向いている	報奨システムに向いている
現金支給型に向いている	株式付与型に向いている
数式ベースのインセンティブシステムが主	主観的評価が主
報奨の判断には実績評価の結果を重視	報奨の判断に実績評価はあまり重要でない
成果ベースの実績評価が向いている	インプットとプロセスがベースの実績評価に向いている
部門ベースの実績評価	企業レベルの実績評価

インセンティブは、適切に用いれば、行動を変化させる大きな原動力になる。また、有益な行動を持続させ、イノベーションの土台を作るという効果もある。その反面、評価指標やインセンティブがないと、組織の抵抗勢力が自由にイノベーションや組織の変革を阻害できてしまうので、慎重に取り組むべきである[21]。

[21] 例は以下を参照のこと。
Coughlan, A. T. and C. Narasimhan. 1992. An empirical analysis of salesforce compensation plans. *Journal of Business*, 65 (1): 93-121.
Feldman, L. P. 1996. The role of salary and incentives in the new product function. *Journal of Product Innovation Management*, 13 (3): 216-228.
Jenkins, G. D., A. Mitra, et al. 1998. Are financial incentives related to performance? A meta-analytic review of empirical research. *Journal of Applied Psychology*, 83 (5): 777-787.
John, G. and B. Weitz. 1989. Salesforce compensation: An empirical investigation on factors related to use of salary versus incentive compensation. *Journal of Marketing Research*, 26: 1-14.
Kunkel, J. G. 1997, Rewarding product development success. *Research Technology Management* 40 (5): 29-31.
Natter, M., A. Mild, et al. 2001. The effect of incentive schemes and organizational arrangements on the new product development process. *Management Science*, 47 (8): 1029-1045.
Oliver, R. L. and E. Anderson. 1995. Behavior and outcome-based control systems: Evidence and consequences of pureform and hybrid governance. *Journal of Personal Selling & Sales Management*, 25 (4): 1-15.

8

イノベーションを学習する

学習の重要性

変化の速い環境では、競合よりも迅速に効率よく低コストで学習できるかどうかが、市場をリードしつづけられるか、あるいはかろうじて生き残るだけかの分かれ目になる[1]。シリコンバレーの大手ベンチャーキャピタルの間では、新興企業の売上アップには時間もコストも予想以上にかかるということが知られている。このように新興企業がもたつくのは、予測より成長が遅れただけというケースもあるが、大抵はキャッシュフローの不足が原因だ。こうした新興企業の成功例と失敗例の検証をもとに考え出されたのが、「販売学習曲線」（the Sales Learning Curve）で、これは製品リリース直後の厳しい時期に、速く効率よく低コストで売上を伸ばすポイントを示したものである。このコンセプトのもとになっている考え方はこうだ――キャッシュフローが

[1] 迅速な学習の重要性については、以下を参照。
Brown, Shona L. and Kathleen M. Eisenhardt. 1997. The art of continuous change: Linking complexity theory and time-paced evolution in relentlessly shifting organizations. *Administrative Science Quarterly*, 42: 1-34.
Brown, Shona L. and Kathleen M. Eisenhardt. *Competing on the edge: Strategy as structured chaos*. Boston, MA: Harvard Business School Press.（『変化に勝つ経営：コンピーティング・オン・ザ・エッジ戦略とは？』佐藤洋一監訳、1999年、トッパン）
事例については、以下を参照。
Nevis, Edwin C. and Anthony J. DiBella. 1995. Understanding organizations as learning systems. *MIT Sloan Management Review*, 36 (2): 73-86.
イノベーションプロセスにおける学習の役割については、以下を参照。
Zahra, Shaker A., R. Duane Ireland, and Michael A. Hitt. 2000. International expansion by new venture firms: International diversity, mode of market entry, technological learning, and performance. *Academy of Management Journal*, 43 (4): 925-950.

黒字に転じるまでの時間は営業部門の質や規模とは関係ない。組織全体が、顧客からのフィードバックを製品に取り込みながら、それと並行して、製品やサービスの販売に必要な物事をいかに速く確実に学習できるかが重要である[2]。

学習で重要なのは、失敗を防ぐことではなく失敗から学ぶことである[3]。マイクロソフトはこれまで、失敗から学んだことを有効に活用してきた。最初に出した製品で「充分」だとしても、マイクロソフトは市場を制覇できるまでしつこく改良を続ける。同社は、製品の改良には、実際の使用体験を見て、顧客の意見を聞く必要があることを知っている。だから、「最高」の商品ができるまで発売を控えることはしないのである。しかし通常、組織はそれほど学習に長けているわけではない。イノベーションについても、失敗経験から学習していない企業は実に多い。そして同じ間違いを繰り返し、同じ挫折感を味わっている[4]。組織の学習は、費用をかけずに迅速かつ確実に学習できるシステムがあるかどうかが鍵になる[5]。失敗する組織の特徴を見ていくと、多くが「イノベーション学習能力」に欠けていることに気づく。こうした組織はイノベーションを有効だとは思っていない。取り組むのはインクリメンタル・イノベーションばかりで、しかも大抵のプロジェクトはうまくいかない。そして、周りの企業がより高いレベルのイノベーションに投資しているのを見ていつも驚いている。

学習能力の欠如はイノベーションを妨げる一つの要因だ。その著しい欠如を示していたA社もイノベーションに成功したためしがほとんどなかった。経営陣はインクリメンタリズム乱用の傾向があり、大規模なイノベーション施策に投資している他社を嘲っていた。組織は抵抗勢力によるイノベーションへの反発が激しく、学習能力の不足もあいまって悪循環に陥っていた。

velopment risk. *Journal of Business Venturing*, 10 (6): 413-424.

[4] 組織の学習能力については、吸収力の観点から研究されている。
Cohen, Wesley M. and Daniel A. Levinthal. 1990. Absorptive capacity: A new perspective on learning and innovation. *Administrative Science Quarterly*, 35: 128-152.

[5] 製品開発における不確実性をマネジメントすることの重要性は、以下を参照。
Thomke, Stefan and Donald Reinertsen. 1998. Agile product development: Managing development flexibility in uncertain environments. *California Management Review*, 41(1): 8-31.

またイノベーションに適した評価指標も持たないため、過去の実績から何かを学ぼうとしても限界があった。そして、そもそも経営陣がイノベーションの価値を信じていなかったため、これまでのイノベーション活動（自社だけでなく競合の活動も）からは特に何も学んでいなかった。これらの悪循環の図式をまとめるとこうなる――イノベーションの成功体験がないため、イノベーションの価値が信じられない。信じていないから、それを学習しようとしない。したがって、やってみてもやはりうまくいかない。ちなみに、この企業は同業他社に比べて業績が極端に悪かった。そして結局、安値で買収されてしまった。

一方、B社も同じく学習能力の欠如を示していた。こちらもイノベーションにあまり価値を見出さない企業文化で、変化やイノベーションに対する抵抗が強く、イノベーションの実績にも乏しかった。また、イノベーション・プロセスの支えとなる、有効な評価指標も学習システムも持ち合わせていなかった。ただここの経営陣は、こうしたさまざまな欠点が後々に響いてくることは理解していたため、現状の分析に始まり、イノベーション・アプローチの欠陥原因の究明と修正を進めた。これはイノベーション・アプローチの抜本的見直しにつながった。たとえば、「行動の変革と学習の向上に役立つ測定システムの導入」「イノベーションのプロセスと組織の改善」「イノベーションを妨げていた抵抗勢力への特別な対策」などの手を打った。その結果、会社は活気を取り戻し、重要なイノベーションに取り組むようになった。現在この企業は業界でもトップレベルの収益をあげており、また、長期的成功の模範としてさまざまなところで紹介されている。

組織の学習と変化は常に不可分である。イノベーションは変化がすべてである。インクリ

[2] Leslie, M. 2004. The sales learning curve: Optimizing the Path to Positive Cash Flow. *El Dorado Edge*, http: //www.eldorado.com/pg_newsletter_read-7.html

[3] これは学習プロセスの基本的前提である。Lucifer, Richard, Christopher M. McDermott, Gina Colarelli O'Connor, Lois S. Peters, Mark R. Rice, and Robert W. Veryzer. 2000. *Radical innovation: How mature companies can outsmart upstarts*. Boston, MA: Harvard Business School Press. Gunther McGrath, Rita and Ian C. MacMillan. 1995. Discovery driven planning. *Harvard Business Review*, 73: 4-12. Sykes, Hollister B. and David Dunham. 1995. Critical assumption planning: A practical tool for managing business de-

メンタルにしてもセミラディカルやラディカルにしても、すべて変化であるため、イノベーションには学習の要素が欠かせない。組織的な学習は、計画と実行の仕方が適切であれば、絶大な創造力を引き出すことができる。そして、その創造力を製品化の成功に集中させるプロセスも、適切な学習によって可能になる。

経営者の対策プラン――学習を無視してはいけない

組織に学習と変革の仕方を周知しておかないと、フレームワークから戦略、プロセス、組織の評価指標、インセンティブまで、イノベーション要素が何一つ改善できなくなるし、良い結果も期待できなくなる。

イノベーティブな組織の学習過程には次のような特徴が見られる。

- 戦略と連動した、学習と変革のプロセスが確立している。そしてそのプロセスによって、明確で継続的な改善策が具体化できるようになっている。ある企業の製品開発部門のマネジャーは、学習の目的で、一つのプロジェクトにつき二回、開発チームに立ち会う。一回はプロジェクト開始前で、プロジェクトのニーズに合わせてプロセスを調整する。もう一回はプロジェクト終了時で、プロセスの改善方法を調べる。

- 複雑な組織力学に対してシステマチックなアプローチを使う。イノベーティブな組織では、こうした複雑な組織の行動や反応を、直接的な因果関係ではなく、行動、反応、効果などが複合的に絡む因果関係として捉えている。
- 抵抗勢力の出現を最小限にとどめるために、ビジョンを共有している。組織の**一員である自分にとって**の重要性ではなく、組織にとって何が重要なのかという理解を共有することから、組織に団結が生まれる。
- 柔軟性と機敏さを持ち合わせている。これらにより変化が促進され、イノベーションを継続させるための環境が作られる。独特のプロダクトソリューションで知られるデザインファームＩＤＥＯは、多彩な経歴の人材を集め、常にチームの組み直しをしている。
- 危機が起きてから対応するのではなく、問題や脅威を事前に予測する。変化は往々にして、組織トップからではなく内部から起きる。インテルのメモリ事業から半導体事業への転換の動きも、中間層の提案から始まったものだった。経営陣は、転換が不可避だとわかった時点でようやくこの提案を認めた。[6]
- 協力関係は強いが、厳しい課題の多い環境。こうした環境では、創造的緊張（クリエイティブ・テンション）は最大限に高められるが、破壊的な緊張は最小限に抑えられる。

[6] Burgelman, R. A. 2002. *Strategy is destiny: How strategy-making shapes a company's future*. New York: The Free Press.

「行動の学習」と「学習の学習」

学習には大きく分けて二つのタイプがある。**行動の学習と学習の学習**である[7]。

行動の学習

この学習は具体的には、「現在のシステム（構造、プロセス、資源などが含まれる）の機能状況を共同でチェックする」「強みと弱点の共通理解を深める」「弱点を積極的に改善する」などを行う[8]。この場合、戦略の目的はすでに確定していると考え、その内容は問わない。たとえば、製造プロセスの改善をチームで話し合う**品質管理（ＱＣ）サークル**は「行動の学習」の典型例である。このチームは、工場の効率性の改善方法などを探るのが役割で、「自社はＰＤＡを作るべきだ」とか「製造は社内製造と外注とどちらがいいか」などの基本的な問題は既定事実と考えて議論しない。

戦略策定レベルで見ると、大抵の計画方法は、現況から将来を推測した上で現在のビジネスモデルを将来に当てはめるやり方をとる。このように現況から将来を推測するのも「行動の学習」の一つで、現在の行動をインクリメンタルに改善することが中心になる。たとえば、将来も現在の方向性を維持したいときには、この種の計画が有用である。だがこれには、過去の道筋を形式的にたどるだけに終わる危険性がある。最悪の官僚的なパターンで、価値が高められることはほとんどない。世界最大規模の医療機器メーカー、ベクトン・ディッキンソンでは、

[7] Argyris, Chris. 1977. Double loop learning in organizations. *Harvard Business Review*, September – October: 115-124.

[8] 学習の限界については、以下を参照。Levinthal, Daniel A. and James G. March. 1993. The myopia of learning. *Strategic Management Journal*, 14: 95-112.

十二月から翌年九月にかけてを戦略計画の立案期間とし、ここで戦略、業務、財務の各計画を立案している。この期間中はミーティングが頻繁に行われ、各階層間でかなりの情報がやりとりされる。そして期間の終わりには、戦略的分析、計画、予算を詳細にまとめた分厚い計画書ができあがる。必然的に、計画方法の性質と、財務計画特有の実際的な性質が反映されるため、戦略計画は現行ビジネスモデルを踏襲したものになり、イノベーションもインクリメンタルなものが中心になる。[9]

学習の学習

このタイプの学習は、組織の学習と変革がしっかりできているかどうかを組織的に確認する一連のプロセスで構成される。このような大局的な視点は、イノベーション投資のリターンを最大化したり、持続可能なイノベーションを確立したりする際には絶対に必要である。この「学習の学習」では、現在のプロセスがイノベーションに最善の方法なのかどうかを再検討する。組織は、こうして何をどのように追求するのかを見直すことで、新しい考え方を受け入れやすくなり、賢いリスクテイクができるようになる。このようなリスクは見返りが大きい。たとえばプロセスレベルで見ると、リエンジニアリングは、プロセスの進め方を改善するものではない。リエンジニアリングは、改善が目的ではなく、別の進め方の可能性を探るために、今の進め方のもとになる考え方を見直すことに重心を置く。

あるハイテク企業は、戦略計画を「学習の学習」活動として使っていた。この企業は、計画実行期間には二つの戦略プロセスを同時進行させ、これらを年一回のオフサイトミーティング

[9] Simons, Robert, Antonio Davila, and Afroze Mohammed. 1996. Becton Dickinson – Designing the new strategic, operational, and financial planning process. Harvard Business School Case 9-197-014.

で総括していた。そのミーティングの初日と二日目の前半では、従来の戦略計画と同じように翌年の財務目標と財務プログラムを決めた[10]。そして残りの時間を使って非財務面を中心に検討し、新しいテクノロジーや市場トレンドのほか、マネジャーが関連性があると判断したあらゆるアイデアを検討した。問題解決の糸口は一つひとつ検証し、そのなかでも重要と判断されたものは、専用チームでさらに検討が続けられた。

イノベーションにはこれら両方の学習タイプが必要である。インクリメンタルなイノベーションは主に「行動の学習」を、ラディカルなイノベーションは「学習の学習」を使うことが多い[11]。この二つのイノベーションでは、使う知識の種類が異なる。まずインクリメンタルなイノベーションは、組織で広く共有される知識がベースになる。これにより、社員は目先の問題が何なのか、どんな解決方法があるか、現在のプロセスの目的が何なのか、なぜそのプロセスを使うのか、プロセスはどう機能しているのか、といったことに共通の理解を持つことができるため、個人の考えも伝えやすくなる。こうした誰もが使えて、伝達も容易な知識を**形式知**という。これは普段からナレッジ・データベースにストックしておき、必要なときにそこから引き出して使う。たとえば、アクセンチュアなど一部のコンサルティング企業では、プロジェクトチームに日ごろから、プロジェクトの主な特徴――課題は何だったか、その解決にどんなアプローチをとったか、最終提言は何か――を書き出すように言っている。既存の知識を全社で使おうというのである。そしてこれを社内ネットワークに公開しておけば、新しいプロジェクトはゼロから始めるのではなく、その知識を再利用でき、ひいてはよりよい顧客サービスを提供できる。

[11] 学習に関する文献では、これと似たような概念が、学習の探求と学習の活用の違いという論点で記されている。
March, James G. 1991, Exploration and exploitation in organizational learning. *Organization Science*, 2 (1): 71-88.
Kuemmerle, Walter. 1999. The drivers of foreign direct investment in research and development: An empirical investigation. *Journal of International Business Studies*, 30 (1): 1-25.

[10] 翌々年については財務的、戦略的な概要が簡単にまとめられた。CEOによると、市場の変化のスピードを考えると、それ以上先のことはもちろん、翌々年の詳細ですら、すべてまったくの当て推量になってしまうという。

一方、ラディカル・イノベーションでは形式知はあまり使わない。知識がまだ曖昧な、未開の領域を開拓していくこのイノベーションでは、個々人の頭のなかにある漠然とした知識が、互いのやりとりのなかで明確になっていく。この場合は経営陣も、可能性を秘めたアイデアであることはわかっていても、それを明確に表現したり裏づけとなる具体的数字を挙げたりすることができない。つまり直観的なのである[12]。この種の知識は**暗黙知**という。ラディカル・イノベーションの難しさは、アイデアが新しいことだけでなく、それを他の人が理解できるように伝えることにもある[13]。スペースシップワンの開発者は、この商用宇宙船をどんな人が何人くらい買いそうかといった具体的なことは予測できなかったが、これがビジネスになるということは、直観的にははっきりとわかっていた。

イノベーションの学習システム

学習プロセスに関係するシステムには次の四つの種類がある。このうち前半二つはインクリメンタル・イノベーションと、後半二つはラディカル・イノベーションとの関係が強い。

- **価値提供のシステム**……組織が持つ知識を整理して、その知識を、計画脱線時の管理や対応に使えるよう明確にしておくシステム。学習は、プロセスを設計するときや計画の脱線に対応するときに活用される。
- **現行モデルを改良するシステム**……これは、現在のビジネスモデルを将来のモデルに生かす

[12] 暗黙知については、以下を参照のこと。
Nonaka, Ikujiro. 1990. Redundant, overlapping organization: A Japanese approach to managing the innovation process. *California Management Review*, 32 (3): 27-38.
Nonaka, Ikujiro. 1994. A dynamic theory of organizational knowledge creation. *Organization Science*, 5 (1): 14-38.

[13] イノベーションのカオス的な性質から学び取ることの重要性については、以下を参照。
Cheng, Yu-Ting and Andrew H. Van de Ven. 1996. Learning the innovation journey: Order out of chaos? *Organization Science*, 7 (6): 593-614.

ためのシステムといえる。ここでは、恒常的な改善を推し進める「行動の学習」が使われる。

●**能力を確立するシステム**……新しい能力の開発に関係する学習を促進するシステム。経営陣はこれを利用して、将来の戦略に必要な能力の開発を促す。またこのシステムによって知識創造プロセスを、目的とする能力に方向づけることもできる。

●**戦略創造のシステム**……現行ビジネスモデルの枠を超えた知識が、組織のあらゆるところから生まれることを奨励し、それらを捉え、さらなる拡張を促すシステム。常に生まれてくるアイデアが、無駄に使われたり、他社の価値創出に使われたりするのを防ぐ。

価値提供のシステム

組織が持つ知識を整理して、それを新たな展開に応用するのがこのシステムである。たとえば製品開発のロードマップは、製品開発プロセスに関する組織内の知識をまとめる役目をする。テキサス・インスツルメンツでは、製品開発プロセスをまとめた小冊子に、アイデアの妥当性確認から技術仕様、実行、市場導入までプロジェクトが経る各段階を詳細に記している。また段階ごとの必要条件や、チェックポイントで測定する事項、担当者の名前などもこの小冊子に明示している。

このシステムでは形式知が使われ、イノベーション・プロセスの管理システムに登録される。できるだけ価値を**提供しやすく**するためである。学習は、システムを個別のイノベーション事業のニーズに合わせていくときに発生する。

調査研究

1

学習を妨げるプロセス——ある製品開発部門の例

ある企業の製品開発プロセスは一見、しっかり設計、構造化されているように思われた。マニュアルには、各ステージの目標や権限の所在が明確に記されていたほか、開発チームの定常業務の負担を減らすための諸手続き、全部門のサポート活動を調整するチェックリストなどが記されていて、プロセス設計の質としてはかなり高いレベルだった。だがプロジェクトマネジャーたちの考え方は、この方針とは違っていた。彼らは、開発プロセスの管理統制はするが、サポートはしないというのである。

製品開発プロジェクトの監督とプロセス管理をしていたあるマネジャーは、チームに定常業務を徹底させることが自分の務めだと考え、「書類はすべて定位置にあるか」「ステージゲートはすべて検証されているか」「プロセスの段階はすべて入念にチェックされているか」など、細かなことをいちいち確認した。このマネジャーにとっては、定常作業をいつも同じように、厳格な儀式のように行うことが重要だったのである。

結局この企業で実際に使われていた製品開発マニュアルは、イノベーション・チームリーダーのニーズに合わない古臭いものであり、真っ先に改善されるべきものだった。このようなシステムでは、イノベーションを助けるどころか、妨げることにしかならない。

価値提供のシステムを使うと、イノベーション・プロジェクトの今後が明確になる。その意味で、これは**予測型**の学習である。たとえば、「事前にプランニングする」「チームがプロジェクト実行に移る前に、別の選択肢も検討する」「イノベーション事業の方向性を示す道筋を、後で変わる可能性があっても大まかに示す」なども、この予測型学習になる。また、このシステムでは、プロジェクトの知識は予想した通りに構築されるので、漸進的な学習になる。

現行モデルを改良するシステム

学習に関係するシステムの二つ目の役割は、システム自体の改善と組織のイノベーション・プロセスの改善である。プロジェクト実行中には、遂行しているプロセスそのものが学習対象になる。すなわち、イノベーションそのものだけでなく、イノベーション・プロセスの改善の仕方も学習の対象になる。このシステムの場合、目的はプロセスの**改良**である。たとえば、半導体製造機器は高度な技術を必要とする。そのため製品を導入するときは、厳しい技術的要件を満たした製品にしなければならない。しかし、価格競争が進んでくると、製品コストの現状維持は難しくなる。開発チームは当然技術的な改善に集中するが、時とともに技術以外の面のコスト削減も必須命題になってくる。市場トップのアプライド・マテリアルズは、製品導入後に、製造コスト削減を目的とする専門部門を作ってこの問題を乗り切っている。この専門部門は、コスト削減の機会を見つけ、これを優先して解決するという手法をとった。たとえば、十七に分割されていたサブシステムを一つにまとめた結果、コストは九分の一に減り、リードタイムも品質も向上した。

この場合の学習は、予測性はあまり関係なく、経験的側面が強い。問題を特定して解決策を見出すのも経験が頼りになる。この学習プロセスでは、他社を訪問したり、コンサルタントを利用したり、外部の専門家を雇ったりと、他の組織の知識を取り入れることも多い。ここで使われるのは暗黙知である。この手の知識は問題が解決されないと見えてこないもので、通常はチームの活動を通じて徐々に蓄積されていく。あるいは、普段は個々人がばらばらに持っている知識だが、チームワークによって明確で一貫性のある知識に変わる、という見方もできる。

調査研究

2 経験的な学習プロセス——製品開発部門のもう一つの事例

前述の製品開発マネジャー（定常業務を維持することが自分の任務と考えていたマネジャー）と比較する意味で、別の企業の同じ立場のマネジャーを見てみよう。

このマネジャーは、柔軟に動いて開発チームと開発プロセスをサポートすることが自分の役目だと考えていた。そして実際に開発現場に加わり、プロセスをプロジェクトのニーズに合わせて調整し、定常業務もチームが何らかのメリットを得られるように変えた。また学習に関しても、最適な価値提供のために知識を活用できるようにしただけでなく、完了したプロジェクトをチームとともに一つひとつ見直し、開発マニュアルをより使いやすいものに改訂していった。マニュアルは常に進化し、学習を取り入れていく、生きたマニュアルとなった。

この製品開発マネジャーは、価値提供とプロセスの改善という二つのレベルで学習を捉えていたのである。

これで、二つのシステムそれぞれに学習の目的があることがわかったが、二つともそれ以外の役目も担うことができる。たとえば価値を提供するシステムが、プロセスの見直しや改良に役立つこともありうる。そしてそこから、ラディカル・イノベーションの可能性が見えてくることもある。ここで示したフレームワークは、設計や実行を助ける指針であり、決してこれにとらわれる必要はない。

能力を確立するシステム

学習に関するシステムには、将来の能力を**確立する**という役割もある。経営者は頻繁に戦略の変更を考える。そして戦略設計を再検証し、斬新な戦略を思いつく。また、現在の業績不振や、現行モデルに将来脅威が及ぶ可能性を念頭に置いて、新しいアプローチも模索しようとする[14]。

能力の確立は、手持ちの知識を拡大するよりもずっと手間がかかる。これには予測的な知識も経験的知識も両方必要だからだ。この**予測的知識**を得るには、戦略的思考と戦略的プランニングを使う必要がある。イー・トレードやチャールズ・シュワブといったオンライン証券の出現で、メリルリンチでは新たな戦略が必要になった。独創的発想と重大な脅威への対応を

[14] 例は、以下を参照。Markides, C. 1997. Strategic innovation. *Sloan Management Review*, 9-23.

迫られた経営者は、解決策の出現を待つわけにはいかなかった。この新しい市場に適応するには、新しい能力を確立するしかなかったのである。だが、新しいものは、実験室のなかだけではできない。新しい戦略の構築には、能力を築く過程で得られる経験的知識が必要になる。大手書店チェーンのバーンズ＆ノーブルは、アマゾンに対抗するにはアマゾンのサイトを真似しているだけではだめだということに、すぐに気づいた。実店舗の強みをオンライン上で活用する方法も習得する必要があった。新しい情報の登場によって計画の見直しが必要になるときには、この経験的、予測的な二種類の知識を必ず使わなければならない。

このように計画を常に見直しながら実行していく場合は、定期的に会合を開くとか、目標を修正するとか、期限を設けるといった手が有効である。インクリメンタルなイノベーションで使う価値提供のシステムは、計画と実際の進捗状況を比較して、プロジェクトのペースを調整する。一方、能力を確立するシステムは、締切を定期的に設けることで組織のペース調整をしたり、情報交換や知識の明確化を促したりする。ソニーがビデオテープレコーダー（ＶＴＲ）の開発に乗り出したばかりのころ、創業者の井深大が開発責任者の木原信敏に最初に課した目標は、実用的な製品を作ることだった。そのＶＴＲ一号機は当時五万五〇〇〇ドルに相当した。実用的な製品が開発されると、井深はそれを五五〇〇ドルで売れる商品にせよと命じた。そしてそれが市場に出ると、今度は五五〇ドルのカラービデオを出そうと言い出した。これがベータマックスである。

こうした類の「ミーティング」は、新興企業の役員会議に匹敵する。この役員会によって、組織は歩調がそろい、経営者の目は戦術ではなく戦略に向くようになるし、また、経歴がばらばらの社員も団結して新しい視点で会社を見られるようになるのである。

戦略創造のシステム

そして最後は、学習から将来の戦略とビジネスモデルを**作る**システムである。イノベーションは、組織内の意外なところから現れることが多い。たとえばプレイステーションを発案したのは経営者ではなく、社内でゲーム機開発の支持を得るためにCDをより多く売るためのアイデアを何か示さなければならなかった一人のミドルマネジャーだった。また、インテルのマイクロプロセッサーへの移行も、ミドルマネジャーの決断で決まったことだった。さらにシーベルもセールスフォース・ドットコムもビジネスオブジェクツもすべて、もともとはオラクルのマネジャーたちが立ち上げた新規事業が成功、拡大した例である。

このような予定外の発見は、最初は、経営者の目の届かないところで発展することがある。そしてそのまま組織が気づかなければ、別会社として独立し、そこで花開くことになるだろう。場合によっては、のちに競合になる可能性もある。この種のラディカル・イノベーションは、その独創性や、サクセスストーリーのアピール性、成功確率が低いなかで実現することの魅力などから、これまでも多くの関心を集めてきた。また、新しいビジネスモデルのために能力を確立するという先見的なプロセスと違って、即応的で、ひらめきによるところが大きい[15]。**図1**と**図2**は、イノベーションと学習システムとの関係を四つのパターンに分けて示したものである。

[15] この4システムの詳細については、以下を参照。
Davila, Tony. 2005. The failure and promise of management control systems for innovation and strategic change in *Controlling strategy: Management, accounting, and performance measurement*, Chris Chapman, editor. Oxford: Oxford University Press.

図1　イノベーションと学習システムの関係：インクリメンタル・イノベーションの場合

インクリメンタル・イノベーション				
システムの目的	**システム**	**主要プロセス**	**学習のタイプ**	**知識**
価値の提供	プランニングシステム ロードマップ 例外報告	成果について	予測的	形式知
モデルの改良	プロセス改善 顧客フィードバック 製品テスト	プロセスについて	予測的／経験的	暗黙知から形式知まで

図2　イノベーションと学習システムの関係：ラディカル・イノベーションの場合

ラディカル・イノベーション				
システムの目的	**システム**	**主要プロセス**	**学習のタイプ**	**知識**
能力の確立	戦略プランニング 戦略コントロール プロジェクトマネジメント	「すべき」事について	経験的／予測的	暗黙知から形式知まで
戦略の創造	スカンクワークス アイデアマネジメント 社内ベンチャーマネジメント	「できる」事について	経験的	暗黙知

組織で学習を機能させるには

学習を現場に活かすには、積極的なアプローチが必要である。そして組織で実際に使えるようにするには学習内容の具体化が必要で、次のようなツールが有用である。

ナレッジ・マネジメントとイグノランス・マネジメント

イノベーションのマネジメントには、**ナレッジ・マネジメント**（知っていることを最大限活用する）とともに、**イグノランス・マネジメント**（**無知のマネジメント**——何を知らないのか、またその無知が何を意味するのかを意識する）も必要である。ナレッジ・マネジメントはインクリメンタル・イノベーションに、イグノランス・マネジメントはセミラディカルとラディカルなイノベーションに有効である。

■**ナレッジ・マネジメント**

情報を符号化し、それを社内全体で使えるよう構造化する際には、ナレッジ・マネジメント・システムが重要になる。このシステムには、プロジェクトの効率アップに役立つような、会社のこれまでの取り組みの履歴が保存されている。システムの価値は、システムの設計——情報の保存と引き出しの手軽さ、データベースの構築方法など——と、プロジェクトのラーニングヒストリー（詳しくは後述する）の符号化に規律が設けられているかどうかで決まる。

ブリティッシュ・ペトロリアム（BP）の「ピア・アシスト」制度は、全社に分散している知識を活用するために作られたもので、必要な専門知識がなくて困っている部門に、他部門がその専門知識のあるスタッフを貸し出す仕組みである[16]。また、マッキンゼー・アンド・カンパニーは、「プラクティス・ディベロップメント・ネットワーク」というコンサルティング実績を記録したデータベースを構築しているほか、「ナレッジリソース・ディレクトリ」という、社員の専門知識など重要情報を記録したデータベースも共有している。このデータベースは社内全体にすぐに浸透し、一九九六年時点で、約一万二〇〇〇件の記録が登録されており、一カ月に二〇〇〇回ダウンロードされたという[17]。

■イグノランス・マネジメント

既存のテクノロジーと市場のデータを基盤にしているインクリメンタル・イノベーションは、ナレッジ・マネジメントやデータマイニングを使って進められる。一方、ラディカル・イノベーションには、このナレッジ・マネジメントの代わりに「イグノランス・マネジメント」を用いる。インクリメンタル・イノベーションに慣れたマネジャーは、知らないことが増えてくると落ち着かなくなる。情報が見つからなければ、イグノランス・マネジメントから引き出すしかない。

セールスフォース・ドットコムは、オンラインでの営業マネジメントという独自のコンセプトで売り出した当初は、肝心の知識がほとんどなかった。「中小企業はこの新システムをどう使うだろうか」「いち早くこのシステムを導入するのはどういう企業か」「一番便利な機能は

[16] BPの学習プロセスの構築に関する詳細は、以下を参照。
Berzins, Andris, Joel Podolny and John Roberts. 1998. British Petroleum (B): Focus on learning. Graduate School of Business, Stanford University Case # IB-16B.

[17] Bartlett, Christopher. 1998. McKinsey and Company: Managing knowledge and learning. Harvard Business School Case #9-396-357.

何か」「潜在顧客にどうアプローチするのか」など、どれもよくわかっていなかったのである。意思決定は、トップ主導の試行錯誤をもとに行われていた。だが同社はこの初期段階に、サービスの使われ方と顧客に関するデータを細かく集めていた。そして会社が成長してくると、このデータの分析をもとに、サービスの改善や戦略の見直しを図った。これらのデータを調べたある研究は、このサービスが大企業にも利用されていることを指摘した上で、市場のセグメント化は、企業の規模よりも業務の複雑さを基準にするほうがよいと結論づけている[18]。

イグノランス・マネジメントのプロセスでは、重要であるのに理解していない事柄を認識するとともに、プロジェクトの進捗が妨げられない程度までその無知を減らす方法を考える。たとえば実験は、イグノランス・マネジメントのなかでも強力なツールで、技術的側面の意思決定だけでなくビジネスモデルの設計にも役立つ。そのほか、推定、迅速なプロトタイピング、経験にもとづく推測などもイグノランス・マネジメントのツールである。迅速にプロトタイプを作ると、現時点の製品コンセプトを潜在的ユーザーに提示できるし、設計に関するフィードバックもすぐに得られる。また経験にもとづく推測は、ラディカル・イノベーションでは常に使っていく必要がある。どんな場合も、完璧な製品が考案されるのを待つよりも、概ね良いものができた段階で先に進んだほうがよい。

プロジェクトのロードマップ

複数のイノベーション事業を相互補強的に使っていこうとする場合は、**プロジェクト・ロードマップ**を作るとわかりやすい。ロードマップは、既存プロジェクトの学習が新しいプロジェクト

[18] Davila, Tony. 2003. Salesforce.com: The evolution of marketing systems. Graduate School of Business, Stanford University Case # E-145.

[19] Wheelwright, Stephen C. and Edward Smith. 1999. The new product development imperative. *Harvard Business Review*, March.

[20] Galvin, Robert. 1998. Science roadmaps. *Science*, 280 (5365): 803.

の基礎になるプロセスを、視覚化したものである。ここに示される各プロジェクトはそれぞれが独立して順位争いをするような関係ではなく、相互協力的な一まとまりのものと考える。こうしたまとまりでは学習が積み重なるため、単体では不可能なことが可能になる[19]。モトローラでは、製品ラインの計画と開発にプロジェクト・ロードマップを有効に活用している。伝説的なCEOのクリストファー・ガルビンはこのプロセスを積極的に推した一人である。「製品やサービスの将来的ニーズを満たすためには、それなりの技術やプロセス、部品、そして経験が必要になる。『テクノロジー・レビュー』と『テクノロジー・ロードマップ』は基本的に、それらを社内に備えるために必要なことを今確実に実行するためのものである」[20]

図3は、ある医療機器メーカーの製品ロードマップである（プロジェクト・ロードマップの応用版）。このマップは、まず戦略レベルで概要を作り、そのあと各製品部門で細かい部分を決めていったもので、テクノロジーと市場の発展状況と、その二つによって機会が整った際に製品を市場に投入していく展開が表されている。通常、技術ロードマップに

図3　医療機器メーカーの製品ロードマップ

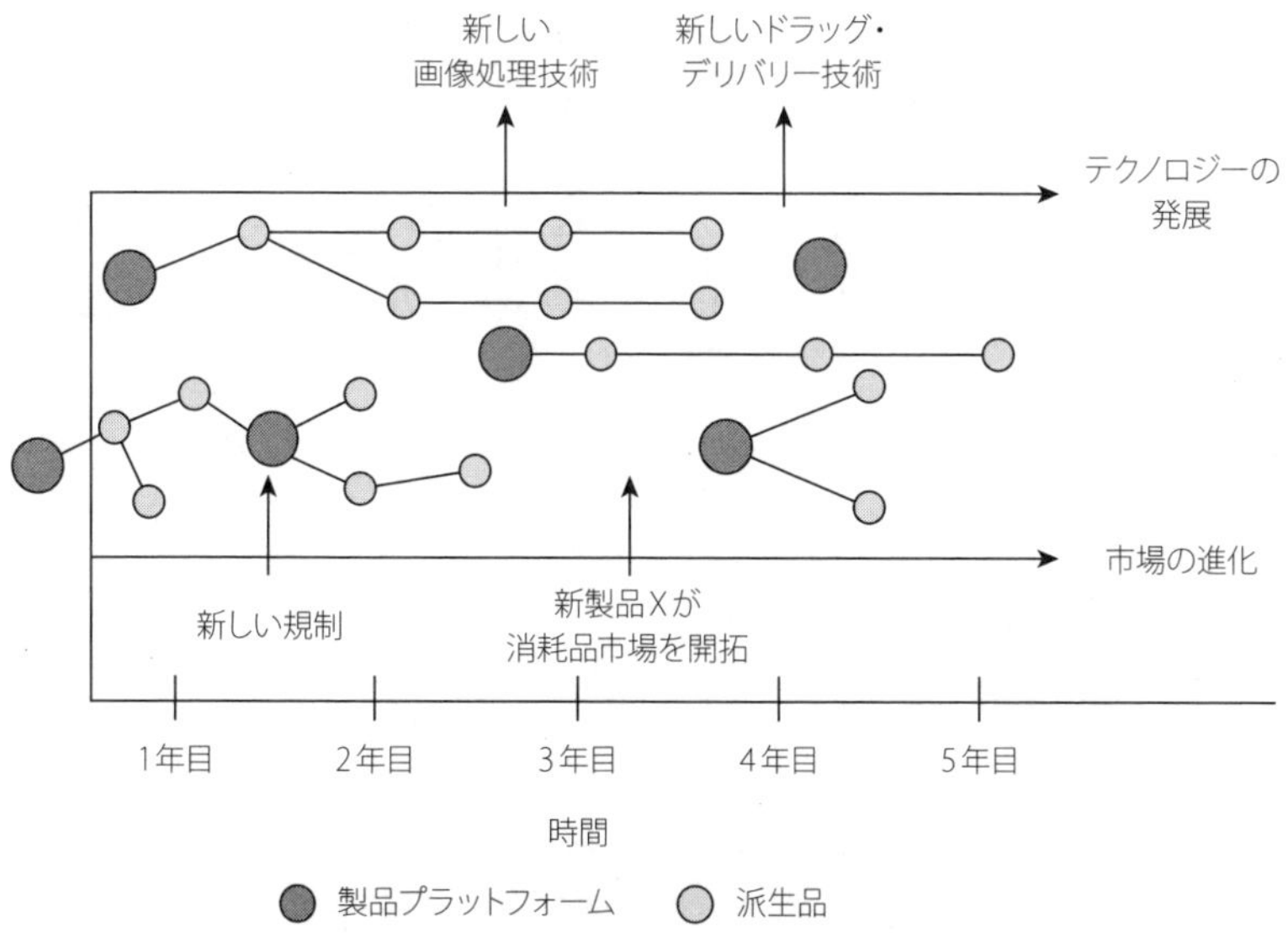

は、自社の技術だけでなく外部で研究されている技術も含める。一方、製品ロードマップは、初期段階のほうが細かく記され、時間の経過にともない、期待される製品群や相乗効果も記していく。

失敗も創造プロセスの一環

創造プロセスの始まりの時点で、成功するアイデアとそうでないアイデアを見分けることはできない。だが、失敗も創造プロセスの一環であることは認識しておくべきである。バイアグラができたのは、心臓病治療薬の開発の失敗がきっかけだった。また、物流管理用ソフトウェアを手がけるある企業も、模索と失敗を経験して顧客層を見出している。この企業では当初、中堅企業をターゲットにしていた。この市場セグメントをターゲットにした物流ソフトウェア製品はまだ出回っていなかったため、この戦略は妥当に思われた。だが営業努力にもかかわらず、売上はなかなか伸びない。ターゲット層には高額すぎたこともあるが、そもそもこうした企業は物流管理のプライオリティが低かったのである。そのころ、マーケティング担当副社長が近所の大企業にこのコンセプトの反応を探りに行った。これが幸いした。契約はきわめてスムーズに進んだ。ソフトウェアのパフォーマンスも価格も大企業のニーズにはぴったりだったのである。

失敗の要因を学ぶと、逆に成功の要因が見えてくることが多い[21]。ただ、組織全体で「失敗の価値」が認識されていないと、社員は失敗を恐れて実験的試みに踏み出せないものである。

[21] Amabile, Teresa. 1998. How to kill creativity. *Harvard Business Review*, September – October: 77-87.（「あなたは組織の創造性を殺していないか」『ダイヤモンド・ハーバード・ビジネス・レビュー』誌、1999年5月号）

ラーニングヒストリー

組織の過去のイノベーション体験を記述したものを、専門的には、**ラーニングヒストリー**（**学習履歴**）という。このラーニングヒストリーでは、過去のプロジェクトや施策、状況を振り返り、実際に何が起きたのか、何が作用したのか、あるいはしなかったのか、どんな原因が推測されるのかを、できるだけ中立的に説明する。基本的に物語形式をとるため、プレゼンのスライドより内容が伝わりやすいし、また第三者的に説明することから、重要な客観的視点や洞察も盛り込むことができる。このラーニングヒストリーは、特定の行動や人物、出来事を強調するためのものではない。さまざまなテーマを再生しながら、「組織全体として繰り返しやっていることのなかで、業績にプラスに影響していることは何か？　逆にマイナスに働いているものは何か？」とか「結果はどうなのか？　なぜそうしたのか？」という問題の答えを見つけることが目的である。フリトレーは、拡大のための戦略計画を作る際、それまでのイノベーション事業の成功と失敗の原因を、ラーニングヒストリーを利用して解明した。戦略的投資の前に、イノベーションを動かす原動力が何なのかを知っておきたかったからである。

ラーニングヒストリーというプロセス全体の目的は、体験を語る側だけでなく、体験の共有から利益を得る側にも、新しいひらめきをもたらすことである。決して、責任の所在や功績を明らかにするためのものではない。語られる体験談から何かを**学ぶ**ことが目的である。

経営者健康チェック——ラーニングヒストリー

イノベーションを進めるためには、過去のイノベーションの主な成功例、失敗例をラーニングヒストリーで振り返り、そのなかで組織の能力（プラス、マイナス両方）についてわかったことを冷静に分析する。そしてこれをイノベーション担当のリーダーにも伝える。さらに、組織が学習、変革できるためには何を変えなければならないのかを突き止めることも必要である。

イノベーション戦略のダイナミズム

産業全体のライフサイクルが成熟に向かうにつれ、イノベーションを支える学習も変化する。**図4**は、産業のライフサイクルの変化と学習内容の変化を示したものである。縦軸に示される「動乱の大きさ」は低水準から始まって、いったんピークを迎え、また低水準に戻る。既存勢力が生き残りの脅威を最も強く感じるのは、このピーク時である。一方、低水準のときは、脅威は少ないがまったくリスクがないわけではない。十九世紀の製氷業界は当初、業界内で採氷の効率化を競っているだけだったが、そこに新しい技術が登場した。おかげで業界は二十年たらずで崩壊した。コカ・コーラの場合も同じで、ペプシ打倒策に集中している間に、新しい飲料コンセプトを携えた新興企業が、大手二社が見逃していた市場セグメントを狙って参入してきていた。

テクノロジーの段階

産業のライフサイクルの初期は、テクノロジーのイノベーションが主になることが多い。この段階は、さまざまな企業がさまざまなテクノロジーに賭けて参入してくるため、動きが非常に激しい。一般に新興企業が多く、リスクも高い。学習に関しては、新しいテクノロジーや新しい解決策《ソリューション》の開拓が中心になり、学習システムは、経営陣の技術開発の指示に応えられるような組織能力にすることや、テクノロジーを激変させる新しい発想の創出に重点が置かれる。

十九世紀後半の自動車業界は多数のメーカーがひしめき、それぞれ独自の製造技術を試していた。そのなかでガソリンエンジンを使っていたのはごく一部で、多くは、鉄道と同じような蒸気エンジンに賭けていた。また一九七〇年代後半のパソコン業界も、パソコンが幅広いニーズに対応できると気づいた企業であふれかえっていた。最近では、ＣＲＭソフトウェア市場が何百社という新興企業で賑わい、さまざまな顧客情報管理ソリューションが

図4　学習のライフサイクル

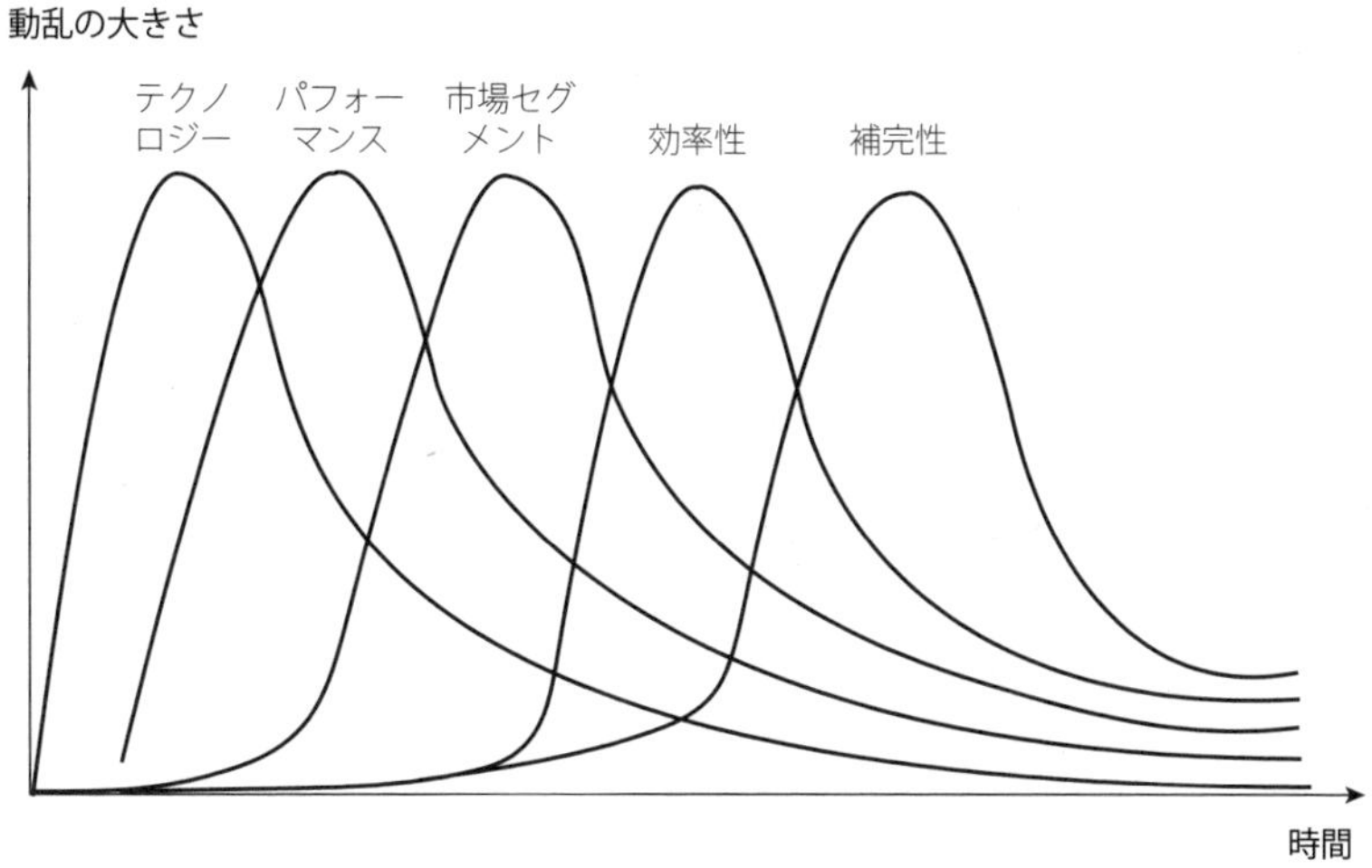

提供されているし、さらに今日では、ベンチャーキャピタルの支援を受けた企業や、大企業の事業グループが、ボイスオーバー・インターネット・プロトコル（ＶｏＩＰ）市場を制しようとしのぎを削っている。

このライフサイクルの第一段階は、どれか一つのテクノロジーが市場を支配すると、終わりを迎える。自動車業界の場合はガソリンエンジンがそのテクノロジーだった。ＰＣ市場では「ウィンテル」が業界標準になり、またＣＲＭ市場はシーベル・システムズのソフトウェアソリューションが主流になった。その一方で、賭けるべき技術を間違えた多くの企業は消えていった。

大企業の場合は、自らこうした支配的技術を生み出し、そのまま第一段階を乗り切ることもある。ソニーのウォークマンがそうだ。だが多くの企業は、この段階は他社の知識や技術を仕入れる（学習する）。たとえば、コーポレートベンチャーキャピタルが新興企業のコミュニティとの接点を利用して、有望な新技術を探すのもその一つだ。このように新たなイノベーションの創造を外部に求めるタイプの戦略では、現戦略に沿う、もしくは現戦略を補うイノベーションを獲得し、自社内の新事業に取り込むことが目的になる。インテルの資金援助プログラム「インテル・キャピタル」は、インテル製品の補完的技術を持つ新興企業を支援しているが、ここでは、資金面だけでなく、インテルとそのパートナーが保有する資源や人脈も提供している。

調査研究

3 アイデアの一番の源泉は？

各国の研究開発マネジャーを対象に、新製品アイデアの源泉としては何が有力か、順位づけをしてもらった。**表1**はその順位の平均である。上位二つは、社内の研究開発とマーケティング活動だった。興味深いのは、三番目に重要な源泉が、フィールドサポートや営業ではなく技術提携という点である。

パフォーマンスの段階

支配的《ドミナント》な技術が現れると、パフォーマンスが急速に向上しはじめる。この段階でも基盤技術のラディカル・イノベーションはまだ可能だが、それまでに比べると可能性ははるかに落ちる。市場を激変させる新技術に賭けている企業もまだ多少はあるかもしれないが、大部分は主流となった技術のパフォーマンスをできるだけ早く向上させることを考えている。この段階ではパフォーマンスの評価指標は主に一つだけで、たとえば、デジタルカメラの解像度やネットワーク・プロバイダーの稼働時間などがそれにあたる。そして企業間の競争もこの一点のみで争われることが多い。

競争優位を得るのは、この学習段階をいち早く実行できる企業になる。より性能の良い

表1　アイデアの源泉の有力度ランキング

源泉となるもの	順位の平均
研究開発活動	1.69
マーケティング活動	2.47
技術提携	3.46
技術サポート活動、フィールドサポート活動	3.62
営業活動	3.70
マーケティング提携	4.03
製造活動	4.35
製造提携	5.17
流通提携	5.72

製品が現れると、市場シェアはすぐに逆転する。たとえば、除細動器――患者の胸に植え込む医療機器で、異常を検知すると心臓を刺激する――は一九八〇年代末から九〇年代初めにかけてパフォーマンス段階に入ったが、このころはガイダントとメドトロニックの大手二社が市場を握っていた。当時の除細動器はサイズが大きいことが一番の難点で、ペースメーカーのように心臓の近くではなく腹部に植え込まなければならなかった。だが腹部となると、心臓につなぐ長いケーブルの安全性と、患者の快適性という二つの点が問題になる。医師も患者も、サイズ以外のパフォーマンス指標にはこだわっていなかった。ガイダントもメドトロニックも性能面は非常に進んでいたのである。そこで、両社ともこの学習段階では機器の小型化を目標にした。そしてどちらかが新製品を出すと、そのたびに市場シェアは逆転した。ともに学習の実行能力は優れていたため、しばらくは市場シェアの奪い合いが続いたが、やがて両社ともが心臓近辺に植え込める機器を開発できたところでこのシェア争いは落ち着いた。これでようやく、サイズも、顧客にとって多くのパフォーマンス指標の一つになったのである。そして業界は、価値観の違う顧客それぞれに合わせる、市場セグメンテーションの段階に入った。

市場セグメントの段階

製品パフォーマンスが向上すると、そのレベルに満足した顧客セグメントは別の観点（価格、手に入りやすさ、所有コスト、見た目の美しさ、スタイルなど）から製品の価値を見るようになる。イノベーション・プロセスが新しい段階に入ったのである。

これまでの段階では、どんなビジネスモデルでテクノロジーを提供していくかが課題だった。

テクノロジーの変わりやすさに比べれば、市場は安定していた。だがこの段階に入ると、テクノロジーは安定するが、市場が流動的になる。顧客のニーズはすぐに変わるし、新たなセグメントが出現するのも早い。したがって学習への投資も、市場に関する知識の増強が中心になる。そして、市場が「読め」て、各市場セグメントの違いが捉えられる企業が、勝者になる。

この段階の変化に対応できなかったことが命取りになった例がある。ヨーロッパのある大手企業の医用画像部門は、絶えず画質技術の改善に取り組み、事業開始以来ずっと市場をリードしてきた。この市場ではかなりの期間、解像度が主要なパフォーマンス指標だった。だが画質の向上にともない、パフォーマンスよりも価格を重視する市場セグメントが形成されはじめた。こうしたセグメントから見ると、この企業の製品の性能は必要以上に良すぎ、価格も高すぎた。そこに新規組が参入してきた。そしてこのセグメントはもちろん、他の市場セグメントも広く押さえ、市場の支配的地位を奪い取ったのである。

効率性の段階

市場セグメントが固定化すると、競争の焦点は、いかに効率よく多くの価値を創造できるかに移る——これはサプライチェーン、設計、マーケティングいずれも同じである。ここでは効率が第一であり、効率性を高めた企業が勝者になる。したがって、着実なインクリメンタル・イノベーションの進め方をうまく学習できるかどうかが、勝敗を分ける。トヨタが、一九七〇年代以降の自動車市場で早々とトップに立てたのは、品質の改善方法を常に学習していくことができたからだ。トヨタの成功は、一つの方策の成果ではなく、さまざまなマネジメント策の相互作用の結果だった。

これまでの段階までと同じくこの段階でも、競争の争点は一つに絞られる——だが、時には番狂わせが起き、焦点が乱される可能性もある。新しいテクノロジーの登場やパフォーマンスの大飛躍、あるいは新しい市場セグメンテーションという予想外の出来事により、業界が再構成され、新しい段階に突入するのである。たとえば、ヨーロッパの航空各社が効率性を争っていたなかへ、ライアンエアやイージージェットといった格安航空会社が、徹底的な低価格戦略で参入してきたのは、この典型である。

補完性の段階

この最後の段階で、焦点は補完性の管理に移る。ここでは、自社の他製品、他事業とのシナジー効果を最大化できるかどうかが問われる。また、バリュープロポジションを高められるような、パートナーとのネットワークの構築も必要になる。一方、企業間競争の面では、それまでは市場セグメントごとにバリュープロポジションを見出せることが重要だったが、この段階では、他社との相互作用と複雑性のマネジメント力が焦点になる。総合化学品メーカーのFMCコーポレーションが成功した要因は、主要三事業（農業用、工業用、一般消費者向け）のシナジーをマネジメントできたことにある。家庭用ゲーム機メーカー三社（ソニー、マイクロソフト、任天堂）の争いの場合は、ヒットタイトルを生み出すゲームソフト開発企業とのネットワークを築き、維持することが、大きな焦点になる。

こうして産業は徐々にステージを進んでいくが、その間、ラディカル・イノベーションが生まれれば、いつでも新しいステージに移ることができる。ただ、企業が戦略的に投資ポートフォリオの一部をラディカル・イノベーションに振り向けていかないかぎり、プロセスも企業文化も現状の改善にとどまるため、企業全体がラディカルな変化に対応できなくなる。

学習とイノベーション・ルール

イノベーションが安定して進んでいる企業では、幹部が学習を支援し、学習が生じるようなシステムを整えている。たとえば、問題と機会をクリティカルな視点で捉えられる簡略な診断を行ったり、フィードバックや方向性の指針を与えるために、プランニング・ツールのようなより複雑な学習システムを使ったりしているのだ。また、イノベーションを会社の基本精神に組み込むにも、学習と変化が必要である。イノベーション戦略を成功させるには何が重要なのかを学んだデルは、学んだことを基本精神と企業文化に根付かせる努力をした。

創造性と価値獲得のバランスをとるには、学習システムが必要になる。それがないと、計画が最善でも必ずどちらかが突出してしまい、適正なバランスがとれなくなる。アップルはイノベーション・プロセスには特に注意を払っていたが、それにもかかわらず、創造性の比重が大きすぎたことで非常に苦労した。スティーブ・ジョブズがCEOに返り咲いてまずしたことは、何が原因で悪いバランスを招いたのかを学習し、それを正すことだった。

さらに、イノベーション・ネットワークは頻繁に変化する。このネットワークを管理するには、組織構造を常に新しくしていくための情報と学習が必要になる。学習がないと、ネットワークは凝り固まり、その効果もなくなる。すでに強力なネットワークを築いている企業でも、多くはネットワークの更新に必要となるレベルの学習と変革ができていない。そのためネットワークが弱体化し、使いものにならなくなっている。ある世界的な器具メーカーは、およそ二年間にわたる成長期の間、ネットワークのメンテナンスを怠っていた。目先の機会に振り回され、資源を成長とは関係のない活動に回していたのである。その結果、成長が鈍り出すとイノベーション・ネットワークは崩壊し、次の成長に必要なイノベーションはもはや生み出せなくなった。やがてこの企業は失速しはじめた。

もう一つ学習が重要になるのは、組織内の抵抗勢力を抑えるときである。抵抗勢力の発生を抑えるには、学習システムを整えて、組織が良い変化と悪い変化とを区別できるようにしなければならない。さもないと、抵抗勢力はあらゆる変化を無差別に攻撃、破壊するようになる。こうなるとイノベーションも終わりである。学習能力に欠けていた前述のA社は、抵抗勢力に対抗できるほど学習ができていなかったため、悪循環にはまってしまった。また同じく学習能力に問題があったB社だが、こちらはイノベーション・アプローチに学習を積極的に取り入れ、悪循環を断ち切った。

イノベーションを追求する事業や産業が、テクノロジー重視の初期ステージから、効率性重視のステージに進んでいくのにともない、イノベーションの学習のあり方も変化する。しかし学習の重要性はいつでも変わらない――イノベーション活動において、そこには常に高いプライオリティが与えられるべきである。

9 勝つ企業文化をつくる

企業文化はイノベーションにどう影響するのか

企業内にはさまざまなシステムやプロセスが広がり、全体として一つの社会的相互作用ネットワークになっている。これが企業文化である。暗黙のルール、共通の理念、社員のメンタルモデルなどから成る企業文化、すなわち社風は、これまで見てきたようなイノベーション・ツールの効果にも影響する。コンピュータ業界で最強の存在だったＩＢＭは一九九〇年代初め、消滅の危機にさらされた。同質性と調和を重んじる社風が災いして、周りの変化の速さについていけなかったのである。その後同社は、社外から招聘した新しい経営者がリスクの高い変革を強力に推し進めて、やっと成功の軌道に乗ることができた。

図1は、イノベーション・ツールと企業文化の二つがどう作用し合うのか、またイノベーション事業の成果にどう影響するのかを表したものである。

企業文化は不変でなく絶えず進化している。その進化のために、システムやプロセス、会社

図1　マネジメントツールと企業文化との相互作用

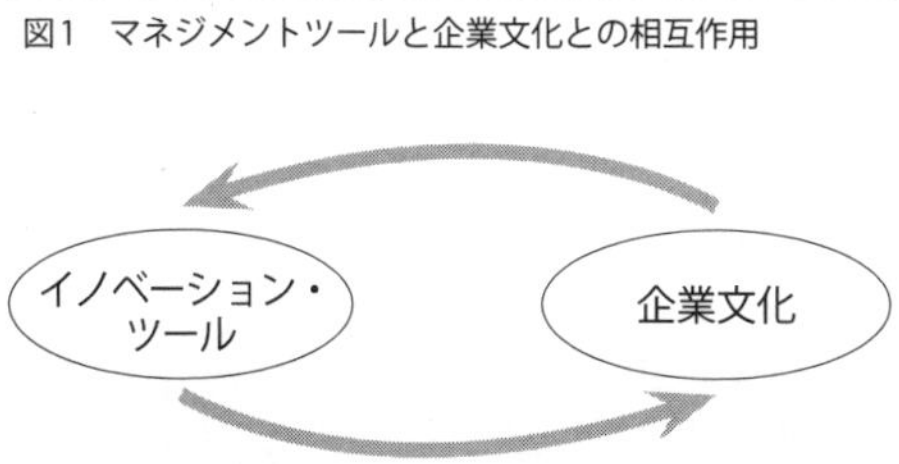

のシンボル、組織価値を新たに設計し直すこともある[1]。デルのケビン・B・ロリンズCEOは一九九七年、その企業文化を理解し、さらに競争力ある資産に育てあげるという、全社的な取り組みに乗り出した。これは現在の良い面をさらに高めていくことが目的であり、これまでと違う文化を作ろうというのではなかった。同社の人事部長ポール・マッキノンは、「我々はただ、よりよくしたかっただけだ」と話している。そして、ロリンズとともに「デルにとっての、勝つための新しい企業文化とは、どんなものになるのだろう」と考えたという[2]。

イノベーション文化は新興宗教？

なかには、イノベーションがただの戦略というより、日常的なものになっている企業もある。まるで宗教のようである。たとえばヴァージンアトランティック航空やサウスウエスト航空などでは、イノベーションが企業文化にしっかり根付いている[3]。ヴァージングループのリチャード・ブランソン会長は、イノベーションに期待し、そのための報酬も出している。そして常に、イノベーションが廃れることなく、会社の基本精神の一部として定着するような仕組みを作ってきた。

イノベーションの成功で勢いづいている企業の社員は、自分のしていることは正しいと心底信じている。それは傍目にも明らかなほど強烈だ。そしてイノベーションとそのためのプロセスに献身することを周りにも熱心に説く。イノベーションは直接携わっていない者でもその良さを理解するだけで恩恵を受けられるもの、と考えているからだ。たとえば3Mの社員は、

[1] Christensen, Clayton and Kirstin Shu. 1999. What is an organization's culture? Harvard Business School Case 9-399-104, May 20.

[2] Fisher, Lawrence M. 2004. How Dell got solutions. 2004. *Strategy & Business*, 36, August: 47-59.

[3] Schrage, Michael. 2001. Playing around with brainstorming. *Harvard Business Review*, March: 149-154.

他社の社員が創造的あるいはイノベーティブなことに関心を示さなかったら驚くだろう。

ここで沸いてくる疑問を文化人類学者風に言うと、「ここでは何が起きているのだ？　なぜこれほどまでに強烈な信仰なのか？　イノベーション・プロセスが崇拝の対象になるのはなぜだ？」となるだろう。この「崇拝」は、３Ｍの「一五％ルール」の例を見るとわかる。この「一五％ルール」とは、社員は勤務時間の一五％をプロジェクトやアイデアを独自に考える時間にしてもよいという同社の方針だ。３Ｍの社員はこの方針を非常に尊重していて、これなくして会社は生き残れないと考えている。また、同じくイノベーションが企業文化に深く根付いているグーグルも、イノベーションの探求に勤務時間の二〇％を費やすことを認めている。イノベーションの神秘的な側面は、次のような場面で現れる。

●創造性の活用

●企業の再生

創造性の力を活用しようとする組織では、創造性が発揮されると全社をあげて賞賛する。そして創造性を適切にマネジメントすることにかけては、宗教的ともいえる熱意を傾ける。彼らに言わせれば、ビジネスにおける創造性には運の要素があり、発揮しやすい企業とそうでない企業があるという。創造性に神秘を感じる人がいるのは、このコントロールのできない「運」の要素があるためである。そうした創造性を発揮しやすい会社には、「一日にアイデア一つ」と書いたカレンダーや張り紙があったり、娯楽室のような休憩所が設けられていたりする。

概して社内の雰囲気とは、創造的になっている人の活気を感じると活力が出てくるものだ。また、これらの企業のイノベーションは強迫観念的なものではない。強迫観念のある組織では、どうしたらもっとイノベーティブになれるか、全員がそればかり考えているものだが、本当に創造性の高い組織では、それが基本精神に染み込んでいて、日常の当たり前の出来事になっているのである。

CASE STUDY 1

ブリティッシュ・エアウェイズ

ブリティッシュ・エアウェイズ（BA）は、積極的に企業文化の変革に取り組んだ企業の好例である。同社は一九七〇年代は低レベルのサービスで評判が悪かったが、その後イノベーションを促進し、ビジネスのやり方を一新した結果、大半の路線を「ベストインクラス」に変えることに成功した。そしてここ数年は、最高クラスの評価を得ている。何が変わったのか？　まず企業文化が根本から変わった。ただの輸送手段の提供者だったのが、**サービス**の提供者へと変身したのである。これには全社的な再教育が必要だった――社員全員に新しい企業文化の研修を実施し、イノベーションが促進される環境を作りあげた。おかげで、このほかにも多くのプロセス・イノベーションが成功した。たとえば、効率の大幅アップを狙って手荷物取り扱いの手順を改善したところ、すぐに競合との差別化につながった。

興味深いことに、ＢＡは最近またもや、七〇年代のときと同じような企業文化の問題で悩んでいる。このように状況が変化したのは、企業文化が静的でなく動的であることの表れである。イノベーションに消極的な企業文化を、イノベーションを支え業績の向上を目指す文化に変えることはできる。だが同様に、イノベーションに積極的な文化を維持する努力をしないと、イノベーションのリーダーから落伍者へと転落してしまう。

イノベーションがもたらす最終的な成果は、組織とその内部の全員が生まれ変わり、成長することである。イノベーションに成功すると、他の業務とは違った目で見られる。社員は、会社が前進していくための活力がイノベーションによって生み出されると考えるからである。イノベーションがないと、企業は競合や市場の変化に負けてしまい、最終的には消えてしまう。そのため、イノベーションは自分たちの将来を保障するものと考える社員も出てくる。イノベーションは生き残るために欠かせない手段であり、大切に扱わねばならないということになるのだ。

こうした現象は、企業のイノベーティブな文化の力をさらに強める。それは、社員に活力を与えるだけでなく、企業競争のエネルギーの重要な源泉にもなる。

成功の危険性とは?

皮肉なことに、イノベーションにとって最大の脅威は成功である。イノベーションの成功で波に乗り、社員も組織とイノベーションの方針を信奉しているような企業ほど、危険性が高い。ここで危険を招く要因は二つ、自己満足と独断的価値観である。[4]

成功した組織は独りよがりになりやすく、成功をもたらしたコア・コンピタンスを守ろうと保守的にもなりやすい。これは当然のことだし、短期的には有利に働くことが多い。しかし矛盾するようだが、長期的に見ると、成功を導いた要因が今度は失敗の原因になることがある。危険なのは、業績が好調なばかりに、マネジャーたちがシステムや文化をチェックするときに独りよがりになってしまうことだ。成功に酔いしれているうちに、はじめのころの原動力を失ってしまうこともある。インテルのポール・オッテリーニCEOも、このジレンマに直面した。これからのインテルは、自分たちがそれまで励んできたこと、つまり高速プロセッサを次々と出すだけでは成功しないと気づいたときである。「この業界は長年、『今よりさらに良い製品を』ということしか頭になかった。より高速な新製品を作れば世界中が殺到するだろう、というわけだ。だが、業界の成熟が進むにつれ、そこだけを見ていることが最良の方法とはいえなくなった」。これからは速さでなく創造性の時代になると判断したオッテリーニは、データセンターのハイエンド機向け製品をより創造的で高性能なものにすることと、同時に、新しいコンシューマ市場に深く食い込んでいくことを目標に掲げた[5]。

[4] 成功に関連する「規模」もまた脅威となりうる。組織が大きくなると、注力に値するある程度の大きさの機会を求めるようになる。

Bower, Joseph L. and Clayton M. Christensen. 1995. Disruptive technologies: Catching the wave. *Harvard Business Review*, 73 (1): 43-53.

Christensen, Clayton M. 1997. *The innovator's dilemma: When new technologies cause great firms to fail*. Boston, MA: Harvard Business School Press.（『イノベーションのジレンマ：技術革新が巨大企業を滅ぼすとき』伊豆原弓訳、2001年、翔泳社）

Goold, Michael, Andrew Campbell, and Marcus Alexander. 1994. *Corporate-level strategy: Creating value in the multi-business company*. New York: John Wiley & Sons.

人は成功に酔いしれる。そして過去に成功をもたらしたと信じている物事に執着するようになる。やがて変化を拒むようになり、自分のやり方から離れられなくなる。また、自己満足感が蔓延している成功企業では、往々にして、新しいアイデアや事業の立ち上げに資金が出にくくなる。

経営者健全度チェック

イノベーションにとって最大の脅威の一つが、成功である。組織は成功したと感じたと同時に、イノベーションの成功を阻む思考や行動に陥る。これがまさに「内なる敵」で、イノベーションの成功者が必ずはまる落とし穴である。

経営者の務めは、間違った行動を見つけて改めさせることである。トップが自己満足していては組織も現状に甘んじてしまう。

ときにはこの自己満足が原因で、「勝つための戦略」が適しているにもかかわらず「負けないための戦略」に移行してしまうことがある。組織が保守的になりはじめると、「勝つための戦略」の輪郭がぼやけてくる。そしてイノベーティブな強みを持ち、競争的に優位であっても、次第に「負けないための戦略」に移っていってしまう。一九八〇年代のミニコンピュータ市場

[5] Rivlin, Gary and John Markoff. 2004. Can Mr. Chips transform Intel? *The New York Times*, September 12: 3-1, 3-4.

でIBMと競合していたディジタルイクイップメント（DEC）は、十万人以上の社員を抱える、評価の高い企業だった。IBMは異業種からの参入組だったが、DECは一九五七年の創業以来、一貫してコンピュータを扱っていて、当時最強だったIBMを脅かすことのできる数少ない企業の一つだった。そして実際、六〇年代に大成功したPDPシリーズから、八〇年代の有名なVAXシリーズにいたるまで、さまざまな革新的製品で成功を収めていた。しかし、変化していく市場への対応ができなかった。このころ市場は二つの点で変化しはじめていた。一つはオープン・アーキテクチャの需要の高まりである。だが、DECは独自仕様にこだわりつづけた。もう一つの変化は、パソコンの性能が向上し、DECのミニコンピュータ市場に食い込んできたことだった。このころDECが出した新製品は、過去に成功をもたらした前世代製品を踏襲したもので、技術的には傑作だった。だが、その市場はすでになかったのである。結局DECは、十年間におよぶ多額の損失の積み上げと混乱を経て、一九九八年のはじめに買収された。

さらに、組織内に自己満足感が広がると、抵抗勢力も勢いを増してくる。優れているが大きな変化を必要とするアイデアは、彼らの攻撃対象になりやすい。しかも組織は現状に満足しきっているため、抵抗勢力を叩くどころか、勢いづけることになる。それまで成功路線を歩んできたヨーロッパのある電子部品メーカーは、一九七〇年代の終わりから八〇年代のはじめにかけて、市場が縮小しはじめていることに気づいた。取引先のヨーロッパ家電メーカーが次々とアジアの競合企業に負けていったのである。だがここで、この企業は新しいビジネスモデルの模索をしなかった。経営陣は、新しいアイデアの実行は、自分たちにはリスクが高すぎる、あるいは難しすぎると判断した。そして、顧客とともに沈没する自社の運命は変えられないと思っていた。その後、経営陣が一新され販売業に業態転換すると、やっと未来が明るくなってきた。

本書でイノベーション・リーダーとして取り上げた企業のなかには、その地位の維持に苦労しているところがある。アップル、ノキア、GE、IBM、ジェネンテックなどは、成功したがためにかえって、かつての成長の源泉を失いかねない危険な状況に陥った例である。このような事態を避けるには、「自己満足に陥らない」「抵抗勢力に対抗する」「戦略を常に注意深く見直す」「イノベーションに前向きな文化を維持する」といったことが必要だろう。

また成功の脅威は、自己満足だけでなく、長年の企業文化が変えがたい教義に変わってしまうことにもある。トヨタは、賃金体系を年功序列から能力重視に変え、業績の良い社員にはボーナスを支給しようとしたとき、日本の終身雇用制という教義に立ち向かった。

価値観は企業全体の信念の象徴で、社員の日々の行動や意思決定の指針になる。しかし、こうした信念は融通の利かない原則や正統説にすり替わることが多い。するとマネジャーたちは特に検証もせずに、その原則を正しいと信じ込む。それらも初めのうちは効果があるかもしれないが、特に変化の早い事業や市場では長くはもたない。最初はイノベーションを促進し、組織に成功をもたらしていた価値観も、継続的に評価や調整をしていかないと、逆に組織を消失させる原因になりかねない。こうした独断的価値観に対抗するには、組織的学習が欠かせない。

ここで、マネジメントとテクノロジー分野に強い国際的コンサルティング企業、アーサー・D・リトルの例を見てみよう。イノベーターとしての伝統を誇る同社は、創立から一〇〇年を超え、業界でも最も古い歴史を持つ。そしてコンサルティング面でもテクノロジー面でも長年、数多くのイノベーションを生んできた。恒常的なイノベーションを良しとするこの企業文化では、イノベーティブに問題を解決するには、新しいプロジェクトが始まるたびにアプローチを改変しなければならないと考えられていた。そのため、同じアプローチが二度使われることはまずなかった。結果、イノベーションがやたらに使われるようになってしまった。アーサー・D・リトルは、**常に、すべて**にイノベーションを仕掛けるのは非常にコストがかかることを学んだのである。

イノベーティブな企業文化を生み出す要因

現在の組織パフォーマンスを維持しながら、同時にイノベーションを管理するのは、矛盾するプロセスである。これを実現するためには、組織のアイデンティティと戦略は揺るがないようにしつつ、変化には常に対応できるようにしておかねばならない。

- 新たに機会を探るべき分野の、かつ現在の市場で成功するものに焦点を絞る。
- 現在のベストプラクティスは保持しつつ、より優れた新しいものに対しては進んでリスクをとる。
- イノベーション投資が有効に使われるよう管理する一方で、社員にはなるべく自由を与えて、創造、探索、リスクテイク、イノベーションが遂行できるようにする。

こうした矛盾を避けるという選択肢もあるが、そうするとイノベーションが最小限に縮小され、イノベーション投資がフル活用できないリスクが生じる。もちろん、イノベーションをできるかぎり進めてパフォーマンスを低下させることで、この矛盾を避けるという手もある。だが、どちらもお勧めできない。

成功するにはこの矛盾をうまく処理しなければならないが、そのためには、イノベーションに影響する企業文化の要因を明確にし、コントロールする必要がある。

イノベーティブな文化を作るには

イノベーティブな企業文化を作る要因には、さまざまな種類がある。これらの要因によって、相反する二つの目的に対する企業の姿勢が明確になる。そして具体的にどういう要因を使うかは、経営者が作りたいと思う文化の内容で決まる。**図2**（次頁）は、この種々の要因を示したものである。

イノベーティブな企業文化には「均衡」と「不均衡」が共存する。前者の特徴は、社員が創造的活動に集中できる平穏な環境が与えられることである。だが組織は、前進もしなければならない。これは挑戦と意外性によってのみ可能になる。マイクロソフトの企業文化には、ドットネット戦略のような長期的プロジェクトに携わる社員のための安定感がある一方、同時に、市場の戦略的競争に関わる社員のために緊迫感も備えている。

また、イノベーションには「安定」の時期と「変化」の時期の両方が必要である。絶えず変革している期間は、企業はその変革の価値を完全には獲得できていないため、非生産的な状態になる。トヨタのハイブリッド車プリウスの導入で、市場の方向性は変わった。だがトヨタはその後、インクリメンタルなイノベーションは継続したが、破壊的イノベーションは見合わせた。ラディカル・イノベーションで得られた価値を最大化するためには、その後に必ずインクリメンタル・イノベーションの期間を設け、継続的にアイデアを磨いたり改良したりするべきである。

経営者にとって難しいのは、安定の時期と変化の時期を見計らうこと、つまりそれぞれの適切なタイミングを捉え、調整することである。組織は絶えず変化していけるわけではなく、組織の再編成と充電のために安定の期間が必要である。この期間は、イノベーションの価値を最大限引き出すためにも必要である。だが同時に、組織はいつでも変化できるようにしておかねばならない。そのためには、変化の必須条件である

図2　イノベーション企業文化の要因

継続的に改善することが目標、決められたことを達成する能力	均衡《	》不均衡	ストレッチ目標、リスクテイク、意外性を追求できる能力
インクリメンタル・イノベーション期間	安定《	》変化	ラディカル・イノベーション期間
現在の価値に結びつく効率性とスピード	集中化《	》多様化	「遺伝子」を変えて将来の価値創出につなげる
プロセスの着実な実行	規律《	》意外性	想定外の事象を学習事項として取り込む
プライドによってイノベーションに必要な自信を育てる	プライド《	》脅威	脅威によって自信過剰を抑制する
資源の配分に注意を払う	保守的《	》革新的	リスクを評価し、リスクテイクすべき時期を判断できる
探索する分野を定義する	指針《	》自由	探索する分野を大きい順に並べる
確実性をコントロールする	統制《	》信頼	曖昧さをコントロールする

切迫感を常に持っておく必要がある。変化のタイミングは、外的要因から生じることもある。ウェブバンは、結果的にはドットコム企業のなかでも最大級の損失を抱えて倒産したが、既存のスーパーマーケット・チェーンにとっては大きな脅威だった。どのチェーンも、ウェブバンが成功したあかつきにはどう対応するのか、ウェブバンが活用していた新技術をどう取り入れていくのかを考えざるをえなくなったのである。

企業に当面持続できる優位性があったり、市場が非常に安定していたりすると、外的要因では切迫感が生まれないかもしれない。こういうときは、ラディカル・イノベーションの発生を促す不均衡状態を、組織の内部から意図的に作り出す必要がある。ＢＰのブラウンＣＥＯは、石油メジャー全体が陥っていたぬるま湯の均衡状態から抜け出さねばならないと考え、再生可能《リニューアブル》エネルギーなど新しい課題に取り組むべく、社内の変革に乗り出した。このように組織を安定的で魅力のある均衡状態から引き離してイノベーションに向かわせるときには、経営陣の力がものをいう。また、こうした切迫感を社内に伝えるには、ストレッチ目標が有効である。この目標は財務的でも非財務的でもよい。たとえば、二年以内に売上を二倍にするとか、新しい地域の市場開拓や、新しい技術分野への参入を決めるというような目標を掲げる。しかし、それだけではまだ不十分だ。イノベーションに資源を多めに配分する戦略や、イノベーションを促進するシステムも必要だし、何より、経営者自身がイノベーションにコミットする姿勢が必要である。

調査研究

1 インクリメンタル・イノベーションとラディカル・イノベーションを結びつける

安定したコースを守りつつ新しい分野も開拓していける企業の例として、手術用医療機器を手がける、北欧のある中規模メーカーを取り上げたい。この企業は、主力製品群が高品質であるという明確なポジショニングを確立しており、新製品には戦略に沿った明確な選択基準が設けられていた。また、既存製品は健全なキャッシュフローを生み出していた。こうした安定した財務基盤があったおかげで、この企業は比較的長期のプロジェクトを組むことができた。通常の新製品プロジェクトが数カ月であるのに対して、この会社のプロジェクトは五年近くに及ぶこともあったのである。

この長期プロジェクトは、新製品市場や地域別の新市場、新しい技術を探るためのもので、社内でも重要視されていた。たとえば、経営者はプロジェクトに定期的に注意を向け、担当マネジャーとは直通電話でコンタクトをとっていた。またマネジャーにはかなりの自由裁量が与えられ、目標もスケジュールもゆとりを持って組み立てられた。さらに経営者は、関係する業務のマネジャーと共同でスーパーバイズし、プロジェクトを理解し、リスクや潜在価値を自ら探った。その結果、この企業では、安定した収益のコア製品群に、売上と収益の飛躍につながるラディカルとセミラディカルなイノベーションが定期的に加わるようになった。

成功する企業は「集中化」と「多様化」の矛盾も克服している。変革期に常に競合の先を行くためには、集中化によって効率性とスピードを高めなければならない。一方、安定した環境では、顧客のニーズに効率的に応える力のある企業が勝者になる。この実行力は集中化によってもたらされる。ここ二十年ほどのマネジメント論は集中化戦略の有効性を説いてきた。だが集中化の行き過ぎは、近視眼的になったり、環境の重要な変化を見逃したり、柔軟性不足から変化に対応できなくなったりといった副作用につながる。たとえば、リーバイスは得意な領域ばかり見ていた結果、ジーンズ市場の新しいトレンドに対応できなくなった。またＮＣＲも、得意分野であるレジの技術に集中したばかりに、厳しい状況に追い込まれた。

人、アイデア、方法いずれにおいても多様性のある組織は、変革期に大きく飛躍するはずだ。組織は、関連のありそうな機会はないか常に注意し、見つけたらそこに投資しなければならない。また、自分の得意分野から少し離れて、将来性ある新しいアイデアも試してみなければならない。３Ｍは過去に関わった市場以外の領域の実験をしている。またマイクロソフトも、コアのＰＣソフトウェアの領域から手を広げて市場機会をうまく活用したり、従来とまったく違うタイプの人間を雇ったりと多様化を心がけてきた。

イノベーティブな企業文化には「規律」と「意外性」もある。後者は価値を生み出し、前者がそれを価値獲得につなげる役目をする。つまり、規律がないと、良いアイデアも価値に結びつかない。イノベーションに成功している企業はどこも、すばらしいアイデアが生まれると、規律のあるプロセスでそれを価値に変えている。オランダのフィリップスは、ヨーロッパ各国で地元競合メーカーを一掃した唯一の家電メーカーだが、ここでは細かいプロセスを設けて、社内外の新しいアイデアに対する感受性と規律意識を同時に育てていた。

「プライド」のある組織に「脅威」の感覚も持たせたいという場合にも、企業文化が重要な役目をする。多大な見返りが期待できるがリスクも大きいプロジェクトに際して、プライドは自信を与えてくれる。しかしプライドが自己満足感を生み、さらには競合や新規参入者の過小評価につながることもある。そのため、プライドのある組織には不安感や、常に注意を喚起する脅威感もいっしょに持たせておく必要がある。かつてのヒューレット・パッカードには「HPウェイ」という企業文化があり、社内全員がHP社員であることを誇りに思っていた。これほどのプライドと社員の献身ぶりは大企業では前例がなく、宗教団体に近いものすらあった。創業以来、HPの原動力はこの「HPウェイ」だったのである。だが、一方でそのプライドが自己満足感を助長していたらしく、同社の業績にはかげりが見えはじめた。そのころカーリー・フィオリーナがCEOに就任した。フィオリーナは思いきって、会社と社員一人ひとりが直面していた脅威をわざと強調する方針に切り替えた。それまで影が薄くなっていた脅威の感覚を復活させることで、社員のパフォーマンスを向上させようとしたのである。この文化大改造でかなりの数の社員が去っていった。最近のフィオリーナの辞任と、HP株価の低迷にはさまざまな理由が考えられるが、「HPウェイ」からまったく離れてしまったことと、イノベーションに必要なプライドを考慮せずに企業文化を見直そうとしたことも、原因の一つであることは確かだろう。

市場や組織文化が原因で、この脅威が現実になることもある。だが原因はどちらにせよ、脅威は、潜在的な自信過剰を調整する力――イノベーションの取り組みに欠かせない――になる。

イノベーティブな文化は、「保守的」であると同時に「革新的」でもある。ボーダフォンは、製品、サービス、マーケティングすべてにおいてイノベーティブであることで知られているが、同社が業界でリーダーシップを握っていられるのは、これらのすべての面で競合に先んじているためである。しかしボーダフォンは、こうした新しい挑戦の裏でしっかりした財務管理も行っている。リスクテイクだけでなく、リスクの測定と管理にも注意を向けてバランスをとっている。またセールスフォース・ドットコムは市場提供の新しいアプローチを試しつつ、収益の入念な分析も行っているし、『レッド・ヘリング』誌も、経営者主導によるコスト意識の高い文化を持ちながら、イノベーション意欲も維持している。

保守的な思考が根付いていると、社員は与えられた資源の重要性を意識するようになる。投資と支出はすべて、ＲＯＩの観点で見なければならない。資源の価値を顧みず無審査で支出を許す企業文化は、やがてイノベーションの破綻を招く。その点、保守的な文化では、リスクが計算され、イノベーション機会それぞれのプラス面とマイナス面が慎重に検討される。

イノベーションには「自由」が必要だが、自由だけでイノベーションを起こすことは難しい。ヨーロッパ最強クラスのサッカーチーム、レアルマドリードは、世界のトップ選手を集めたにもかかわらず、二〇〇三年と翌年にかけてのシーズンが散々の結果だった。目立ちたいスター選手たちはそれぞれ自分の思いどおりに動き、監督はそうした独創的なプレーを望む選手たちをうまくまとめられなかったのである。ＮＢＡのロサンゼルス・レイカーズも同じような問題から、二〇〇三〜〇四年シーズンの優勝を、選手レベルでははるかに劣るチームに奪われている。「指針」が不足していると自由の効果が弱まる上に、個々が考慮されず全体のまとまりもない、ちぐはぐな努力をすることになる。逆に指導が過剰であれば、優れたアイデアが認められなくなる。

トップマネジメントは「行動の決まり」の大枠を示す必要がある。たとえばソニーの創業者、井深大の示したミッションには会社の方向性が明確に表されている。★1

❶技術者が技術イノベーションの喜びを感じられ、社会に対する使命を自覚して、思う存分仕事ができるような環境を作る。
❷日本再建と国民の文化向上のために、技術面と生産面の活発な活動を追求する。
❸進歩した技術を国民生活へ応用する。

このミッションは、創業以来ソニー社内に浸透し、意思決定者の指針となってきた。指針がないと組織が麻痺状態に陥る。自由が多すぎて次に何をしたらいいかわからなくなるからだ。だが、探索の範囲を狭めすぎても、企業が新しいパラダイムに移れなくなる。

そして最後にもう一つ、「統制」と「信頼」の矛盾がある。イノベーションにはこの両方が必要である。統制が必要となるのは、さまざまな情報をもとに資源配分、戦略の構築、業績評価などの意思決定をするときである。一方、イノベーションの初期段階は通常、経営陣の目が届かないところで進行する。初期のイノベーションは組織内のどこでも発生するもので、近隣部署の支援だけで発展していく。アイデアはあまり早い時期に組織全体の目にさらされると、早く潰れる可能性がある。可能性のあるアイデアを育てるためには、

★1 オリジナルは以下の通り。ソニー株式会社HPより引用。

会社設立ノ目的
一、　真面目ナル技術者ノ技能ヲ、最高度ニ発揮セシムベキ自由豁達ニシテ愉快ナル理想工場ノ建設
一、　日本再建、文化向上ニ対スル技術面、生産面ヨリノ活発ナル活動
一、　戦時中、各方面ニ非常ニ進歩シタル技術ノ国民生活内ヘノ即事応用
一、　諸大学、研究所等ノ研究成果ノ内最モ国民生活ニ応用価値ヲ有スル優秀ナルモノノ迅速ナル製品、商品化
一、　無線通信機類ノ日常生活ヘノ浸透化並ビニ家庭電化ノ促進
一、　戦災通信網ノ復旧作業ニ対スル積極的参加並ビニ必要ナル技術ノ提供
一、　新時代ニフサワシキ優秀ラジオセットノ製作普及並ビニラジオサービスノ徹底化
一、　国民科学知識ノ実際的啓蒙活動

経営者が自社のシステムと社員と文化を信頼しなければならない。たとえこうしたアイデアが自分たちの従来の考え方とは違っていても、ここは見守るべきだ。ポスト・イットが成功したのは、開発の初期段階を中間層のマネジャーがサポートしたからである。もし初期に上級層の厳しいチェックの目にさらされていたら、十分な開発はできなかっただろうし、開発に必要な市場の情報も得られなかっただろう。そしておそらくアイデア自体が潰れたはずだ。

伝説とヒーロー

企業文化の形成に大きく作用するのが、組織内で語られるエピソードである[6]。こうしたエピソードは企業文化が極端な形で表れたものであるが、通常は人から人へと伝わるうちに内容が変わっていってしまう。主人公がいつのまにか前代未聞の業績を達成したヒーローになっていたり、話全体が現実からかけ離れ、伝説と化したりといった具合だ。このように企業文化を伝える伝説やヒーローは、必ずどの組織にもあるものだ。

アメリカで最も成功している小売企業の一つ、ノードストロームは、カスタマー・サービスにかけては強力な企業文化を持つ。その一つの表れが、一般社員が期待以上の顧客サービスを提供したという数々のエピソードで、たとえば雪のなか車で約束の時間どおり靴一足を届けたとか、ある客に完璧なコーディネートのスーツを提供したくて競合店のネクタイまで買って揃えたとか、自分で交換できないという客のタイヤをサービスで交換してあげた、などいろいろある。

[6] 作り話、逸話、評判などの文化的メカニズムを基礎にする「文化的起業家精神」(cultural entrepreneurship)が、イノベーティブな企業文化を変えることもある。これについては、以下を参照。
Lounsbury, Michael and Mary Ann Glynn. 2001. Cultural entrepreneurship: Stories, legitimacy, and the acquisition of resources. *Strategic Management Journal*, 22: 545-564.

伝説やヒーローは逸話が伝わっていくなかで作られていくものだが、どの逸話あるいはどの一面を強調するかという選択には、経営陣の影響がおよぶこともある。ＥＤＳは、過去の課題と成果のまとめと今後の計画の概要を示して、これを新たな企業文化を語る際のフレームワークとした。これは社内の支持を得る上では重要なことだった。また二〇〇四年に始めた企業文化の変革と活性化の取り組みでも、これが主軸となった。

オフィス環境

物理的環境は、間接的ながら創造性に大きく影響する[7]。色や形といった建物の特徴が創造性に影響を与えることは、すでに証明されている。

だからといってオフィス全体のデザインを変える必要はないが、色や光、空間の使い方によっては創造性をより促進する環境にできる。ＩＤＥＯの社員たちは「ＩＤＥＯで仕事をしようと思ったのは、ＩＤＥＯが業界のリーダーだからというだけではない。オフィス環境と企業文化にも惹かれた」という[8]。ＩＤＥＯのオフィスでイノベーションが生まれるのは、そこがビジュアル的にも精神的にも刺激的な空間になっているからだ。経営者いわく、ＩＤＥＯが競合と違うのは、仕事のプロセスではなく、いろいろな物事をしっかり**見ること**ができる能力だという。市場の状況、顧客のニーズ、世のトレンドや一貫性のなさ、そして解決策もすべてしっかり見えているという。ビジョンの明瞭さが重要であるなら、つまり**見ること**が成功の核心であるなら、イノベーターの視覚的環境は成功のキーファクターといえる。

[7] Leonard, Dorothy and Walter Swap. 1999. *When sparks fly: Igniting creativity in groups*. Boston, MA: Harvard Business School Press.

[8] Kelley, Tom. 2001. *The art of innovation: Lessons in creativity from IDEO, America's leading design firm*. New York: Currency Books.（『発想する会社！：世界最高のデザイン・ファームIDEOに学ぶイノベーションの技法』鈴木主税・秀岡尚子訳、2002年、早川書房）

国が違えばイノベーション文化も違う

組織文化を理解し、管理する上で、グローバルに事業展開する際には新たな次元で物事を考えなければならない。多国籍企業の経営者がイノベーションを育てるために組織文化を管理するには、まず現地の文化が現地の人々の価値観や信念にどう影響し、それが人々の思考、行動、貢献の仕方にどう影響しているのかを理解しなければならない。たとえばＨＰのスペイン法人のある社員によると、米国では会議の出席時刻を守るために雑談を途中で打ち切ることはまったく問題ないが、スペインでは難しい。会議に遅刻することになったとしても、相手の話を遮ってはならないのだ。

人が組織文化にどう反応するかはその人の文化的背景が大きく影響する。これはしっかり認識しておくべきである。さらに、文化を作る要素のほとんどは、目に見えないか識別しにくいものである。シェル石油はこの問題を社内で教える際、**図3**の図を使っている。

図3　文化の土台

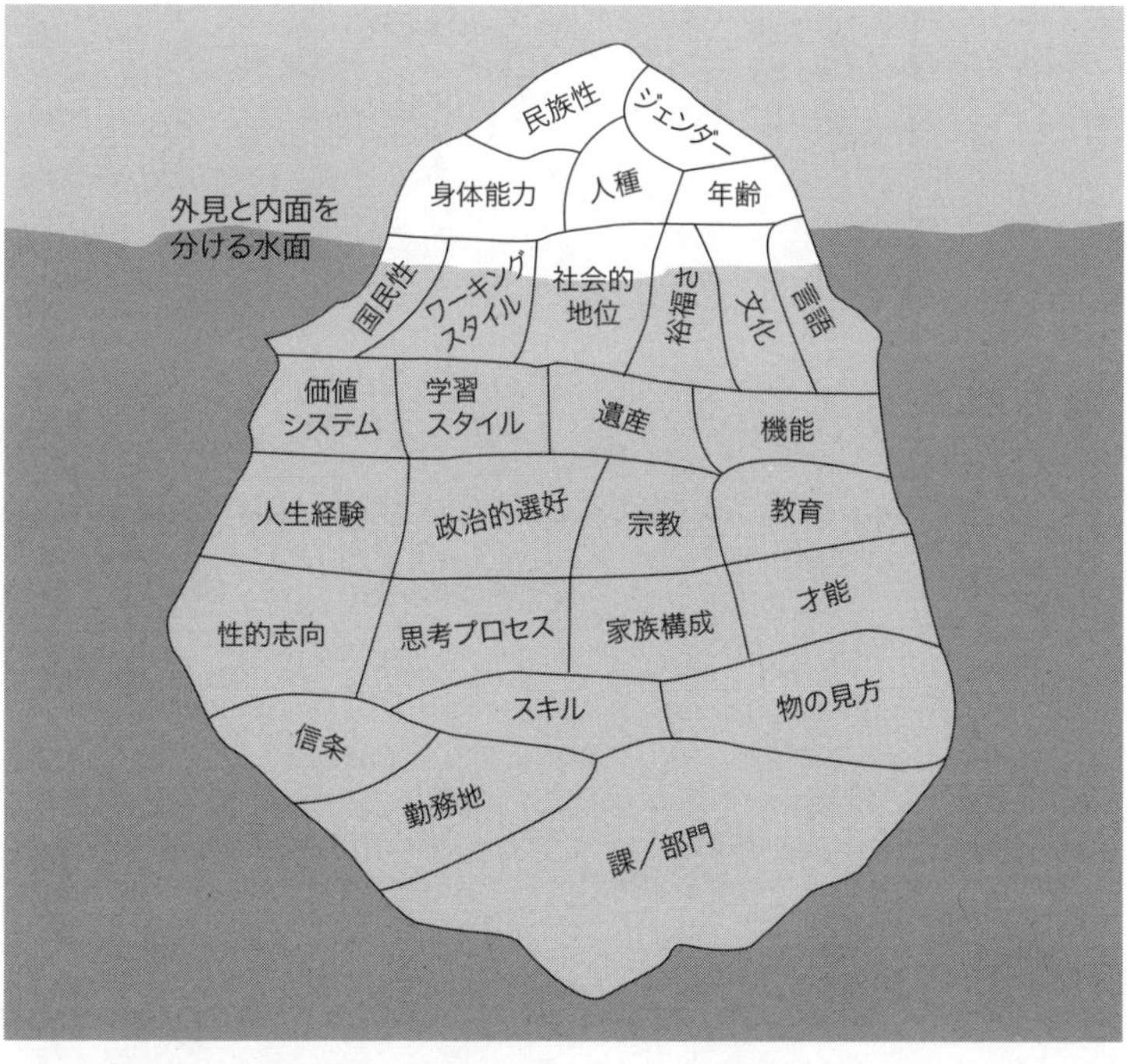

調査研究

2 イノベーションの捉え方の地域差

各国の研究開発マネジャーを調査した結果、イノベーションの戦略で何を重視するかは、地域によって違うことがわかった。

アジアの企業には、**テクノロジー面のリーダーシップ**が最も重要な側面と捉えられている。

アメリカ企業が最もやりがいがあるとするのは、**製品パフォーマンス**の面である。

ヨーロッパ企業は、**市場投入までの時間**が戦略上重要だと答えた。

また、欧米企業はアジア企業よりも製品コストを重く見ている。

これらの見解を見ると、それぞれの地域の企業が自分たちはどこが弱いと考えているかがわかる。どの地域でも実際的な弱点は認識されているだろうが、このように見解が地域ごとで分かれるのは、弱点がその文化の一端として理解されていることの表れである。

こうした違いがあるということは、イノベーションの源泉の捉え方にも違いがありそうだ[9]。アジア企業がイノベーションの源泉として重視するのは、**資源**と、顧客に適切な製品を提供する技術の開発である。したがって、何よりもまず、イノベーション・プロセスで使う**資源**の

[9] 例については、以下を参照。
Shane, Scott A., S. Venkataraman, and Ian C. MacMillan. 1995. Cultural differences in innovation championing strategies. 1995. *Journal of Management*, 21 (5): 931-952.
文化的相違に関する過去の研究については、以下を参照。
Hofstede, Geert. 1980. *Culture's consequences: International differences in work-related values*. Beverly Hills, CA: Sage.

マネジメントに注力する。それに対しアメリカ企業は、製品パフォーマンスという、イノベーションの**結果**をコントロールしようとする。そのためアメリカ企業は、市場需要をイノベーションの起爆剤にする**プル戦略**を使うが、アジア企業は、イノベーションをまず社内で起こして、それから市場に出していく**プッシュ戦略**を好む。ヨーロッパ企業は、プル戦略寄りながら両戦略を併用しているが、アメリカ、アジアよりもイノベーションの「プロセスの管理」に重点を置いている。

人とイノベーション

組織の文化を受け入れる、守る、変える、拒否するといったことはすべて組織内の人のすることである。何かに文化が影響するときもイノベーション（ほかのあらゆる出来事も）が起きるときも、そこには必ず人が関わる。したがってイノベーションの創出と継続には、人的資源に関する戦略が非常に重要になる。

ここからは、人材管理のポイントをいくつか見ていく。

イノベーティブな組織を作るための人材採用

イノベーションを発展させるには、組織にイノベーティブな人材を加える必要がある。こう言うと、イノベーティブな人材を見分けるノウハウを確立して適当な人を雇えば済むように思われるかもしれないが、それほど単純な話ではない。性格的にイノベーション志向の強い人も実際にいるかもしれないが、人のイノベーション性は最終的には環境との相互作用で決まる。たとえイノベーティブな能力の持ち主でも、創造性を引き出せない文化や状況に置いてしまうと、そのイノベーション能力を持続させることは不可能ではないにせよ、なかなか難しい。また、そういった人がせっかくイノベーションを生み出しても、企業文化がそれを潰してしまう可能性もある。こういうときは、居心地がよすぎて新しいアプローチを考える気が起きないか、逆に社風になじめなくて仕事や貢献に対する意欲がわかないかどちらかである。

あるソフトウェア企業は、完全にトップダウン式の命令統制型アプローチを使っていることで有名だった。社員一人ひとりに四半期ごとの明確な目標が与えられ、それらの目標には完璧な関連づけがされていた。おかげで組織は寸分の狂いもない機械のように戦略を実行し、すぐに市場のリーダーとなった。そしてこの成功をきっかけに有能な人材が集まるようになり、会社は好循環に入ったように見えた。だが優秀な人材が集まっても、活用されたのは決まった計画を実行する能力だけで、その創造力はむしろ押さえ込まれていた。創造性と価値創造のバランスが崩れた典型例である。あるとき一人のマネジャーはアジア市場向けの製品を提案し、加えてこのプロジェクトを自分個人の業績目標に加えたいと主張した。上司はしぶしぶすべてを了承した。だが結局、これはマネジャーの全業績の五％分にしかならなかった。このプロジェクトは懸念ばかりが先行し、成功に必要な時間が割かれなかったのである。この企業には、創造性を抑えて価値獲得ばかり追求する、モノカルチャー化の害が出はじめていた。

人材採用戦略の方針を一八〇度転換する

世界中どこの人事部でも、組織に「ぴったり」の「適材」を見つけるというのが当たり前になっている。しかしイノベーション関連の雇用について調べた研究によれば、効果的な戦略ほど「適さない」人材、つまり面接の印象があまりよくなかった者や、組織の文化に合いそうもない者を採用しているという。このように一見「適さない」人材を探す方針にすれば、現状に挑戦し、多様性と創造性を拡大し、組織により高いレベルのイノベーションを発生させる人材が見つかるかもしれない[10]。

業界に詳しくない人材を採用したらうまくいった、という例は少なくない。先入観や専門知識がないと、アイデアの探索や機会の発見はかえって成功しやすくなる。この好例が、ジェーン・グドールの革新的なチンパンジー研究の話である。あるとき著名な人類学者ルイス・リーキーは、グドールに、アフリカのチンパンジーを調査する仕事を持ちかけた。グドールは、専門の知識はもちろん、科学研究の教育を受けた経験もなかったため乗り気でなかった。だが、リーキーのねらいはまさにここにあった。グドールにチンパンジー行動の予備知識がないほうが、的確な観察ができると判断したのである。このグドールの研究結果は大きなブレークスルーになった。のちにリーキーもこう述べている。「もし彼女に既存の理論の知識が少しでもあったら、チンパンジーの新しい行動をあれほど多く発見し、説明することはできなかっただろう」[11]

[10] Sutton, Robert I. 2001. The weird rules of creativity. *Harvard Business Review,* September: 94-103.（「創造性を育てる“常識破り”のマネジメント」『ダイヤモンド・ハーバード・ビジネス・レビュー』誌、2002年1月号）

[11] 前掲書

経営者アクションプラン

今の戦略目標のためには、イノベーション志向の人材のなかでも、どういうタイプが必要か考えてみる。そしてできるだけ早く雇えるよう、専用の採用目標とアプローチを決めること。組織は驚くだろうが、経営者がイノベーティブな文化をよく理解し、それにこだわっていることが社内に明確に伝わるはずだ。

とはいえ、組織にすでに根付いている「社員のあるべき像」に合わない人材を採用するのは、難しいかもしれない。もしそうした人材を採用した場合は、それによって社内に生じる緊張状態をコントロールしなければならないことを忘れてはならない。イノベーション活性策として「型にはまらない」人材を採用するときには、次のようなことに注意すべきである。

- 会社に完璧には合って**いない**が、創造的緊張（クリエイティブ・テンション）を高められそうな人材を採用する。
- 個人的には気に入らなくても、重要な能力と知識がある人材を採用する。
- 他社の人に自社内を視察してもらい、自社のイノベーションの良い点、悪い点を指摘してもらう。

- 採用ポストに必要な知識は若干欠けているが、それを埋め合わせるだけの高い素質を持った人材を採用する。
- こちらの言うことにすぐ同意するより、疑問を呈するような人材を採用する。

よく考えると、これらはどれもクリストファー・コロンブスの特性そのままである。一般的にコロンブスは、周囲になじめず、規範はいつも疑ってかかり、人にあまり好かれず、ヨーロッパじゅうの宮廷の厄介者だったといわれている。スペインのフェルナンド王とイサベル女王はコロンブスに特殊な任務を与えた。これは、彼の手に負えない性格とその強靭な意志をうまく利用するという趣旨もあったが、コロンブスに怒り心頭だった周りの大勢の人々から彼を引き離すためでもあった。しかし最終的にはこれが、新大陸の発見と膨大な富につながり、さらにはスペインを世界探検のリーダー的存在に押し上げることになったのである。西洋史に見られるイノベーティブな人材採用の例としてはおそらく、このコロンブスの一件が最も端的な例であろう。

適さない人材の採用は慎重を要する。会社に異質な視点をもたらし、なおかつ任務を完璧にこなせる有能な人材を見出さなければならない。創造性を備えつつ、難局にも対処できるチームを作るためだ。また、チームプレーができ、基本的能力が今後の仕事に合う人物を選ぶことも必要だ[12]。昔から言われている「人こそ財産」というのは間違っている。正しくは、**適切な人こそ財産**である[13]。

[12] Amabile, Teresa. 1998. How to kill creativity. *Harvard Business Review*, September-October: 77-87.（「あなたは組織の創造性を殺していないか」『ダイヤモンド・ハーバード・ビジネス・レビュー』誌、1999年5月号）

[13] Collins, Jim. 1999. Turning goals into results: The power of catalytic mechanisms. *Harvard Business Review*, July-August: 71-82.

経営陣の役割

イノベーションに必要なことを経営陣が理解できていなければ、そのイノベーションは最初から失敗と決まっているようなものである。トーマス・エジソンは「人」がイノベーションの要であることを知っていた。彼は、自分のチーム——アイデアを考案する研究者と、プロトタイプを作る科学者と機械工で成っていた——を**マッカーズ**（muckers）と呼んでいた。この奇妙な語は、馬小屋の掃除（muck）係を指す語（mucker）から取ったもので、エジソン自身、自分のことを「ヘッドマッカー（マッカーズのかしら）」と言っていた。イノベーション・チームを表したこの言葉を見れば、エジソンがイノベーションに対して真剣で勤勉な姿勢でのぞんでいたことは誰の目にも明らかだった[14]。

イノベーションの主導

イノベーションを経営陣が主導することによって、社内に次のことを示せる[15]。

● **自己満足を拒み、組織に現在以上のパフォーマンスを求める野心。目的は、顧客を探索し生み出すことと、顧客に驚きを与えること。**ソニーの井深大は、テレビ画面に画像を映し出す新しい方法（トリニトロン）や安価なビデオ（ベータマックスのシステム）など、これまでになかったまったく新しいものを、常に社員に求めつづけた。

[14] *The New York Times*. 2004. Living on Internet time, in an earlier age. April 4, E7.

[15] 経営陣の役目は重要である。
Hambrick, Donald C. The top management team: Key to strategic success. *California Management Review*, 30 (1): 88-108.
Hambrick, Donald C., Theresa Seung Cho, and Ming-Jer Chen. 1996. The influence of top management team heterogeneity on firms' competitive moves. *Administrative Science Quarterly*, 41 (4): 659-684.

●**企業の方向性を示すビジョン**。六十年以上にわたって会社の指針となってきた、ジョンソン・エンド・ジョンソンの信条はこう始まっている。「我々の第一の責任は、我々の製品およびサービスを使用してくれる医師、看護師、患者、そして母親、父親をはじめとする、すべての顧客に対するものであると確信する」。このビジョンによって、同社の存在理由が社員と顧客にわかるようになっている。そして同社の一番のミッションが医師と看護士、患者の生活の向上であることも、このビジョンによって明確になっている。

●**資源に対する幹部のコミットメント**。このコミットメントがないと、いくら野心やビジョンを示しても意味がなくなる。ある大手消費財メーカーの幹部は、イノベーションは最重要事項であり、成長目標の達成にはさらに高いレベルが必要だとして、新製品開発グループにイノベーション施策を示した。そして施策をバックアップするために、自らのコミットメントを明確に示した。すなわち課題に対応できるだけの資源が配分されているかをチェックし、足りない部分を見つけたら、それを即座に補ったのである。このような資源配分のプロセスは、長期的戦略を社員の理解しやすい具体的な行動として示すことになるため、幹部の意思を伝えるための重要な手段になる。

●**イノベーション戦略と、その戦略を支えるプロセスとマネジメントシステム**。イノベーションを推奨しておきながら、短期的業績を強調したり、それに報奨を与えたり、プレッシャーをかけたりするのはまったく筋が通っていない。だが実際には、こうした企業が実に多い。ある経営者いわく、「我々は製品の設計も質も遅れている。その一番の原因は、我が社の官僚的体質にある」。

● **有言実行によるリーダーシップ**。経営幹部が有言実行すれば、そのメッセージも信頼性が高まる。有言実行は、たとえば新しい分野に進出するための他社買収、経営体制の再編、イノベーティブな社員の発掘と登用など、さまざまな場面で示すことができる。

● **明快な指令**。ビジネスとはトレードオフに対処することであり、イノベーションもその例外ではない。指揮系統の頂点にある経営陣は、意思決定をしなければならない。一九八〇年代、PC企業は独自仕様のシステムを持つかIBMの規格（これは後にウィンテルになるが）に従うかの決断を迫られた。これは難しい選択で、結局、IBMに従わなかった企業の大部分は消えていった（アップルだけは独自システムで生き残れたが、それはそれで問題が残った）。

● **新しいアイデアと変化を受け入れやすい文化**。GEのジェフリー・イメルトCEOは就任と同時にこの課題に取り組み、社内でイノベーションの方向性とレベルを見直させた。そしてこれまでの社内の規範に疑問を投げかけ、生き残るためには社内がまず変わらなければならないことを示した。

これらはどれも経営陣たちが連帯で負うべき責任である。だが、トップにはさらに特別な責任がある。

経営者の役割

経営者の重要な役割の一つは、イノベーションを企業文化の一部に組み込むことである。だがこれは、イノベーションの戦略やシステムを用意すればいいというものではない。CEOが自らイノベーション文化に入り込み、その育成に関わる必要がある。イノベーティブな社風で知られるデザインファームIDEOによれば、方法論だけではイノベーションは生み出せないという。CEOのデビッド・ケリーはこう述べている。

「イノベーションに対するあくなき欲求にコミットする文化を作るよりも、方法論にのっとった取り組みをするほうが気楽だと考える企業もある」[16]

従来のイノベーション・アプローチは、社内の営業部門と技術部門を無理やりいっしょにしようとしていたが、効果はいつもいまひとつだった。技術グループがイノベーションの中心になると、営業担当のグループがプロセスの監督やマネジメント（つまりステージゲート・プロセス）を受け持った。逆に、戦略担当と営業担当のグループがイノベーションの中心になったときには、技術グループにも声がかかった。目的は両者のバランスをとり連携させることだったが、これには重要なポイントが抜けていた。イノベーションには、両グループの効果的かつ協調的な連携が必要なのである。だがあいにく、営業担当グループは技術系グループをうまく管理することはできず、その逆も難しい。そこで経営者が両者の連携をとりもち、連携を企業文化の

[16] Schrage, Michael. 2001. Playing around with brainstorming. *Harvard Business Review*, March: 149-154.

一部にする必要が出てくる。たとえばアップルのスティーブ・ジョブズは、自分がイノベーションのリーダーであることを明確に示し、技術部門と営業部門の効果的な連携を推し進めるというやり方で、この問題に対処している。

企業文化とイノベーション・ルール

さてここでもう一度、第1章で挙げた七つのイノベーション・ルールの一番目に戻ろう。リーダーとしての経営者の役割である。組織文化を形作るさまざまな要素のなかでも、リーダーシップは最も重要な部類に入る。イノベーション文化が育っていくときに経営者が与える影響は大きい。セールスフォース・ドットコムのマーク・ベニオフCEOはこう述べている。「イノベーションの失敗と成功の分かれ目はリーダーシップにある」。そして、組織の連携と調整に欠かせないのが企業文化であるという[17]。

イノベーションを支える会社の基本精神は、イノベーティブな企業文化によって作られる。だからこそイノベーション促進策の多くが企業文化に集中するわけだが、これがまた、あらゆるイノベーション・ルールの共通基盤になる。こうした見方をすると、イノベーションが曖昧で神秘的ともいえる活動にしか合わないように思われてくるが、イノベーション文化は、きわめて具体的な実績測定とインセンティブに連動している。この二つは適切なイノベーション行動を形成していくための重要なマネジメントツールだが、こうした変化は企業文化のなかから生まれる。一方、抵抗勢力の側にも文化的要素はある。したがって変化に対する抵抗も、組織

[17] *The Economist's* Third Annual Innovation Awards and Summit, San Francisco, September 14, 2004.

によってさまざまな形で現れる。もちろん、創造性と価値獲得のバランスをコントロールするときにも、企業文化は関係してくる。企業文化を変えるにあたっては、これらすべてが重要になる。

企業文化をいきなり変えようというのは無理である。まずは社員に、物事のやり方、考え方、話の進め方を変えさせる。するとこれが徐々に浸透し、新しい文化になっていく。デルのロリンズCEOも、このアプローチを使った——デルのビジネスの考え方に新たに重要な価値観を付け加え、この価値観（「デルの魂（Soul of Dell）」として文書にまとめられている）が行動の規範になるように、さらには、社内の思考やディスカッションの指針になるようにした[18]。

イノベーションの中身はその取り組み方で決まる——これを決して忘れてはならない。企業文化も、このルールの重要な一要素である。イノベーション・リーダーになれるかなれないかの境目は、プロセスや組織、リーダーシップ、実績測定、インセンティブの違いだけではない。**文化**も大きく影響するのである。

[18] Fisher, Lawrence M. 2004. How Dell got solutions. *Strategy & Business*, 36: 47-59.

10

イノベーション・ルールの実践に向けて

創造性とビジネスセンス

「競争の鍵は、イノベーションを起こし、かつ利益を生むことにある」

――デルのケビン・ロリンズCEO

経営者がイノベーションに入れ込みすぎると、破滅を引き起こしかねない。P&Gのダーク・ヤーガーCEOは、身をもってそれを知った。イノベーションに傾注しすぎたために、組織は大混乱し事業も行き詰まり、結局、収益はもちろん、社員の士気も株価も低下してしまった。

ヤーガーに代わってCEOに就任したA・G・ラフリーも、イノベーション重視の姿勢は変えなかったが、その進め方を大幅に変更した。ラフリー体制になってから、事業の中心は、ヘルスケア用品や介護用品などの成長率と利益率がより高い事業にシフトしてきている。

そしてイノベーション重視の姿勢はむしろ強化し、新製品の市場導入をスピードアップするとともにインクリメンタル・イノベーションは縮小した。ラフリーは、「ヤーガーは短期間にあまりに多くのことをやろうとしたのだ」という。さらに、あまり高等なイノベーションを目標に据えると、消費者との距離が広がってしまう可能性も指摘する。「象牙の塔のようなところから、商品を生み出すつもりはない」[1]

ラフリーは変革のペースを落とし、収益性を回復した。そして自分がイノベーションも定常業務もしっかり把握していること、さらにはイノベーションと収益性は両立しうることを実証してきた。イノベーション事業の改善には、適切な作戦が必要である。

ラフリーは収益性の回復のためにイノベーションのペースを緩めたが、高度なイノベーションを維持しながら、同時に収益性を損なわないことは可能だ。年に何度も新製品が投入されるような変化の激しいファッション界で、ジョルジオ・アルマーニは三十年間、確実に収益を上げてきた。業界でもトップクラスの利益率を誇るアルマーニは、これまでブランド価値を落とすことなく、次々と製品ラインを拡張してきた。創造性と営業手腕を結合させた結果である。そして業界の牽引役を果たしてきた[2]。

ヴァージングループのリチャード・ブランソン会長もイノベーションを常に拡大、維持しながら、同時に収益性も確保してきた。二〇〇四年十月には、新会社ヴァージンギャラクティックによる商業宇宙旅行事業への参入計画を発表した。ほかにも、オンライン音楽ストアを立ち上げたり、ナイジェリアにフラッグキャリアとなる航空会社を設立したり、ヴァージントレインのロンドン・グラスゴー線に振子式の超高速車両を投入したりと、拡大の一途をたどってきた。

[1] Buckley, Neil. 2002. Revolutionary with a relaxed approach. *The Financial Times*. August 15: 7.

[2] *The Economist*. 2004. King of the catwalk. October 2: 61-62.

ここでも、既存事業の収益を確保しながら、同時に新しいベンチャー事業を立ち上げられることが実証されたのである。

実行は手際よく

イノベーションの改善はそれほど複雑なことではない。効果的に進めるには、七つのイノベーション・ルールをベースにするとよい。

❶イノベーションの戦略とポートフォリオを策定するにあたっては、強力なリーダーシップを発揮し、本当に意味のある価値を創造させる。
❷イノベーションを経営戦略に合うものにする。同様に「勝つための戦略」、「負けないための戦略」の選択も経営戦略に沿って決める。
❸イノベーションを完全に会社の基本精神の一部にしてしまう。そしてプロセスと組織の仕組みによって、イノベーションの文化が保持できるようにする。
❹将来性ある新アイデアが生まれ、なおかつ投資リターンが最大化するよう、創造性と価値獲得のバランスをとる。
❺これまでの規範に合わないと言って優れたアイデアを潰そうとする抵抗勢力を押さえ込む。
❻組織内外にイノベーションのネットワークを築く。イノベーションの土台になるのは、個々人ではなくネットワークである。

❼イノベーションを管理し、また適切な行動を引き出すために、組織に合う評価指標とインセンティブシステムを設ける。多くの企業はインセンティブシステムが不十分であるために、それ相応のイノベーション行動しか引き出せていない。

ここでセメックスの例で改善プロセスを見てみよう。経営者と幹部はまず過去の業績全体を厳しく見直してから、イノベーション・システムの具体的な実績を分析し、今後の事業展開でイノベーションが担うべき役割を明確にしている。具体的には、まずビジネスモデルとテクノロジーの変革の比率を決めながら、それに合わせたイノベーション投資のポートフォリオを決めた。またイノベーション・システムと企業文化を診断して、イノベーションが実際に果たした役目が予定とどれくらいズレているかを明確にし、さらに、組織とシステムが機能していない部分も調べて、経営陣の姿勢など、企業文化のなかで変えるべき点をはっきりさせた。こうした一連の見直しプロセスを経てから、必要な変革、変革を起こすチーム、完了までのスケジュールを明確にした実行プランを作った。

リーダーシップの役割

イノベーティブな企業は、イノベーションを創出し維持していくなかでのリーダーシップ（特に経営者のリーダーシップ）の力が、ほかとまったく違う。セールスフォース・ドットコムのマーク・ベニオフCEOは、「経営者の役割は組織を引っ張って、イノベーションを成長と収益性につなげる新しいモデル（ビジネス、テクノロジー、リーダーシップすべてのモデル）を作り出せるようにしてやることだ」という。彼自身このアプローチを使って、セールスフォース・ドットコムを、競争の激しいソフトウェア業界のイノベーション・リーダーに押し上げた。

イノベーションを改善するための状況を作り出すには、幹部がまず、次の三つのことを実践しなければならない。

❶イノベーション戦略を決定し、それを経営戦略に結びつける

本当に有益な価値を創出するためには、幹部がイノベーション・ポートフォリオを策定し、ビジネスモデルとテクノロジーの変革の役目を明確にしなければならない。ＧＥでジャック・ウェルチの跡を継いだジェフリー・イメルトＣＥＯがまずしたことは、会社全体の事業計画の見直しだった。その結果、どの事業もイノベーションのレベルとタイプを一新しなければならないことがわかった。そこで彼はイノベーションの役割を明確にし、現事業を維持するにはどの程度のインクリメンタル・イノベーションが必要かを割り出した。また、十年以内に体系的に開発しなければならない新しいビジネスモデルとテクノロジーも明確にした。そして、成長に弾みをつけ、まったく新しい事業を生み出すため、セミラディカルとラディカルのイノベーションのレベルを引き上げるよう指示した。

イノベーションの遅れと株価の低迷にあえいでいた、加工食品メーカー大手のクラフトは、経営者と五人の経営陣で構成する「イノベーション指導チーム」が主導して、新しいイノベーション戦略に乗り出した。指導チームはさまざまなイノベーション活性策を講じたが、

なかでもポートフォリオ策定やイノベーション事業への資源割当を監督したことは、経営陣主導の体制ができるきっかけとなった。またこれにより、経営陣のイノベーションを重視する考えや、施策へのコミットメントの姿勢が、組織全体にはっきりと伝わった。

❷イノベーションは（イノベーション戦略の選択も）会社の経営戦略に沿っていなければならない

ここでも経営陣の役割が要になる。日本には、ＧＥクラスの強烈なイノベーションと成長を遂げた企業があまりないが、三洋電機は別である。以前は安価なことで知られ、常に業界の負け組だった三洋だが、最近になって、世界事業を軸にしたテクノロジー・リーディングカンパニーに変容した。社長と会長の主導による「勝つための戦略」を展開したのである。その結果、新製品、改良型製品が続々と発表され、営業利益は二一％増えた。

二〇〇四年、三洋はデジタルスチルカメラで生産シェア三〇％を達成し、世界のトップに躍り出た。また光ピックアップ——ＤＶＤプレーヤー、ＣＤプレーヤーのキーコンポーネント——が世界市場シェア四〇％に達したほか、充電式バッテリーも世界の携帯電話の半分に三洋製が使われている。この成功の要因は、桑野幸徳ＣＥＯ（当時）と井植敏会長が資源の投入先を取捨選択したことにある。桑野は「集中する先を選ばないと、生き残ることは不可能だろう」と語っている。また、二人は投資ポートフォリオも指示し、自ら投資の時機にある分野を見極めた。「そこが製造業の面白いところだが、技術が大飛躍したりビジネスモデルを変えたりしたとたん、（それまで見込みがなさそうだったものが）急に返り咲く」と桑野は話す。三洋の経営陣は「勝つための戦略」を選び、事業分野ごとに、ビジネスモデルのイノベーションとテクノロジーのイノベーションの役目を明確にしたのである[3]。

❸イノベーションの「受益者」を明確にする

イノベーションによる価値は誰のためなのか。幹部はこれを社内に周知しておかねばならない。そうでないと、社内の歩調が合わなくなる。

ほとんどの場合、イノベーションの主眼は、顧客への価値提供によってもたらされる収益の維持あるいは向上に置かれる。デルのケビン・ロリンズCEOはこう述べている。「研究開発の価値は本来、『これは儲かるのか、消費者の利益になるのか』で判断するものだ。これは両方とも必要だ」

顧客に合った価値を提供するのはなかなか難しいということを、ジレットは身をもって学んだ。同社は電池事業部門に「カミソリ用の戦略」を充てた。カミソリと同じように、バッテリーも高性能なら高くても売れると考えたのである。ただし一つ問題があった。大半の消費者は高性能のバッテリーなど求めていなかったのだ。「ジレットは、消費者が求めていないものにイノベーションを仕掛けるという、大きな間違いを犯していた。戦略ミスだった」とジレットのジェイムズ・キルツCEOは語っている[4]。

イノベーションの「受益者」は消費者だけではない。二〇〇四年、イノベーションが焦点だったクラフトにとっては、消費者への製品アピールだけでなく、ウォルマートやテスコ、カルフールといった世界的な大手小売店との関係を維持していくことも課題だった。クラフト・フーズのロジャー・デロメディCEOはこう述べている。「ウォルマートの成功によって我々は、

[3] Nakamoto, M. 2004. The Japanese art of performance. *Financial Times*, May 18, page 8.

[4] Griffith, Victoria. 2003. How Gillette's media-shy boss led it back to the cutting edge. *The Financial Times*. May 7:10.

消費者に本物のイノベーションを届けるべく、いっそうの努力を迫られている。今でさえそれが提供できていないようなブランドを、小売店が必要とするはずがないだろう?」[5]

イノベーションはウォール街対策にも有効だ。一九九〇年代、ダウ・ケミカルは、その特許も知的財産もウォール街に認識されていないことに気づいた。そこで同社は、研究開発にもイノベーションにも広く投資していること、現在イノベーションを生み出していること、そしてイノベーションが原動力になり、現在も将来もより強力になっていくことを、ウォール街に強くアピールした。その後、ウォール街がそれらのイノベーションに潜在的価値があると認めると、ダウ・ケミカルの株価は上昇した。

イノベーションは、サプライヤーやパートナー企業とのネットワークの関係でも重要である。たとえばある大手自動車メーカーは一九九〇年代、最もイノベーティブな企業として、サプライヤーの間で高く評価されていた。イノベーションへの投資はもちろんだったが、イノベーション・プラットフォームを利用してさまざまなイノベーションを進めていたし、内外のイノベーション・ネットワークも大いに活用していた。そのためサプライヤーは、このメーカーと提携すれば収益性の高い新製品に結びつくだろうと考え、自社のイノベーションの成果を優先的にここに回した。

そして最後になるが、イノベーションには、優秀な人材を引きつけ、引き止め、活性化する力がある。イノベーション性の高い企業は往々にして、職場としての魅力が高いといわれる。グーグルに続々と優秀な人材が集まってくるのも、イノベーションの魅力があるからだ。

[5] Buckley, N. 2004. Search for the right ingredients. *Financial Times*, October 7, page 9.

診断と行動

この最初の三ステップが終わったら、経営幹部は次に、自社のイノベーション能力と現在の状況のチェックをしなければならない。

イノベーションは企業の基本精神の一部でなければならない。そうするのが幹部の責務である。HPの元CEO、カーリー・フィオリーナはイノベーションについてこう語っている。「これは制度化で生み出せるものだ。ある意味これは一つの発想法であり、さまざまな能力の集大成である。テクノロジーそのものである。また、これまでとは違うビジネスモデルを開拓することともいえる」。フィオリーナの実行力は役員たちの期待に届かなかったようだが、彼女が示したリーダーシップの考え方は正しかった。

シーメンスのハインリッヒ・フォン・ピーラーCEOは、広範にわたる経営施策を進めた。ねらいは、基本精神の一部として、イノベーションと変化の必要性に対する認識を社内に浸透させることだった。二〇〇〇年から四年間にわたるシーメンスの好業績はこの施策と何らかの関係があるというのが、投資アナリストの見方だ。「Top」――総合的最適化プロセス（Total Optimized Processes）――と名づけられたこの戦略は、シーメンスの企業文化そのものを変えたとされている[6]。実際、新製品が着実に生まれるようになり、マネジャーたちも業務上の問題の解決にイノベーションを有効に使えるようになった。

そのほかグーグルやノキア、３Mの幹部も、同じようにイノベーションが社内の思考や行動

[6] Marsh, Peter. 2003. Siemens clocks up top results. *The Financial Times*, August 19: 6.

に染み込んだ企業文化を作り上げている。これらの企業では、イノベーションが日常の当たり前の風景になっている。リーダーシップや学習によって会社の基本精神に組み込んでしまったため、もはや欠かせない存在になったのである。

セールスフォース・ドットコムのベニオフCEOは、新しい施策や製品はすべてマネジメントツール「V2MOM」でチェックさせることにしている。このV2MOMは彼のオラクル在籍中に開発されたもので、セールスフォースでは創設以来使われている。この名前は、次のキーワードの頭文字からつけられた[7]。

- ビジョン（**V**ision）　目標は何か？
- 価値（**V**alue）　その目標のなかで重要なものは？
- 方法（**M**ethods）　その目標はどう達成するのか？
- 障害物（**O**bstacle）　達成の障害になるものは何か？
- 測定（**M**easures）　目標の達成はどう把握するのか？

同社では毎年、まず役員会が全社的なV2MOMを組み立て、その後、各部門と個人がそれに沿った個別のV2MOMを決める。こうして、社員一人ひとりから全社レベルまで、組織全体の足並みをそろえるのである。ベニオフは、経営者の務めはイノベーションが生まれる状況を作ることと、組織が自由にリスクテイクできるよう全面的に権限を与えることだと考えている。これが、セミラディカルやラディカルはもちろん、インクリメンタルなイノベーションの

[7] *The Economist's* Third Annual Innovation Awards and Summit. September 14, 2004. San Francisco.

土台にもなるのだという。

このように、イノベーションの改善に取りかかるにあたっては、まず今のイノベーション・プロセスを診断し、学習などの要素が機能してイノベーションが基本精神に定着しているかどうかを見る必要がある。すなわち社内が、イノベーションをバックアップする戦略、プロセス、組織構造を十分に理解しているかどうかを確認するのである。P&Gの幹部も、イノベーションの変更・改善計画を作る前に、社内の診断を行っていた。このような事前診断をすると、イノベーション施策の現状や、目標と実績の差、変革を優先すべき領域などが新たに把握できる。

診断方法はいろいろあるが、必要に応じて適したものを使う。たとえば業績全般や改善すべき分野を大まかに知りたい場合は、目標に対する実績全般、問題と思われる分野の特定など、イノベーションの主な要素を検証する高次の診断を行わなければならない。逆に、イノベーション・プロセスの諸側面（アイデア形成、アイデア評価ツール、選択肢、チームの相互作用、プロジェクトマネジメント、戦略の有効性など）の目標を個々に見ていく場合は、それぞれに的を絞った詳細な診断方法を用いる。次頁の**表1**は、主な診断ポイントを一覧にしたものである[8]。

イノベーションに関する企業文化は、企業の基本精神のなかでも特に重要な部分である。そのため、幹部はときどき「イノベーション風土」も診断項目に入れて、イノベーションの基本精神への浸透具合を社員がどう認識しているのかを見てみるといい。イノベーションに対する社内全体の認識や、イノベーションについての文化的規範を理解しておくことは、イノベーションの障壁を把握するためにも重要である。この「イノベーション風土」診断は、組織全体を対象に行うのが一般的である。

[8] 出典：Navigant Consulting, Inc.

表1　診断ポイント

戦略

経営戦略とイノベーション施策は戦略的にしっかり連携しているか。

イノベーション戦略の内容と、経営陣のサポート姿勢は社内全体に理解されているか。

イノベーション・プラットフォームは堅牢か。よく練られているか。

顧客のニーズを明確に理解しているか。

インクリメンタル、セミラディカル、ラディカルそれぞれのイノベーション・プロジェクトを評価する、明確で強力なアプローチはあるか。

プロセス

有力な市場情報と顧客の意見を集めているか。

ビジョン策定とアイデア形成のプロセスがあるか。

効果的なアイデアスクリーニングプロセスがあるか。

プロジェクトマネジメントに的確な規律があるか。

イノベーション・プロセスは迅速で順調に進んでいるか。

有効なプロセス改善が常に進行しているか。

資源

ビジネス部門と技術部門が協力してイノベーションに取り組んでいるか。

スタッフは適当に選ぶのではなく、最適なスタッフをそろえた、強力なクロスファンクショナル・チームを作っているか。

従来とは異なる視点をもったスタッフを積極的に採用しているか。

イノベーションのニーズに合うコア・コンピタンスとパートナーシップが構築できているか。

組織

イノベーションのインセンティブシステムが確立しているか。

分野間で建設的な相互作用、協力関係がしっかり働いているか。

イノベーションの結果に対する幹部の責任は明確になっているか。

リーダーシップが効果的に発揮されているか。

「イノベーション風土」を診断してイノベーションの基本精神への浸透具合を調べた、ある大手消費財メーカーの例を見てみよう。この企業では以前から、イノベーション戦略やプロセス、資源、組織に関しては診断を行っていたため、情報も豊富であり、改善が必要な部分も把握していた。

しかしここで一部の経営幹部が、イノベーションに関する企業文化の現状をより詳しく見ることを提案した。数年前から事業推進部門と技術部門がイノベーション計画の優先順位をめぐって何度もぶつかっていたため、幹部としては、衝突の背景をしっかり把握して、文化的問題の見落としから改善計画が失敗するというような事態を避けたいと考えたのである。そこで全社的な「イノベーション風土」診断を行い、とりわけ衝突の激しかったブランドマネジメント部門と技術部門を重点的にチェックした。

結果は彼らにとって衝撃的なものだった。社員の大半が、イノベーション事業は予算も多く、プロセスも資源も戦略も問題ないのだが、経営陣のバックアップがないと感じていたのである。そのため社内（特にマーケティング部門）では、イノベーションは会社の存続に不可欠ではないと認識されていた。一方、技術部門には、既存製品のインクリメンタルな改善を好む風潮ができていた。経営陣はこの診断で企業文化の力を思い知った。投資ポートフォリオや明確なイノベーション戦略、強力なイノベーション・システムだけでは、イノベーションは根付かなかった。企業文化の基本精神に何かが欠けていて、それが協力態勢の確立を阻んでいたのである。経営陣はこの何かを突き止め――イノベーションの意思決定に幹部が積極的に関与しなかったことも、その一つだった――、改善を優先すべき分野を明確にした。そして、社内に広まっていた認識を改め、協力の文化を築き直し、「イノベーション風土」を改善する新しい施策に乗り出した。また、経営陣が定期的に「イノベーション風土」の見直しを行うことで、組織が継続的に向上していけるようにもした。

図1は、「イノベーション風土」の調査表の一例である。対象は全社員で、各項目について次の二つの観点で評価させる。

- 会社のベストプラクティス（会社が目指すべきレベル）
- 会社の実際のパフォーマンス

これにより、企業文化の目指すべき姿と実際の状況を、社員がどう捉えているかがわかる。

イメルトCEOのイノベーションへの意気込みを見ればわかるとおり、GEは企業文化の変革の必要性を認識していた。GEの企業文化マネジメントの拠点である、クロトンビルの研修センターでは、職務記述書に新たにリーダーシップの五つの特性――外部志向、明確な思考、想像力、包容力のあるリーダーシップ、確かな専門性――を追加した。研修を通じて企業文化を変えようとしていたGEの姿勢がうかがえる。

また、創造性と価値獲得のバランスには特別な注意が必要なことにも気づいていた。このバランスが保たれてこそ、企業は新しいアイデアの創出と投資リターンの最大化を両立できる。GEは、ジャック・ウェルチ指揮のもとで営業力は強化されていたが、新製品の創出力をいくらか失っていた。その後CEOに就任したイメルトは、社内の比重が価値獲得と営業推進に

［9］出典：Navigant Consulting, Inc.およびアーサー・D・リトル。

図1 「イノベーション風土」調査表［9］

1	経営陣は短期的利益を求めている。	経営陣は将来の大きな利益を待つつもりでいる。
2	経営陣のイノベーション追求の姿勢が明確。	経営陣のイノベーション追求の姿勢が不明確。
3	イノベーティブな「異端児」に対し経営陣の許容度が高い。	イノベーティブな「異端児」に対し経営陣の許容度が低い。
4	プランニングは資源配分が中心。	プランニングは機会の発見が中心。
5	経営陣は失敗に対して厳しい。	経営陣は失敗に対して寛大。
6	経営陣が、社員および人間関係のマネジメントをあまり重視していない。	経営陣は、社員および人間関係のマネジメントを重視している。
7	イノベーターが適切な権限や肩書きを得られる、キャリアパスが設けられていない。	イノベーターが適切な権限や肩書きを得られる、キャリアパスが設けられている。
8	企業の行動規範から離れることが推奨される。	行動規範の遵守が評価される。
9	ここで働くのはつまらない。	ここで働くのは楽しい。
10	不確実性に対する経営陣の許容度が低い。	不確実性に対する経営陣の許容度が高い。
11	形式的で縦方向のコミュニケーションが普通になっている。	ざっくばらんで横方向のコミュニケーションが普通になっている。
12	経営陣が、特殊な目的には、独立したタスクフォースを組織的に活用することを奨励している。	特殊な目的に対してでも、経営陣は独立したタスクフォースを使おうとしない。

（→次頁へつづく）

<table>
<tr><td>25</td><td>経営陣は目標の達成に必要となる、イノベーションの役目と力点を明確にしている。</td><td>経営陣はイノベーションの戦略や力点を明確にせず、企業家精神ばかり強調している。</td></tr>
<tr><td></td><td><--|---|---|---|---</td><td>---|---|---|---|--></td></tr>
<tr><td>26</td><td>プロジェクトの失敗は体系的に検証、分析し教訓にしている。</td><td>プロジェクトの失敗は封印され、誰も話そうとしない。</td></tr>
<tr><td></td><td><--|---|---|---|---</td><td>---|---|---|---|--></td></tr>
<tr><td>27</td><td>製品マネジャー、サービスマネジャーは市場を理解している。</td><td>製品マネジャー、サービスマネジャーが市場に疎い。</td></tr>
<tr><td></td><td><--|---|---|---|---</td><td>---|---|---|---|--></td></tr>
<tr><td>28</td><td>製品マネジャー、サービスマネジャーはテクノロジーを過小評価し、なおかつ使いこなせていない。</td><td>製品マネジャー、サービスマネジャーはテクノロジーをよく理解し、使いこなせている。</td></tr>
<tr><td></td><td><--|---|---|---|---</td><td>---|---|---|---|--></td></tr>
<tr><td>29</td><td>外部者（顧客、専門家）がイノベーション・プロセスに直接関与することはない。</td><td>外部者（顧客、専門家）がイノベーション・プロセスに関与する体制になっている。</td></tr>
<tr><td></td><td><--|---|---|---|---</td><td>---|---|---|---|--></td></tr>
<tr><td>30</td><td>価値の高いアイデアが豊富。</td><td>価値の高いアイデアは不足気味。</td></tr>
<tr><td></td><td><--|---|---|---|---</td><td>---|---|---|---|--></td></tr>
<tr><td>31</td><td>経営陣の新プロジェクトに対する期待は妥当である。</td><td>経営陣は新プロジェクトに非現実的な結果を期待している。</td></tr>
<tr><td></td><td><--|---|---|---|---</td><td>---|---|---|---|--></td></tr>
<tr><td>32</td><td>イノベーションの知識が競合に劣っている。</td><td>イノベーションの知識は競合より多い。</td></tr>
<tr><td></td><td><--|---|---|---|---</td><td>---|---|---|---|--></td></tr>
<tr><td>33</td><td>顧客の本当のニーズに関する知識が競合より少ない。</td><td>顧客の本当のニーズに関しては競合より詳しい。</td></tr>
<tr><td></td><td><--|---|---|---|---</td><td>---|---|---|---|--></td></tr>
<tr><td>34</td><td>同僚は、会社が目指す方向性に不信感を持っている。</td><td>同僚は、会社が目指す方向性を信頼している。</td></tr>
<tr><td></td><td><--|---|---|---|---</td><td>---|---|---|---|--></td></tr>
<tr><td>35</td><td>同僚はみな主体的である。</td><td>同僚はあまり主体的ではない。</td></tr>
<tr><td></td><td><--|---|---|---|---</td><td>---|---|---|---|--></td></tr>
<tr><td>36</td><td>経営陣は意見の食い違いから頻繁に衝突する。</td><td>経営陣の考えは一致しているため、衝突はほとんどない。</td></tr>
<tr><td></td><td><--|---|---|---|---</td><td>---|---|---|---|--></td></tr>
</table>

図1 「イノベーション風土」調査表（つづき）

13	幹部は、組織内の意見は聞かずに意思決定する。	幹部は組織内から幅広く意見を求め、検討する。
	<－－|－－|－－－|－－|－－－	－－－|－－|－－－|－－|－－>
14	意思決定プロセスは複雑で形式重視。	意思決定プロセスは単純で、決まった形式はない。
	<－－|－－|－－－|－－|－－－	－－－|－－|－－－|－－|－－>
15	イノベーションを存続させるためのインセンティブシステムがある。	イノベーションの存続を目的としたインセンティブシステムはない。
	<－－|－－|－－－|－－|－－－	－－－|－－|－－－|－－|－－>
16	企業文化は計画志向（過剰分析／停滞に陥りやすい）。	企業文化は行動志向。
	<－－|－－|－－－|－－|－－－	－－－|－－|－－－|－－|－－>
17	外部アライアンス、供給パートナー、買収に対して幹部は肯定的な考え。	外部アライアンス、供給パートナー、買収に対して幹部は否定的な考え。
	<－－|－－|－－－|－－|－－－	－－－|－－|－－－|－－|－－>
18	幹部は、社員が会社全体の発展に献身することを望んでいる。	幹部は、社員が個人的進歩に向けて努力することを勧めている。
	<－－|－－|－－－|－－|－－－	－－－|－－|－－－|－－|－－>
19	経営哲学は分権化を重視。意思決定はなるべく現場に近いところが行う。	経営哲学は中央集権化を重視。意思決定は上層部が行う。
	<－－|－－|－－－|－－|－－－	－－－|－－|－－－|－－|－－>
20	新しいベンチャー事業に使える資源（予算、人材、時間など）が少ない。	新しいベンチャー事業に必要な資源（予算、人材、時間など）が利用可能。
	<－－|－－|－－－|－－|－－－	－－－|－－|－－－|－－|－－>
21	個人的取り組みに対して報奨が出る。責任は個人が負うのが標準。	チーム全体の取り組みに対して報奨が出る。責任はチームで負うのが標準。
	<－－|－－|－－－|－－|－－－	－－－|－－|－－－|－－|－－>
22	企業のイノベーティブな成功は表に出さない。	企業のイノベーティブな成功は公表し、公に議論される。
	<－－|－－|－－－|－－|－－－	－－－|－－|－－－|－－|－－>
23	イノベーション予算が競合より少ない。	イノベーション予算が競合より多い。
	<－－|－－|－－－|－－|－－－	－－－|－－|－－－|－－|－－>
24	グローバルな優先事項とローカルな優先事項のバランスがとれている。	グローバルな優先事項とローカルな優先事項のバランスがとれていない。
	<－－|－－|－－－|－－|－－－	－－－|－－|－－－|－－|－－>

（→右頁へつづく）

偏っていることに気がついた。彼が引き継いだのは、営業面だけが極端に強い組織だったのである。「反応がよくて、結果は出せる組織だ」と、クロトンビルの研修センターの現所長、ボブ・コーコランは語っている。コーコランはGEメディカル・システムズでも長年、人事部に責任者として携わった。「当面の課題は、トップライン（この場合、新製品、市場、ビジネスラインのこと）をどう拡大するかだ」[10]。イノベーションによる大飛躍を構想していたイメルトは、このアンバランスが計画の足かせになることを恐れた。そこで、創造性に関する社内機能の再活性化と、アイデアの創出ペースを早めて処理量も増やすことを目標に、新しい施策を展開した。

創造性と価値獲得のバランスを見る際には、プロジェクトマネジメントのシステムを検討する必要がある。イノベーション・マネジメントのアプローチには、「ステージゲート・システム」「ベンチャーキャピタル・モデル」「テクノロジー・イノベーションモデル」「タイム・ドリブンシステム」の四種類があるが、いずれも、その特性上、創造性と価値獲得のどちらかに偏っている。では、その四つを詳しく見ていこう。

❶ステージゲート・システム

インクリメンタル・イノベーションのプロジェクトは多くの場合、何らかのかたちで**ステージゲート・システム**（**図2**）を使っている。ここでは、プロジェクトをいくつかの段階《ステージ》に分け、次段階に移行できるかどうかは各段階間にあるゲートで判断する。これらの段階にはそれぞれ因果関係があり、次段階に移行するには前段階を完了していることが前提条件になる。プロセス中にあるプロジェクトは、どの段階にあっても進捗状況を把握することができる。エクソン

[10] Kleiner, Art. 2004. GE's next workout. *Strategy & Business*, 33: 26-30.

[11] Tushman, Michael L. and Charles A. O'Reilly. 1997. *Winning through innovation*. Harvard Business Press.（『競争優位のイノベーション：組織変革と再生への実践ガイド』平野和子訳、1997年、ダイヤモンド社）

は一九八〇年代にステージゲート・システムを導入して、大成功を収めた。エクソンは、「その十年間で行った施策のなかではこれが最も効果があり、業務の進め方もこのプロセスによって確立された」という。

プロジェクトの進捗状況は各ゲートで細かくチェックする。また測定システムを使えば、プロジェクトが計画から外れず、なおかつ当初の目標を達成、もしくはそれ以上の成果が出せるようモニタリングできる。作業服メーカーのシンタスでは、どんな小さな取引でも、すべて経営幹部が定期的に厳正な目で精査しているとロバート・J・コールヘップCEO（当時）は語っている。そして経営陣は、取引の雲行きが怪しくなれば即時打ち切りを決断するという[11]。一方、既存事業と競合しそうなプロジェクトを進める場合は、会社全体の長期的成功を考慮できる、冷静な意思決定者が必要になる。HPの元CEO、ルー・プラットはこう記している。「将来リーダーシップを取ろうとするなら、今やっていることは潰す覚悟が必要だ。人の常には反するが、ビジネスがまだ機能しているうちに潰さなければならない」

ステージゲート・システムは、使い方さえ正しければ大抵、

図2　ステージゲート・システム、投資、アウトプットに対する影響力の関係

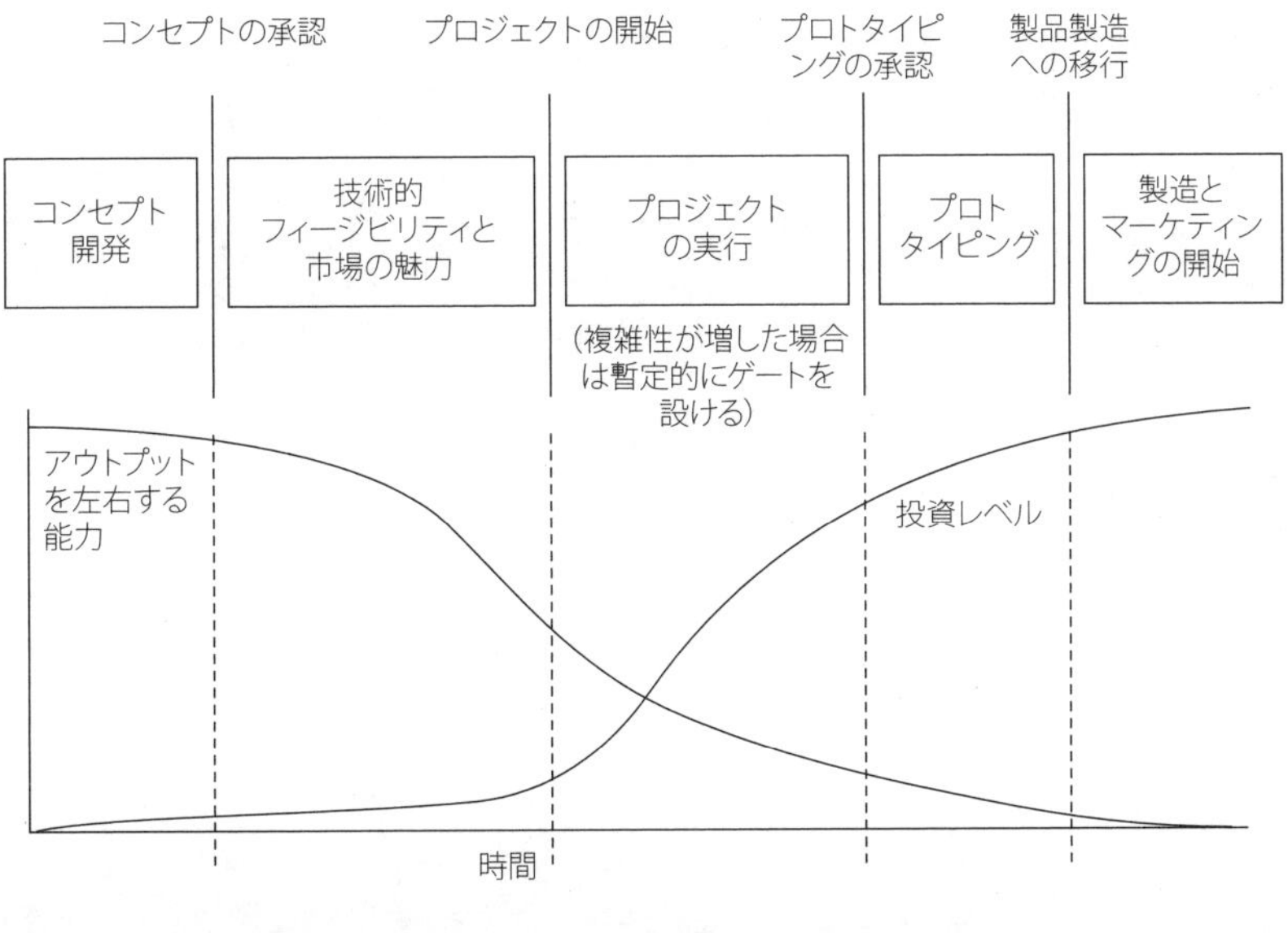

創造性と価値獲得のバランスをとることができる。このプロセスは、創造性と、製品化による価値獲得へスムーズに移行できるかどうかが最初の焦点となる。この段階では、社内から創造性に対する反発が生まれることが多く、その結果、厳しい分析や精査にさらされてしまう。そうなると、ここで潰されるアイデアも出てくる。いくら優れていても、金銭的見返りがはっきり見込めないと、価値がないと却下されたり補欠的な扱いになってしまうのだ。ただ、特にセミラディカルやラディカルなアイデアは、最初のうちは明確な市場がわからなかったり、コスト見通しや財務的予測がおぼつかなかったりする。すると、アイデアの魅力はあるのに捨てられてしまい、代わりに評価指標がより簡明なインクリメンタル・イノベーションが優先されてしまう。こういったステージゲート・システムでは、インクリメンタル・イノベーションの価値獲得や製品化のプロセスには有効だが、創造的アイデアは初期段階で振り落とされてしまうため、質的にも量的にも十分に生み出されない。そしてこのような創造性と価値獲得のアンバランスは、インクリメンタリズムの乱用——バランスを欠いたイノベーション戦略の最たるもの——につながる。

❷ベンチャーキャピタル・モデル

このシステムは、投資プロセスの各段階で曖昧な測定結果を解釈し、なおかつ意思決定もしなければならないというベンチャーチームに向いている。したがって、セミラディカルやラディカルなイノベーションでよく使われる。スペースシップワンのベンチャーチームも、商業宇宙旅行の市場サイズや顧客層の明確な見通しがなく、技術的にもビジネスモデル的にもまだ不確実な部分がたくさんあったにもかかわらず、参入の決断をしたのである。

ベンチャーチームには、メンバーの高い資質と進歩性に加え、テクノロジーと市場に関する各人の経験と直感とが詰まっている。この場合システムの役目は、そうしたプロジェクトのなかで、議論の促進に最適な部分を見つけることである。活発な議論によって情報の解釈の幅が広がれば、価値もいっそう高められる。

曖昧さや不確実性が高いごく初期の段階では、具体的なマイルストーンが成功のための重要な手段になる。たとえば、「技術プロトタイプは予定どおり作られているか」「ビジネスモデルの中核はすでに決まったのか」「主要なステークホルダーの評価は受けたのか」というような具体性が必要だ。

一方、開発の後半は、それまで以上にターゲット市場の明確化が必要になる。この段階のシステムの主な役目は、製品リリース直後のターゲット・セグメントや、ニーズを満たすテクノロジーの堅牢性、ビジネスモデルのコスト構造（顧客獲得コスト、顧客サポートコスト、製造コスト）を明確にすることである。

このベンチャーキャピタル・モデルは創造性との相性が非常によく、開発の全段階でラディカルな新しいアイデアを検討できる。開発初期の創造的な取り組みには特に向いている。また開発後半では、より厳密な分析が行われるとともに、財務的指標によって意思決定の方向づけをしてくれる。ただ、創造性に偏りすぎるきらいもある。価値獲得の製品化プロセスでは、ステージゲート・システムにあるような厳密さが欠ける。したがって多くの場合、ベンチャーキャピタル・モデルの後半でステージゲート手法を併用すると、創造性と価値獲得の適切なバランスがとれる。

❸**テクノロジー・イノベーションモデル**

テクノロジー・イノベーションモデルは、技術者主導のラディカル・イノベーションの進行状況を表すのに用いる。研究開発の初期工程は通常は構造化されておらず、技術者に独自の研究テーマの時間を確保させることが鍵になる。３Ｍが勤務時間の一五％を新アイデアの探索に保証していたり、グーグルやジェネンテックが二〇％の自由研究時間を与えているのもそのためだ。

開発初期段階では、測定システムの用途は限られる。せいぜい、時間や費用などプロジェクトのインプットを確認するくらいだ。この段階は、内発的動機づけや、担当の技術者や技術チームの創意、あるいは幹部のビジョンが中心になるからだ。またプランニングもあまり意味を持たない。信用、評判、「チームへの信頼」といった無形のものが、チームの集中力やモチベーションの維持には重要になるためだ。その後、実験とプロトタイピングを経て、イノベーションが具体性を増してくると、このモデルも精度が上がってきて、ベンチャーキャピタル・モデルに似た役目を果たすようになる。

❹**タイム・ドリブンシステム**

インクリメンタル・イノベーションのプロジェクトは、その多くが「スケジュール第一」である——いくらコストがかかっても「スケジュール厳守」である。時間が目安として好まれるのは、誰でも理解でき、測定が簡単で、結果も明瞭だからだ。要は、プロジェクトがスケジュール通りできたかできなかったか、それだけだ。期限に間に合わないプロジェクトは通常、中止になるか大幅に変更される。ある大手自動車メーカーの幹部の話では、その会社では予算よりもスケジュールを守ることのほうがはるかに重要だという。プロジェクトは予算を六、七割オーバーするのが常態になっているが、スケジュールが守られていればそれでもＯＫなのだ。

しかしこの単純明快さがいくら魅力的でも、タイム・ドリブンのシステムは本質的に価値獲得に偏っているため、創造性が最大限に活用されない。また仕事を早く片付けることに向いているため、インクリメンタリズムの乱用を助長してしまう。その上、時間が評価の尺度になると、成果でなくアウトプットが焦点になる。だがシステムというのは、本当の効果を発揮するためには、インプット、プロセス、アウトプット、成果の四指標すべてが網羅されなければならない。判断基準が時間だけというのは便利に見えるかもしれないが、同時に、意思決定を誤るリスクもある。したがって総合的に考えると、本質的にバランスに欠けるタイム・ドリブンのシステムは避けたほうがいい。

組織の抵抗勢力は、これまでの規範に合わないといって、優れたアイデアを潰そうとする。こうした抵抗勢力を抑えるのは、経営陣の仕事である。ある大手エネルギー企業は、イノベーション改善策の実行中、抵抗勢力を野放しにしていたため、さまざまな形で抵抗が起きた。まず、変化を拒んでいたミドルマネジャーたちがイノベーション施策に十分な人数を割り当てなかったため、施策は人員不足に陥った。なかにはイノベーション・チームに二流の人材を送り込んだマネジャーもいた。このプロジェクトはもともと、タイトなスケジュールだったのだが、結局初日から遅れ気味になってしまった。さらに、計画を実行する上で重要な会議をマネジャーがたびたび欠席する事態も発生した。これら一連の動きは、施策の効果を薄めただけでなく、施策に相当の反発があることを組織全体に知らせることにもなった。その後さらに、中心的な社員たちが計画の有効性と価値に疑問を呈し、反対しはじめた。このとき、もし経営陣が前へ出てきて適切な対応を取るよう指示し、問題行動を押さえ込んでいたら、抵抗勢力は事実上、鎮圧されていただろう。だがあいにく実際はそうならず、施策は失敗に終わった。

また経営陣は、組織内外に強力なイノベーション・ネットワークも作らなければならない。イノベーションの土台になるのは個々人ではなく、ネットワークである。HPの元CEOカーリー・フィオリーナはこう話している。「我々は、自分たち独自の貢献ができて、なおかつ高いレベルに到達できる部分にだけイノベーションを集中させている。ほかはパートナー企業と協力してやっていく」。コカ・コーラは、世界各地のグループ企業をネットワークでつなぎ、それらネットワークをイノベーション・プラットフォームに集中させている。こうしたネットワークを有効に使うためには、ネットワークに多種多様な人材を組み入れなければならない。アイデアマン、プロジェクトマネジャー、総監督、技術者、事業戦略担当など、とにかく幅広い人材が必要である。そうした人々の力量を見極め、協力し合える方法を探るのは、経営陣の役目である。ある消費財メーカーは、大規模なイノベーション施策を始動する前に、イノベーション・ネットワークのスキルの一覧を作成し、これから取り組む技術的、ビジネス的問題と突き合わせている。また同時に、ネットワーク内の協力や連帯の度合いも調べ、ネットワークの強みと改善すべき点を明確に把握した。

そしてもう一つ、適切な評価指標とインセンティブシステムを導入することも経営陣の仕事である。これでイノベーションが管理できるようになり、適切な行動を引き出せるようにもなる。たとえばセメックスの経営陣はバランスト・スコアカードを作成して、イノベーション・チームが目標を目指しやすいようにした。また、最初からイノベーションを事業の基本に組み込んだテトラパックは、これまでイノベーションを管理する測定システムを導入したことがなかった。だが、やがて組織が複雑化し、イノベーション・ポートフォリオの規模も拡大してしまった。そのためインセンティブシステムを補強して、イノベーション・プロセスを管理しやすくし、投資の優先順位を決める必要が出てきた。そこで同社は初めて測定システムを導入し、またインセンティブも追加したところ、市場投入までの時間を二〇％以上も短縮できた。

こうした評価指標やインセンティブシステムを整えるにあたっては、いくつかルールがある。

- 自社のイノベーションの戦略とビジネスモデルを理解し、両方に関連したイノベーション測定システムを作る。
- 組織の階層ごとに測定システムを使う目的を明確にする。目的は「戦略および基礎となるメンタルモデルの伝達」「パフォーマンスの監視」「学習」の三つがある。
- 各種（インクリメンタル、セミラディカル、ラディカル）混合型のイノベーションに対応した、イノベーション測定システムを作る。
- イノベーション戦略促進のためのモチベーションにつながるインセンティブを設ける。

シェブロンテキサコが、イノベーションと変革には評価指標とインセンティブが不可欠であることに気づいたのはもう何年も前のことだ。同社は、あらゆるプロジェクトとイノベーション活動を対象にした、ステージゲート・プロセスに似たフォーマルなプロセスを作った。このプロセスでは、各プロジェクトに合った評価指標を設定することになっていた。プロセスの使い方は全社員に教育し、測定結果に応じたマネジメントの責任は各チームに負わせた。さらにこの評価指標は、パフォーマンスの学習、改善にも役立てられた。このアプローチ――強力で連動的なインセンティブも併用した――は導入以来、大きな威力を発揮してきた。シェブロンテキサコでは、これが同社の強みの一つだと考えている。

二種類の施策

イノベーションの施策には基本的に二つのタイプがある。**微調整型の施策**は、部分的にわずかな改善を加えるもので、多くの企業がイノベーション能力の維持のために毎年あるいは二、三年に一度、実施している。一方、**方向修正／再活性化型の施策**はもう少し積極的で、時にはイノベーション能力を大幅に変更することもある。これは、たとえば抜本的対策が必要な場合など、限られたケースでしか使われない。

微調整型の施策

微調整型は、イノベーション戦略、ポートフォリオ、プロセス、組織、企業文化の部分的な改善が主になる。これが実施されるのは、イノベーションは比較的順調（たとえば、パフォーマンスの目標と実際の差が比較的小さいとき）だがパフォーマンスの改善や競争力の向上は必要、という場合である。たとえば医療機器メーカーのボストン・サイエンティフィックは、イノベーション・プロセスを定期的にチェックして、改善点を見つけ出している。また、サウスウエスト航空ではイノベーション能力を絶えず少しずつ向上させているが、これはすでに企業文化の一部となっている。

方向修正／再活性化型の施策

方向修正／再活性化型は、イノベーション能力を広く、大幅に向上させたい場合に使われる。こうした方向修正や再活性化が必要になるのは、イノベーション・システムも組織も経営戦略に合わないイノベーションを進めているときである（パフォーマンスの目標と実際の差が大きくなる）。セメックスは、イノベーションで大幅な成長を図ろうとした際、このタイプの施策を使った。また二〇〇〇年ごろ、業界でイノベーションが重要になってきていることに気づいたトヨタは、競争の激しい自動車業界で優位性を確保するため、このタイプの施策を採用した。

イノベーションを価値に換える

どの企業の経営陣も手順はわかっている――目標を決め、目標の達成を阻む問題点を突き止め、その原因を把握し、計画を立て、計画の重要性を組織全体に示し、大量の作業を一つひとつこなして計画を完遂する。イノベーションもまったく同じだ。どのマネジメントにも必要な、基本的なことを行うだけである。

経営者にとって悩ましいのは、微調整型にせよ方向修正／再活性化型にせよ、イノベーション能力の改善策を実行しても、必ずしも望む結果が得られないことである。確かに、改善策の実行そのものに失敗する企業もあるが、これは大抵、変化に反発する抵抗勢力を押さえられなかったせいである。前述の大手エネルギー企業の失敗例を思い出してほしい。

だが実際にはそれよりも、イノベーションの各要素間の関係が理解できていないことが原因であることが多い。こういう場合はイノベーションの要素を部分的に修正するだけで、問題の根本原因は解決できていない。ある大手消費財メーカーの家庭用品部門は、低調だったイノベーション事業をてこ入れしようと、研究開発部門とマーケティング部門との連携強化を図った。確かに両部門間の連携は悪く、成果もいまひとつだった。だが本当の問題は、幹部がイノベーション戦略をはっきり決めていないことと、その部門のビジネスモデルとテクノロジーを変える意味を明確にしていないことにあった。そのため双方とも、仕事の重要事項も優先順位も独自に判断していたのである。

また別の企業では、全員の能力向上を目指して、イノベーションに関する研修の内容を改善した。しかし重要な問題が一つ見落とされていた――セミラディカルとラディカルなイノベーションに対する社内の反発である。この企業は長年リーダー的地位を維持していたが、その間に企業文化は、セミラディカルではなくインクリメンタルな変化を好む傾向が強くなっていた。この企業は実行力には長けていたが、インクリメンタル以外のアイデアはすべて潰していた。

こうした状況では、セミラディカルやラディカルなイノベーションのツールを全員に教育したところで、経営者が望む結果を得られるはずがなかった。

イノベーションの特効薬はない。どの組織にも通用するような万能の手段、構造はない。だが、七つのイノベーション・ルールは、付加価値と企業成長を生み出す高度なイノベーションの基盤になるだろう。

ウォートン経営戦略シリーズ刊行にあたって

情報は一瞬にして世界を駆け巡る。ビジネス環境は急速に、そして刻一刻と変化している。ビジネスリーダーは、タイムリーに変化に対応し、新しい取り組みを実践し、成果として実現させせなければならない。この成否は第一義的にビジネスアイデアの優劣に大きく依存している。

ペンシルバニア大学ウォートンスクールは米国で有数のビジネススクールであり、二〇〇四年にピアソンエデュケーションと共同でウォートンスクールパブリッシングを立ち上げた。世界的な研究者が執筆し、ウォートンスクール教授陣のレビューを経て、優れたビジネスアイデアを有する実践的なビジネス書として刊行している。

ウォートン経営戦略シリーズは、ウォートンスクールパブリッシングの発行するビジネス書の中から、「理論に裏打ちされながらも実践的であること」「事例に基づき信頼性の高いこと」「日本のビジネスリーダーにとって有意義であること」などの基準によって選出し、日本の読者に提供する。本シリーズが、日本のビジネスリーダーの知見を深め、変革を達成する一助となり、経済全体および社会全体の発展に貢献できれば幸甚である。

スカイライト コンサルティング株式会社　代表取締役　羽物俊樹

著者略歴

トニー・ダビラ

Tony Davila（Antonio Dávila）

IESEビジネススクール助教授。ハーバード・ビジネス・スクールにて博士号を取得後、大手製造業やシリコンバレーの新興企業を対象として、経営管理や実績評価システムの構築に携わる。ハーバード・ビジネス・レビューなど、学術雑誌への寄稿多数。元スタンフォード大学経営大学院講師。

マーク・J・エプスタイン

Marc J. Epstein

ライス大学ジェス・H・ジョーンズ経営大学院特別研究教授。先進企業および政府機関を対象として、戦略実行、イノベーション、内部統制、アカウンタビリティ、業績評価の分野で25年以上のコンサルティング実績を誇る。スタンフォード大学経営大学院教授、INSEAD教授、ハーバード・ビジネス・スクール客員教授を歴任。

ロバート・シェルトン

Robert Shelton

グローバルコンサルティングファームPRTMのパートナー。専門は、新しいビジネスモデルや新技術の企業経営への統合。エレクトロニクス、エネルギー、医療、自動車、消費財、ソフトウェア、航空宇宙などの分野におけるコンサルティング実績多数。アーサー・D・リトル、SRIインターナショナル、Navigant Consulting, Inc. にてマネージング・ディレクターを歴任。

PRTM　http://www.prtm.com/（グローバル）　http://www.prtm.com/jp（日本）

日本語版　企画・翻訳

スカイライト コンサルティング株式会社

経営情報の活用、業務改革の推進、IT活用、新規事業の立ち上げなどを支援するコンサルティング企業。経営情報の可視化とプロジェクト推進力を強みとしており、顧客との信頼関係のもと、機動的かつきめ細やかな支援を提供することで知られる。顧客企業は一部上場企業からベンチャー企業まで多岐にわたり、製造、流通・小売、情報通信、金融・保険、官公庁などの幅広い分野で多数のプロジェクトを成功に導いている。

http://www.skylight.co.jp/

訳者略歴

矢野陽一朗

Yano, Yoichiro

慶應義塾大学経済学部卒業。外資系コンサルティング会社でマネジャーとして活躍後、スカイライト コンサルティング株式会社を設立、取締役に就任し現在に至る。専門はテクノロジー分野の新規事業に関する調査、企画、立案および立ち上げ支援。情報通信業、金融・保険業、流通業などの分野において、コンサルティング実績多数。本シリーズでは、第2弾『プロフェッショナル・アントレプレナー』の監修を担当。

英治出版からのお知らせ

弊社のホームページでは、「バーチャル立ち読みサービス（http://www.eijipress.co.jp/）」を無料でご提供しています。ここでは、弊社の既刊本を、紙の本のイメージそのままで「公開」しています。ぜひ一度、アクセスしてみてください。

なお、本書に対する「ご意見、ご感想、ご質問」などをeメール（editor@eijipress.co.jp）で受け付けています。お送りいただいた方には、弊社の「新刊案内メール（無料）」を定期的にお送りします。たくさんのメールを、お待ちしております。

イノベーション・マネジメント

成功を持続させる組織の構築

発行日——2007年2月20日　第1版　第1刷　発行

著　者——トニー・ダビラ、マーク・J・エプスタイン、ロバート・シェルトン
訳　者——スカイライト コンサルティング株式会社

発行人——原田英治
発　行——英治出版株式会社
〒150-0022 東京都渋谷区恵比寿南1-9-12 ピトレスクビル4F
電話：03-5773-0193　FAX：03-5773-0194
URL　http://www.eijipress.co.jp/
出版プロデューサー：高野達成
スタッフ：原田涼子、秋元麻希、鬼頭穣、大西美穂、岩田大志、
秋山仁奈子、古屋征紀、田嵜奈々子

印　刷——大日本印刷株式会社
装　幀——重原隆
編集協力——阿部由美子、和田文夫

[検印廃止] ISBN978-4-901234-98-6 C0034